고구려 음식문화사

고구려 음식문화사

2017년 4월 25일 초판 1쇄 인쇄
2017년 4월 26일 초판 1쇄 발행

글쓴이 박유미
펴낸이 권혁재
편집 김경희
인쇄 동양인쇄주식회사

펴낸곳 학연문화사
등록 1988년 2월 26일 제2-501호
주소 서울시 금천구 가산동 371-28 우림라이온스밸리 B동 712호
전화 02-2026-0541~4
팩스 02-2026-0547
E-mail hak7891@chol.net

ISBN 978-89-5508-370-5 93910

고구려 음식문화사

박유미

학연문화사

차례

표차례

그림차례

머리말

음식의 역사는 곧 사람의 역사다. 음식은 사람들이 생산하거나 얻은 식량자원을 요리로 만드는 것인데, 이를 가능하게 만들기 위해 사람들에게는 많은 역량과 기술들이 필요했다. 결국 이러한 과정은 인류의 진화에 일조했고, 사회를 구성할 수 있게 했으며, 국가를 만들게 했다고 여겨진다. "먹여 살릴 수 있는 능력이 권력을 키웠다."는 에이미 싱어Amy Singer의 말은 이러한 음식의 특성을 잘 나타냈다고 볼 수 있다.

또한 음식은 많은 경제 활동의 중심이자 사회성을 함양하는 매개체로 역할한다. 성별 활동을 규약하는 대표적 요소로 자리매김하기도 한다. 여기에는 식량자원의 독점 및 분배를 통한 계급의 형성 및 빈부의 격차, 공동체의 문화적 동질성과 각 집단 간의 심성 정립 등 여러 의미가 포함되어 있어 다양한 분석이 필요하다. 그러나 음식은 각 종족이나 민족마다 모두 동일한 형태로 발전하지는 않는다. 음식은 자연의 생태환경에 영향을 받으며, 사람들의 집단에 형성된 관습이나 언어, 신념, 문화 등에 제약을 받기 때문이다.

이와 같이 음식에는 여러 요소들이 내포되었다. 이에 대한 내용을 하나씩 분석하고 논쟁하는 일은 음식의 진화 및 문화환경 발달을 알아보는 데에 필요한 일이다. 결국 이러한 일들은 그 음식을 만드는 사람들의 삶을 구체적으로 살피는 일이기도 하다. 무엇을, 얼마나 많이, 누구와 함께, 어떻게 먹느냐는 사회 구조의 일부분이자 당시의 문화를 반영한 사람들의 생활상을 그대로 드러내기 때문에 음식과 관련된 내용은 곧 사람들의 역사이자 문화인 것이다.

이러한 점에 착안하여 이 책은 음식을 주제로 하여 고구려사의 추이를 살펴보고, 다양한 문헌과 유물, 유적 등에 편린으로 존재하는 음식과 그 문화에 대한 내용을 모으려고 한다. 그리하여 그 안에 드러나는 고구려인들의 삶과 흔적을 추적해 보고자 한다. 이 책을 통해 고구려의 음식과 그 음식 속에 담겨져 있는 사람들의 삶, 사회와 문화, 기술과 전쟁, 교류와 종교의 영향 등을 알아보는 것은 부족하게나마 고구려인의 일상과 생활을 이해하는 기회를 제공할 수 있을 것이다.

이를 위하여 책에서는 먼저 고구려 음식문화와 관련된 국내·외의 연구 성과 고찰과 연구 방향을 논한다. 그리고 Ⅱ장에서는 고구려의 역사적 추이와 영역을 살펴봄으로써 700여년간의 고구려 생태환경과 식량 생산 조건에 대해 검토한다. Ⅲ장에서는 고구려인들이 생산한 식량자원을 살펴봄으로써 고구려인들의 경제 수준과 식량 수급 및 가용자원을 분석한다. Ⅳ장에서는 고구려인들의 식량자원 활용과 "善藏釀"을 중심으로 고구려인들이 가공한 식량자원의 종류를 알아본다. Ⅴ장에서는 고구려인의 음식 종류와 그것이 고구려인들의 삶 속에서 어떻게 소비되었는지에 대해 서술하고자 한다. 마지막으로 Ⅵ장은 결론을 대신하여 고구려 음식문화사 검토에 대한 의미와 그 역할을 고찰한다.

이러한 고구려의 음식문화에 대한 연구를 발표하기까지 여러 고민과 불안감이 있었다. 그렇지만 부족한 필자를 도와주신 많은 분들의 지원과 인내가 있었기에 끝까지 연구를 마칠 수 있었다. 특히, 불민한 제자를 위해 많은 가르침과 격려를 해주신 지도교수 서영대 선생님과 김동실 선생님, 박선희 선생님, 심승구 선생님, 유태용 선생님, 윤명철 선생님, 주진오 선생님께 감사드린다. 또한 이 책을 출판해주신 학연문화사 권혁재 대표님과 좋은 책을 꾸미는데 노력해주신 편집부 김경희씨께도 감사의 인사를 드린다.

마지막으로 언제나 필자의 가장 든든한 버팀목이자 지지자이고, 긴 박사과정 동안 묵묵히 기다려주신 사랑하는 나의 부모님께 진심으로 감사드린다.

2017년 2월
박 유 미

I.
서 론

1. 연구목적

음식은 단순히 먹고 마시는 것이나 영양을 공급해주는 것이라는 의미를 넘어 날마다 반복되는 '일상적 생활'이며 '복합적 문화' 요소를 포함하고 있다.[1] 그렇기 때문에 음식과 관련된 제반 사항을 총칭하여 음식문화라고 일컫는다.

음식문화는 어느 민족이나 국가든지 역사성을 띠는 영토와 생태환경에서 자유로울 수 없으며, 그것을 향유하는 사람과도 밀접한 관련이 있다. 우리 민족의 음식문화는 민족의 역사와 함께 계승되어 왔으며 사람들이 생활하는 공

---

1 음식을 문화로 보는 Marvin Harris(『The Sacred Cow and the Abominable Pig : Riddles of Food and culture』, New York : Simon & Schuster Inc., 1985 : 서진영 역, 『음식문화의 수수께끼』, 한길사, 1992)를 비롯하여 Massimo Montanari(『Food is Culture』, New York : Columbia University Press, 2006), Pamela Goyan Kittler 외(Pamela Goyan Kittler, Kathryn P. Sucher, Marcia Nahikian-Nelms, 『Food and Culture』, Cengage Learning, 2008) 등은 그 저술에서 음식이 '음식문화'로 취급되는 이유를 밝히고 있다. 그것은 음식의 식품적 기능이나 영양적 의미 외에도 음식과 관련된 사항을 일상에서 경험할 수 있고, 정형화된 양식으로 전승하여 구성원들이 이를 교육이나 풍습 등으로 학습하기 때문이라고 하였다. 나아가 개인이나 민족은 음식을 통해 감정적이며 육체적인 필요를 충족시킬 수 있고, 정체성의 소통까지도 이끌어낸다는 점을 지적하고 있다. 이러한 음식과 음식문화에 대한 고찰은 문화사적인 측면에서 음식문화를 어떻게 연구해야 하는지 그 실마리를 제공해준다고 할 수 있다.

간과 기후 및 그들의 삶과 기호에 맞게 발전되고 익혀져왔다. 정치와 경제, 사회 및 문화적 심성과 결부되어 발전된 음식문화는 일상에서의 허기를 채우는 것뿐만 아니라 고유한 정체성까지도 담아낸다. 따라서 우리 민족의 음식문화는 민족과 영토, 사회와 국가를 표현하는 주요한 상징이라 할 수 있다.

하지만 현재 우리 민족의 음식문화는 '음식문화'로서 이해되기보다 주로 식품사로 연구되고 있다. 그 이유는 음식문화의 원형이라고 할 수 있는 고대의 음식문화에 대한 연구가 미흡한 까닭이라고 생각된다. 사실, 고대의 음식문화와 관련된 연구에는 반드시 그 시대의 생태환경이나 국가, 사회 전반에 관한 역사적 고찰이 필요하다. 그러나 이를 담당할 역사학계에서는 정치사 중심의 연구경향으로 인해 음식문화와 관련된 내용을 주목하지 못하고 있다. 최근 생활사 분야에서 연구성과가 축적되고 있지만, 음식문화사적 측면에서 고대 국가의 음식문화 연구는 아직도 부족하다.

고대의 음식문화사 관련 연구는 고대인의 삶을 고찰하고 복원한다는 점에서 중요하다. 또한 우리 음식문화사의 시원을 살펴보고 이것이 이후 시대에서 어떻게 계승되고 발전해왔는지를 체계적으로 알아보는데 역할을 할 수 있다. 민족의 전통성과 고유성을 감각적으로 체득시키며, 유기화하는 물질적 재화로서의 고대 '음식'과 그에 대한 문화의 원형성 탐구는 우리 민족이 경험하는 동질감을 역사적으로 맥락화하는데 도움을 줄 수 있을 것으로 생각된다.

따라서 이 글에서는 고대의 음식문화사에 대하여 고구려를 중심으로 연구하고자 한다. 그 이유는 두 가지다. 첫째, 우리 민족의 첫 국가인 고조선 이후, 그 유풍을 계승하고 취합하여 발전시킨 고대 국가가 고구려이기 때문이다. 고구려는 고조선의 옛 지역에 세워졌다고 기록되었다. 마찬가지로 고조선 지역에 세워진

옥저나 예도 고구려에 의해 통합되었다.[2] 그래서 고조선 음식문화의 유풍을 고구려가 고대 국가 가운데서 가장 많이 전승했다고 생각된다. 사료부족으로 연구가 어려운 고조선의 음식문화까지 짐작해볼 수 있는 고구려의 음식문화 연구는 우리 민족의 음식문화와 그 원형을 가장 잘 이해할 수 있는 방법이 될 것이다.

둘째, 고구려와 그 음식문화의 고찰은 우리의 고대 음식문화 발전양상을 가늠할 수 있게 한다. 고구려는 스스로를 천하사방이 인정한 가장 신성한 국가로 여겼다. 세계의 중심이자 주변 국가와 종족을 이끌어 가는 종주국가로 자처한 것이다.[3] 고구려는 만주를 지배한 강국으로서 북으로는 송화강·요하 유역의 문화와 한반도 북부의 문화를 통합하였다. 그리고 한강·낙동강 유역의 백제와 신라 문화까지도 융합하여 민족문화의 기반을 확대한 국가이기도 했다.[4] 이와 같은 면모를 보여준 고구려의 음식문화를 고찰하는 것은 고구려의 영토 확장과 문화적 외연확대에 따른 우리 민족의 고대 음식문화 발전양상까지도 살펴볼 수 있을 것이다.

종합하면, 고구려 음식문화의 고찰은 고조선부터 이어져 내려오는 고대의 음식문화와 고구려의 역량 확장으로 확보한 여러 문물을 통합한 음식문화의 실체가 무엇이며, 어떠한 영향을 우리 민족의 삶과 음식문화에 주었는지 알아볼 수 있을 것이다. 또한 고구려인 및 고구려의 사회·문화적 특성을 새로운 측면에서 살필 수 있는 계기도 마련할 수 있으리라 기대한다.

---

2 『後漢書』卷85,「東夷列傳」第75 濊傳, "예 및 옥저·고구려는 본디 모두가 [옛]朝鮮의 지역이다(濊及沃沮·句驪, 本皆朝鮮之地也)."
3 서영대a,「한국 사료에 나타난 고구려사 인식」,『백산학보』 67, 백산학회, 2003, 421~423쪽.
4 신형식,「고구려의 민족사적 위상」,『선사와 고대』 28, 한국고대학회, 2008, 18~19쪽.

2. 연구사 정리[5]

고구려 음식문화와 관련된 국내 연구는 식품학계에서 가장 먼저 진행하였다. 이성우[6]는 국·내외의 다양한 문헌사료와 연구를 참고하여 고려 이전의 음식생활 연구에 주목할만한 연구성과를 보여주었다. 식생활사에 대한 연구방법과 그 체계를 정립하는 데에 큰 역할을 한 것이다. 그러나 식량자원이나 食器具, 음식문화와 관련된 여러 사항 등이 시대별로 통합되어 연구되지 못하고 개별적으로 나열되고 있다는 한계가 있다.

민속학계에서는 주영하[7]가 고분벽화에 나타난 고구려의 사회문화상을 식문화와 관련하여 살펴보았다. 고구려의 작물 가운데 粟의 폭넓은 활용에 주목하면서, 밭농사 중심의 고구려 곡물생산이 연자방아를 비롯한 시루나 동복 등과 같은 食器具를 활용한 죽 및 떡, 밥으로 소비되었다고 했다. 또한 고구려의 식생활은 고구려인들이 갖는 환경과 종교성, 의례적 특수성을 고려해야 그 면모를 명확히 알 수 있다고 주장하였다. 그의 연구는 食文化와 관련된 연

---

5 이 글의 목표는 고구려 음식문화를 여러 학문 분야의 통섭을 통해 고찰하는 것이다. 그렇기 때문에 각 학문분야별 연구를 고찰하기보다 종합적으로 '고구려음식'을 다룬 연구를 대상으로 연구사를 검토하도록 한다.

6 이성우, 『고려 이전 한국식생활사연구』, 향문사, 1978 : 『동아시아 속의 고대 한국식생활연구』, 향문사, 1992 : 『한국식생활의 역사』, 수학사, 2006.
이성우 이후 윤서석이나 강인희, 김상보 등 다수의 학자들이 한국음식문화 및 식생활사에 대한 연구를 진행해왔다. 그러나 고대 분야에서는 이성우의 연구와 큰 차이를 보이고 있지 못하고 있거나 조선시대의 식문화에 집중하는 면모를 보이고 있기 때문에 이성우의 연구를 대표로 고찰하도록 한다.

7 주영하, 「벽화를 통해서 본 고구려의 음식풍속」, 『고구려연구』 17, 고구려발해학회, 2004.

구에서 다양한 분야와의 통섭이 필요함을 제고하였다는 점에서 의미 있다. 그러나 대체로 고분벽화에 나타난 것으로만 고구려의 음식문화를 추론하였다는 한계가 있기 때문에, 고구려의 음식문화를 종합적으로 고찰했다고 보기는 어렵다.

강영경[8]은 고구려의 식생활을 종교적인 관점으로 고찰했다. 神人合一적 이념을 가진 고구려인들의 椊京이나 食器具, 節食과 관련된 풍습이 모두 신이 주신 귀한 것이기 때문에 감사하는 마음을 담아 형성한 것이라고 하였다. 하지만 이와 같은 종교적 관점의 연구는 고구려인들의 음식생활과 실제적 상황을 구체적으로 살펴보았다고 보기에는 힘든 측면이 있다.

강현숙[9]은 고구려의 식생활을 고고학적으로 출토된 유물을 통해 살펴보았다. 출토된 고구려의 보습이나 낫, 토기 등과 같은 다양한 유물로서 알아본 고구려의 식량생산은 농사를 중심으로 수렵과 어렵이 보조하는 형태라고 하였다. 이때의 농사는 벼농사보다도 밭농사가 우세하였다는 점도 언급하였다. 이 연구는 출토된 유물을 분석하여 실제 시대상을 유추할 수 있다는 점에서 의의가 있다. 그렇지만 유물과 문헌자료를 비교하는 연구가 심도있게 진행되지 못한 까닭에 출토된 유물이 없는 시기 고구려의 음식문화에 대한 고찰에는 부족한 측면이 있다.

김경복[10]은 고구려 고분벽화에 나타난 주거 공간을 통해 식문화를 추적하

---

8 강영경, 「고구려 의식주 생활에 나타난 자존의식」, 『역사민속학』 18, 민속원, 2004, 433~440쪽.

9 강현숙, 「유적·유물로 본 고구려의 식생활」, 『고고자료에서 찾은 고구려인의 삶과 문화』, 고구려연구재단, 2006.

10 김경복, 「고분벽화에 나타난 고구려인의 식생활」, 고려대학교 석사학위논문, 2006 : 「고분벽화에 나타난 고구려의 부엌과 식사 풍습」, 『한국사학보』 39, 고려사학회, 2010.

서론 23

였다. 고구려의 귀족들은 식생활과 관련된 공간으로 방앗간·우물·부엌·고깃간·부경 등을 두었고 이를 통해 고위층의 식생활이 풍요로웠음을 입증하였다. 아울러 고구려의 고분벽화에는 서역적인 면모를 엿볼 수 있는 문화적 요소가 있음도 지적했다. 서역과의 교역을 통해 고구려가 특색있는 문화를 발달시켰음을 의미한다고 본 것이다. 이러한 주장은 고분벽화가 분포하는 집안 및 평양의 지역적 차이 고찰과 함께, 식생활에서 그간 소홀히 다뤘던 공간적 문제나 고구려 문화에 반영된 서역적 요소를 다뤘다는 점에서 의의가 있다. 그러나 공간분석에 치중한 나머지 그 공간에서 이뤄지는 음식생활의 구체적 면모를 살피는 데에는 부족함이 있다고 생각된다.

박유미[11]는 고구려 영토 확대의 역사를 음식문화의 확대와 연관시켜 살펴보았다. 국가가 확보한 영토는 식량자원에 큰 영향을 주며 식량 생산 활동의 범위도 규정하기 때문이다. 이 연구는 시대순으로 고구려의 음식문화 발전 양상을 살펴보았지만 생산을 규정하는 영토의 생태환경에 대해 자세히 분석하지 못한 까닭에 그 지리적 특징을 고찰하지 못했다. 식량자원의 종류도 몇몇 대표적인 것을 사료적으로 언급한 수준이었기 때문에 고구려 음식문화에서의 식량자원에 대한 면밀한 탐구를 이루지 못했다.

사공정길[12]은 한강유역의 고구려 유적에서 발굴된 자료와 벽화를 통해 고구려 식생활을 고찰하였다. 고고학적 성과를 이용하여 다양한 분석과 내용을 고찰한 것에 의의가 있다. 그렇지만 고구려의 한강유역 점령 이후 유물이 고구려 음식문화 전반을 대표한다고 보긴 어렵기 때문에 고구려의 주된 영토인 만주지역이나 한반도 북부 지역을 고찰하지 못했다는 미흡함이 있다.

---

11 박유미, 「고구려음식의 추이와 식량자원 연구」, 『한국학논총』 38, 한국학연구소, 2012.
12 사공정길, 「高句麗 食生活 硏究」, 고려대학교 석사학위논문, 2013.

전호태[13]는 고분벽화의 내용을 바탕으로 식재료, 食器具의 활용, 사회문화 등을 결합시켜 연구를 진행하였다. 충실한 벽화 내용 분석을 통해 여러 자료를 연결시켜 주로 4세기 이후 고구려 음식문화를 분석하였다. 그러나 연구의 내용이 고구려 중·후기 이후에 집중되어 있으며 고구려 음식문화의 지역적 편차를 고려하지 않은 부분도 있었다.

국외의 고구려 음식문화 연구도 고분벽화의 내용을 분석하면서 시작되었다. 李淑英·孙金花[14]의 경우, 고구려인들의 飮酒 및 釀酒에 관련된 정황을 여러 사료 및 고분벽화, 출토된 유물을 통해 제사용·군신연회용·가례 및 가정 내 음주 등으로 나눠 살펴보고 있다. 술을 빚을 때 사용되는 재료 가운데 하나가 곡물이므로 이러한 술의 쓰임새가 다양하고 많이 요구되고 있다는 점은 간접적으로 고구려의 곡물생산과 그 소비가 다양하고, 일찍부터 그것을 중요하게 여겼음을 짐작할 수 있게 한다고 했다. 비록 술의 주재료나 제조방법에 관한 추론은 언급하지 못하였지만 고구려 술과 그 문화에 관해 고찰을 시도한 것은 큰 의의라고 할 수 있다.

黄岚[15]은 고구려 유적에서의 발굴을 통해 살필 수 있는 다양한 유물을 바탕으로 고구려의 식생활을 살펴보았다. 穀類食物 및 魚肉食物을 비롯한 취사 기구 등의 실제 유물을 열거하고 그것을 통해 음식습속을 설명하기 때문에 고구려의 실생활적 면모를 보다 직접적인 자료로 살필 수 있다는 장점이 있다. 그러나 고구려 사회에 대한 이해나 분석 없이 유물을 단편적으로 나열하는 점은 아쉬운 부분이다.

---

13 전호태, 「고구려의 음식문화」, 『역사와현실』 89, 한국역사연구회, 2013.

14 李淑英·孙金花, 「高句丽人饮酒酿酒考」, 『通化师范学院学报』 1999-6, 通化师范学院高句丽研究院, 1999.

15 黄岚, 「从考古学看高句丽民族的饮食习俗」, 『北方文物』 2004-9, 北方文物杂志社, 2004.

梁启政[16]은 고구려가 곡물생산을 통해 얻은 곡물을 비축해 놓는 까닭을 크게 세 가지로 살펴보았다. 첫째, 기후환경이 나빠져 기아 난민이 발생하게 되면 그들을 구제하기 위해 창고에 양식을 쌓아 정국을 안정시키고 사회질서를 공고히 하기 위함이었다. 둘째, 군사적 목적을 위해 군량미의 비축을 목적으로 하고 있다고 했다. 셋째, 고구려 통치자들의 계급적 소비와 수요를 제공하기 위한 목적인데 일반적인 식재료 외에 술 등을 만들려고 곡물을 비축했다고 하였다. 실제로 고구려인들이 술을 만들고 마시기를 좋아하는 것은 문헌자료에서도 확인할 수 있으며, 특히, '善藏釀'이란 말은 이러한 내용에서 비롯되었다고 주장했다. 그의 연구는 농업이 고구려의 정치안정을 위해 필요한 요소이며, 생산경제에서 주요한 위치를 차지하고 있고, 그 생산이 상당했음을 간접적으로 입증하는 성과를 보였다. 하지만 생산량을 향상시키기 위해 고구려인들이 어떠한 노력을 하였는지를 고찰하지 않은 것은 한계로 지적될 수 있다.

王丽[17]는 집안 지역 고구려 벽화 가운데 36.8%가 수렵에 관련된 주제라고 했다. 고구려인들의 생활에서 수렵이 중요한 지위를 갖고 있고, 고구려인은 '중국 동북지구의 민족'으로 그들의 음식 가운데 육류음식이 많다고도 했다. 고구려인들은 도살한 가축이나 수렵을 통해 잡은 야생동물을 많이 섭취했을 것이라고 본 것이다. 특히, 국초 생태환경적 제약으로 인한 육식풍조는 이후 조리기술의 발달이나 시장의 확대 등으로 음식물이 오직 육류만 있지 않아도 문화현상으로 확대되어 고구려에서 존숭되었을 것이라고 주장하였다. 그러나 연구에서 고구려인의 육식습속 가운데 예시로 든 수렵은 고구려에서 시행되는 목적이나 이유가 다양했다. 육류 외에 귀하게 여기는 음식들도 상당했

---

16 梁启政, 「高句丽粮食仓储考」, 『通化师范学院学报』 2007-6, 通化师范学院高句丽研究院, 2007.
17 王丽, 「高句丽壁画之尚肉食考」, 『黑龙江科技信息』 2007-7, 黑龙江省科学技术学会, 2007.

다. 그렇기 때문에 이 연구만으로는 육류음식이 문화현상으로까지 확대되어 고구려 사회에 큰 영향을 끼쳤는지는 확인할 수 없다.

刘喜军[18]은 고구려의 음식에 대해 주식과 부식으로 나눠 고찰하고 주식을 오곡으로 선정하였다. 고구려인들은 이러한 곡물을 이용하여 다양한 종류의 음식을 만들었다. 요리의 도구도 발전시켰는데 문헌자료나 출토된 유물을 통해 살펴보면 주로 壺, 甑, 甕, 釜, 籩, 豆, 俎, 洗 등이 쓰였다고 밝히고 있다. 또한 고구려가 오곡을 생산하였지만 산이 많고 전지가 부족한 환경적 요인 및 가뭄이나 태풍, 서리, 전염병, 지진 등의 재해가 빈번히 발생한 까닭에 초기부터 음식을 절약하는 것이 고구려인들에게 중요한 요소로 자리잡았을 것이라 하였다. 이와 같은 '節食'을 고구려 음식문화적 특징 가운데 하나로 주목하는 것은 고구려의 생태환경과 기후를 고려한 것이라고 할 수 있다. 그러나 절식은 고구려 초기부터 패망까지 한결같이 중요한 요소로 자리 잡았다기보다 상황에 맞게 유동적으로 변화하는 음식생활적 면모라고 보는 것이 더 옳을 듯하다. 게다가 절식이 고구려인들의 전반적인 음식문화라고 보기엔 벽화를 통해 확인되는 귀족계급의 상차림은 절식과는 거리가 있다. 이러한 계층 간의 차이점도 음식문화를 연구할 때 고려해야 할 것이다.

이상으로 살펴본 국내·외의 연구성과는 대부분 고분벽화와 관련되어 시작되었다. 고분벽화의 내용이 고구려의 실제 생활양상이라는 점에는 의문의 여지가 없으나 고분 벽화의 내용만으로 음식문화 전반을 설명할 수는 없다. 연구자들도 그러한 점 때문에 다양한 문헌사료나 고고학적 유물을 분석하여 내용을 채우고 있으나 고구려의 역사적 발전 추이와 함께 살펴보는 노력은 미

---

18 刘喜军, 「高句丽人的饮食」, 『高句丽与东北民族研究』 2008, 吉林大學出版社, 2008.

흡하다고 할 수 있다. 아울러 고구려의 음식문화는 정치·경제·사회·문화·종교·기술 등 여러 방면과 함께 고찰되어 할 문제이므로 이 분야에 대한 시대상황과 다양한 문헌사료의 고찰이 반드시 필요할 것이다. 그런데 이때 고구려와 관련된 사료 해석이 단편적으로 이뤄지는 것은 고구려 음식문화를 이해하는 데에 저해 요소라고 생각된다. 고구려를 비롯하여 동시대 인접한 국가의 상황과 그들이 바라보고 기록한 고구려, 이후 발해와 같이 고구려를 계승한 국가 등에서 고구려와 관련된 자료를 적극적으로 수용하고 해석하는 노력이 필요하다. 또한 고구려의 영토 안에서 이뤄지는 다양한 식량생산 활동은 지역과 기후의 영향을 받기 때문에 영토의 생태환경이나 기온변동 등에 관한 부분도 고려하여 종합적으로 연구되어야 할 것이다.

3. 연구방향

음식문화를 연구함에 있어 생태환경과 식량자원의 생산, 식량을 음식으로 소비하는 방법과 기술, 음식에 영향을 준 역사와 문화는 반드시 고려되어야 할 분야다. 음식문화는 식품학적으로만 접근할 수 없으며 영양학적으로만 판별될 수도 없다. 사람과 환경, 삶과 문화에 관한 제반 사항은 음식생활에 가장 밀착되어 나타나는 분야다. 같은 음식문화를 향유하는 계층에게 일상으로서, 때론 공동 기억이나 심성 등으로 전승되기 때문에 시대적 요소를 모두 고려하여 살펴보아야 한다.[19] 특히, 음식이 가족과 주변인 및 일정한 집단과 함께 나누는 사회연결망의 한 요소라는 점을 감안한다면, 고대에서 음식을 만드는 사람[20]과 식사가 큰 비중을 차지하고, 그것이 곧 정치나 통치이념의 요소[21]로 까지 확산되는 것은 당연하였다. 음식은 식량으로 대표되는 재화의 분배와 관련 있으며, 분배에 따른 절차와 예법 등이 계층적으로 차이를 보이므로 이를 무리 없이 하는 것이 정치의 중요한 요소 가운데 하나였기 때문이다.

따라서 이 글에서는 음식문화의 복합적인 여러 성격을 분석하기 위해 고구려에 대해 기록하거나 추론할 수 있는 국내·외의 직·간접적인 문헌자료 등을 적극적으로 활용하도록 한다. 특히 학문적 통섭이 필요한 주제를 연구하기 위해 고고학적 유물 분석이나 지리학, 기후학, 농학 등 제반 학문 분야의 성과를 적극 도입하여 논하도록 한다.

Ⅱ장에서는 고구려 음식문화사의 연구를 위한 기초적 토대를 살펴보기 위해 역사적 추이 및 고구려 영역의 생태환경과 기후에 대해 알아본다. 고구려 건국 직후부터 활발히 진행된 정복전쟁은 농지의 확대 및 생산력의 증대를 꾀한다는 점에서 음식문화와 긴밀히 연관되어 있다. 확장된 영역 내에서 생산되는 생산물은 고구려의 음식문화를 발달시키고 확대시키는 기초적인 요

---

19 존 앨런, 『미각의 지배』, 미디어월, 2013, 184~193쪽.

20 상의 재상이었던 이윤(伊尹)은 요리사 출신(庖宰)이었다(『韓非子』 卷15, 「難二」 第37, "伊尹自以爲宰干湯, 百里奚自以爲虜干穆公"). 요리사는 여러 가지 재료와 맛을 조화(調和)롭게 하는 역할을 하는데 이때의 '調和'는 유가의 정치 이데올로기인 '和而不同'의 단계라고 볼 수 있으며 정치적 상황에서 서로 다른 의견의 조화 및 이를 위한 정치적 중재자로서의 중요성을 의미하기도 한다(이철원, 「중국의 음식문화와 정치」, 『중국문화연구』 6, 중국문화연구학회, 2005, 33~35쪽).

21 『淮南鴻烈解』 卷9, 「主術訓」, "食者民之本也, 民者國之本也, 國者君之本也.";『漢書』 卷24上, 「食貨志」 第4, "洪範八政 一曰食 二曰貨. 食謂農殖嘉穀可食之物, 貨謂布帛可衣, 及金刀龜貝, 所以分財布利通有無者也."

소이므로 음식문화의 고찰에 앞서 살펴볼 필요가 있다. 아울러 지형과 기후도 고구려인의 음식문화를 결정하는 주요한 인소다. 지형과 기후에 따라 생산물의 종류와 대략적인 수확량이 결정되기 때문에 고려해야 할 내용이다.

Ⅲ장에서는 고구려에서 생산되는 식량자원 및 생산방법을 살펴보도록 한다. 특히, 식량자원은 문헌사료에서 찾을 수 있는 내용을 중심으로 고고학적 유물을 대입하여 고찰한다.[22] 식량자원은 크게 식물성 재료와 동물성 재료로 나눌 수 있다. 식물성 재료에는 곡물과 채소 및 과일류가 포함되는데, 채소 및 과일류에는 재배되는 것뿐만 아니라 채집되는 것도 함께 고찰한다.[23] 동물성 재료는 육류와 수산물로 분류하는데 수산물에는 소금을 함께 넣어 살펴본다.[24]

한편, 고구려의 식물성 및 동물성 식량자원 고찰에서 각각 중요한 의미가 있는 사항을 좀 더 알아본다. 예를 들면, 고구려의 '오곡'을 들 수 있다. 고구려에서는 '오곡'을 재배했다. 이때의 오곡은 지역 및 쓰임에 따라 각각 내용이 다르다. 고구려 건국신화 및 광개토왕비문 등에서 확인할 수 있는 오곡이 고구려에서 어떤 종류를 말하는 것이고, 무슨 의미였는지를 살펴보도록 한다. '동물성 재료'에서는 가축의 종류와 수렵으로 얻어지는 야생동물의 종류

---

22 문헌사료에 나타난 것만 고구려에서 생산하지는 않았을 것이다. 그러나 기록된 것은 대체로 대표성이나 보편성, 특수한 지역적 소출을 나타낸 것으로 생각된다. 그런 까닭으로 최대 다수의 고구려인들이 생산하고 활동한 것을 기록했다고 여겨지는 문헌사료의 내용을 중심으로 식량에 대해 살펴보고자 한다. 아울러 문헌자료의 내용은 고구려 및 부여, 예 및 옥저, 발해와 관련된 기록을 중심으로 살펴본다. 이들 외에 말갈이나 선비, 거란 등의 북방종족의 생산물은 제외한다. 이들은 고구려에 복속된 바가 있지만 고구려인들과 생활풍속적 차이가 컸기 때문에 옥저나 예에 비해 고구려화 되기 어려웠다. 고구려도 이들을 복속시킨 후 부용화하여 군사적인 역(役) 등을 제공받는 수준에 머물렀기 때문에 이들이 고구려인들의 식량생산에 상당한 영향을 끼쳤으리라 생각되지 않는다.
23 약용류라도 음식에 이용되는 것은 식량자원으로 분류하였다.
24 소금은 바다에서 나는 것이기 때문에 수산물로 분류하였다.

를 고찰하면서, 농업과 목축의 상관관계에 대해 주목하고자 한다. 주요한 가축 가운데 하나인 소나 말, 돼지 등은 농업과 긴밀한 관계가 있는데 그간 이 부분에 대해 소홀히 다뤄진 측면이 있다. 돼지 사육의 경우 고대에 잘 이뤄지지 않았다는 주장[25]도 제기된 바 있다. 그러나 고구려에서 돼지는 하늘에 제사를 지낼 제물로서 기능한 중요 동물이었다. 때로는 왕계를 이어준 신성성으로 의미되고, 혼인에서 수의를 제외하고 술과 함께 이웃과 나누는 유일한 聘財 등의 기능을 하는 주요한 가축이기도 했다. 이러한 돼지와 그 사육이 고구려에서 어떤 의미이며 농업과 어떠한 관련성이 있는지 서술하도록 한다.

Ⅳ장에서는 고구려에서 식량자원을 활용한 여러 가공법에 대해 살펴보도록 한다. 식량자원은 고구려인들의 오랜 일상적 경험으로 정형화된 다양한 가공법에 따라 음식으로 만들어 진다. 이때의 가공법은 무엇이 있으며, 어떤 종류의 음식으로 만들어지는지 고찰한다. 음식을 활용하는 방법도 고구려 관련 문헌자료에 기록된 것을 대상으로 하는데, 『說文解字』나 『釋名』, 『爾雅』, 『急就章』 등의 字典類 문헌을 음식의 소비방법이나 종류 설명에 적극 활용한다. 고구려에 대해 기록한 『三國史記』나 중국문헌 등을 기록한 글자는 한자다. 한자는 표의문자이므로 글의 뜻이 전하는 바를 올바르게 이해하는 것이 필요하다. 고구려와 동시대 및 그 인근한 시대의 字典에 나타난 글자의 설명은 이러한 음식 및 소비방법에 포함된 내용을 이해하는 데 도움을 줄 수 있을 것이다.

아울러 이 장에서 중점으로 다룰 내용은 다양한 가공법 가운데서도 藏釀이다. 藏釀은 고구려를 대표하는 가공법으로 식량자원을 발효시키는 것이다. 곡물·채소·육류·어류 등 모든 식량자원으로 장양을 할 수 있다. 고구려 장양

---

25 이준정, 「또 하나의 저장 수단, 가축의 이용 - 한반도지역 가축 이용의 역사」, 『선사농경 연구의 새로운 동향』, 사회평론, 2009, 264~265쪽.

가운데 대표적인 것이 豉와 醬이고, 醬은 肉醬과 魚醬을 포함한다. 이 때, 채소로 만드는 藏釀인 菹·漬는 겨우내 먹을 채소를 담가 저장하는 것으로 현재 김장문화의 시원이라고도 볼 수 있다. 음료도 藏釀을 통해 얻을 수 있으며 술과 단술醴, 酪이 대표적이다. 중국 문헌에는 고구려인들이 '善藏釀'한다고도 기록되었는데, 이는 고구려의 음식 가공법 가운데 장양이 고구려 음식문화의 고유성과 보편성을 대표하는 음식풍습이었음을 짐작케 한다.

Ⅴ장에서는 고구려인들이 음식을 만들거나 먹을 때 사용하는 食器具 및 음식의 종류에 대해 알아본다. 고구려인들이 사용했던 食器具는 부뚜막에서 분쇄도구, 취사기구, 다양한 항아리와 식기류를 비롯하여 국자나 소반, 술잔 등 다양하다. 이러한 고구려인의 식기구와 관련해서 주목해서 살펴볼 내용은 다양한 식기구의 용도와 발달상이다. 시루, 솥 등과 같은 취사기구와 맷돌, 방아와 같은 분쇄기구는 곡물을 가공할 때 사용되는 것이다. 이것들은 고구려의 농업발달과 곡물 이용 수준을 짐작할 수 있는 유물로 고구려의 역사적 추이를 짐작케하는 역할도 담당한다. 또한 항아리류는 저장용 식기구로 Ⅳ장에서 고찰한 藏釀을 비롯한 음식물이나 기타의 식량자원 등을 항아리에 '담아'서 '보관'한다. 그래서 항아리류는 고구려의 생산력을 짐작할 수 있는 유물이기도 하다. 이러한 유물들은 곡물 중심의 음식생활 및 다양한 장양이 고구려 음식소비의 주요한 특색으로 기능함을 알 수 있게 한다.

Ⅵ장은 결론을 대신하여 음식문화를 통해 고구려사를 조망하고자 한다. 일반적으로 수렵적 요소가 강하다고 생각했던 고구려는 국초부터 농업을 바탕으로 한 국가를 건설하였으며 고구려인들은 곡물을 주식으로 하는 음식생활을 영위하였음을 알 수 있었다. 유화부인과 관련된 건국신화를 비롯하여 광개토왕비문에서도 일관되게 드러나듯이 오곡은 고구려와 고구려인의 근간이었다. 건국 직후부터 지속된 정복전쟁의 주요 목표에는 바로 이러한 오곡을 재배

할 田地의 확보가 고려되었을 것이다. 그렇기 때문에 고구려의 수렵과 어렵은 생산활동으로서 고구려인들에게 큰 비중을 차지했지만 농업과 같은 위치나 위상은 갖고 있지 않다고 생각된다. 특히 수렵의 경우, 식량자원 확보의 목적도 있지만 고구려에서는 군사훈련 및 인재등용 등과 같은 여러 목적으로 진행되었다. 그래서 농업만큼 주된 식량생산의 지위를 지닌다고 보기 힘들다. 또한 고구려 무덤에서 출토된 시루나 솥, 부뚜막 모형 등은 고구려인들이 중요하게 생각한 식기구로, 곡물의 가공법과 밀접한 관계가 있다는 점도 주목할 필요가 있다. 결국 농사를 지어 얻은 곡물은 고구려인을 부양하는 주요 수단이 되었고 다양한 문화를 창출하게 하는 물질적 기반과 감각적 토양이 되었던 것이다.

이상과 같이 살펴볼 고구려의 음식문화 연구는 기존의 정치사 연구 중심에서 벗어나 생활사적 측면에서 식량생산과 생활방식에 기초한 고구려 사회를 재구성해볼 수 있다는 점에서 의미가 있을 것이다. 고구려인들이 고조선의 유풍을 이은 문화권 및 스스로 확장한 영역에서 성장한 경험을 공유하면서 사회적 결속을 다지고, 화합하는 양상을 통해 고유성을 성립시키는 과정도 이해할 수 있을 것이라 여겨진다.

그러나 이 연구는 귀족계층과 농민 및 서민계층의 음식문화와 그 소비 방법을 계급별로 구별해내지 못했다는 점에서 한계를 갖고 있다. 각 계층별로 향유하는 음식문화의 차이는 뚜렷하였을 것이나 이것을 구분하기에는 지배층 중심으로 서술된 내용이 많아 서민의 모습을 살펴보기에 부족한 면이 있다. 아울러 고고학적 유물의 분석에서도 지역 및 시대별로 세밀히 구분하지 못한 점이나 고구려 관련 자료의 한계로 고구려 멸망 이후 남북국 시대의 자료, 고려시대 및 조선시대 일부 자료까지 활용한 점은 후대의 기록을 소급 적용한 것이므로 몇몇 내용이 동시대의 자료를 활용한 것보다 명징하지 못하다는 단점이 있다.

Ⅱ.
고구려 음식문화사
연구의 기초

고구려의 음식문화에 가장 큰 영향을 끼친 요소는 생태환경이다. 생태환경은 우리가 흔히 '영토'라고 부르는 권역을 의미한다. 영토는 행동이 이뤄지는 테두리로 한 집단의 활동을 조정하고 집단을 결속시키는 장소이며, 기본적인 행동체계를 결정한다.[26]

이들 생태환경은 신석기 이래 오늘날까지 큰 차이가 없었을 것으로 막연히 생각하고 있어 소홀히 여기기도 한다.[27] 그러나 고구려는 700년이 넘는 오랜 존속 기간 동안 활발한 정복정책을 통해 영토 및 그에 따른 생태환경을 끊임없이 확장하고 변화시켰다. 시기별로 자연재해는 물론 기온의 한랭화까지도 겪었다. 특히, 고구려의 존속시간 동안 나타난 2세기에서 4세기 사이 기온의 한랭화는 다양한 역사적 변환을 일으킨 요소로 간주되고 주목받고 있어 그 추이를 살필 필요가 있다.[28]

---

26 에드워드 홀, 『숨겨진 차원』, 한길사, 2002, 48~51쪽.

27 최덕경, 「고대의 생태환경과 지역별 농업조건」, 『역사와 세계』 18, 효원사학회, 1994, 1~2쪽.

28 중국사와 관련되어 후한시기 황건적의 난이나 대규모 북방종족의 남하는 기온의 변화와 밀접한 관련을 맺고 있으리라 생각된다. 일본의 야마토 정권의 성립을 비롯한 우리나라 해수면의 변동 및 철기시대의 패총 출현 등도 모두 기온의 한랭화와 긴밀한 관련성이 있다고 보고 있다(Jin-Qi Fang, Guo Liu, 「Relationship between climatic change and the nomadic southward migrations in eastern Asia during historical times」, 『Climatic Change』 22, Springer Netherlands, 1992 ; 서현주, 「호남지역 원삼국시대 패총의 현황과 형성배경」, 『호남고고학보』 11, 호남고고학회, 2000 ; 최성락·김건수, 「철기시대 패총의

이와 같이 인간 생존에 영향을 끼치는 영토의 생태환경과 기온의 변화를 살펴보는 것은 고구려가 생산력 제한 요소를 극복하는 과정을 유추하는데 도움을 줄 것이다. 고구려인들은 그러한 과정을 경험하면서 음식문화를 정립시켰을 것이기 때문이다.

1. 고구려 영토확장과 식량자원 공급의 다변화

고구려는 서기 전 37년 주몽[29]에 의해 현재의 압록강 중상류 일대인 졸본지역에서 건국되었다. 그러나 문헌 기록이나 고고학적 추정에 따라 이르면 서기 전 4세기에서 3세기, 늦어도 서기 전 2세기에는 압록강 중류 일대에서 초기 고구려 세력이라고 볼 수 있는 정치세력이 출현했음을 알 수 있다.[30]

고구려는 발전하기 위해 졸본지방의 산골을 벗어나 넓은 들이 있는 남쪽으로 영토를 넓혀야 했다. 그래서 서기 3년에 수도를 졸본에서 국내성으로

형성 배경」, 『호남고고학보』 15, 호남고고학회, 2002).

29 『三國史記』卷13, 「高句麗本紀」 第1, "時, 朱蒙年二十二歲, 是漢孝元帝建昭二年, 新羅始祖赫居世二十一年甲申歲也."

30 서영대(「고구려의 성립과 변천」, 『제1회 고구려문화제 학술회의 - 일본과 고구려』, 2011, 1~4쪽)는 글에서 고구려가 서기전 37년 이전부터 존재한 것은 확실한 것 같다고 했다. 그것의 증거는 한이 고조선을 멸망시킨 후 서기 전 107년에 설치한 현도군 수현(首縣)의 명칭이 고구려현이라는 점이나, 서기 전 87년 현도군이 夷貊의 침입 때문에 서북지역으로 이주하게 되었다는 내용 및 현도군 지역에서 고구려를 두고 현도군을 몰아낼만한 세력이 찾아지지 않는다는 점 등에서 찾을 수 있다고 했다. 게다가 서기 전 4~3세기경 동가강, 독로강을 비롯한 압록강 중류 지역에서 야철 유적이나 명도전 유적 등 철기문화의 발달을 보여주는 자료가 확인되었고, 서기 전 3세기 경 고구려의 특징적 묘제인 적석총, 특히 무기단 적석총이 축조되는 등의 여러 증거가 나타난다고 했다.

옮겼다. 이곳은 뒤에 환도성이 가로막고 남쪽으로 압록강이 트여 방어에도 좋고 밖으로 진출하는데도 유리한 지형을 지니고 있었다.[31] 그러나 국내성 시대에도 경제적 상황은 그리 좋은 형편은 아니었다.

Ⅱ-1.

큰 산과 깊은 골짜기가 많고 넓은 들은 없어 산골짜기에 의지하여 살면서 산골의 물을 식수로 한다. 좋은 田地가 없으므로 부지런히 농사를 지어도 식량이 충분하지 못하다. 그들의 습속에 음식은 아껴 먹으나 宮室은 잘 지어 치장한다. …그 나라 사람들의 성질은 흉악하고 급하며, 노략질하기를 좋아한다.

-『三國志』[32]

Ⅱ-2.

그 나라의 넓이는 사방 2천리인데, 큰 산과 깊은 골짜기가 많으며 사람들은 산골짜기에 의지하여 산다. 농사지을 땅이 적어서 힘껏 농사를 지어도 自給하기에 부족하기 때문에 그 習俗에 음식을 아낀다. …그 나라 사람들은 성질이 흉악하고 급하며, 氣力이 있고 전투를 잘하고 노략질하기를 좋아하여…

-『後漢書』[33]

---

31 한영우,『다시찾는 우리역사』, 경세원, 2010, 98~99쪽.
32 『三國志』卷30,「魏書 東夷傳」第30 高句麗傳, "多大山深谷, 無原澤. 隨山谷以爲居, 食澗水. 無良田, 雖力佃作, 不足以實口腹. 其俗節食, 好治宮室. 於所居之左右立大屋, 祭鬼神, 又祀靈星·社稷. 其人性凶急, 喜寇鈔."
33 『後漢書』卷85,「東夷列傳」第75 高句麗傳, "地方二千里, 多大山深谷, 人隨而爲居. 少田業, 力作不足以自資, 故其俗節於飮食, 而好修宮室…其人性凶急, 有氣力, 習戰鬪, 好寇鈔…."

국내성 천도 이후의 사료 Ⅱ-1과 Ⅱ-2에 따르면 고구려에는 여전히 산간지대가 더 많았다. 농사지을 땅이 부족하여 농사를 통한 곡물 생산이 충분하지 못해 식량수급에 어려움을 겪고 있었던 것이다. 부족한 田地와 곡물로 인해 건국 초기 고구려인들이 음식을 아끼는 풍속을 가지게 되었음을 알 수 있다. 그러나 음식을 아껴 먹는 것은 한계가 있었다. 이러한 한계는 인간 활동과 생활에 제약을 주기 때문에, 더 나은 삶을 위해 고구려인들은 식량자원 생산에 적합한 영토를 얻을 필요가 있었다.

이미 졸본시대부터 주변 종족을 복속시키고 인근 국가를 정복한 고구려는 유리왕 때인 서기 12년에 新과 충돌하기도 하고 13년에는 부여를 정벌하였다.[34] 14년에는 太子河 상류일대의 梁貊을 쳐서 현도군의 高句麗縣을 습격하여 빼앗았다.[35] 대무신왕 때인 21~22년에는 부여의 공격을 저지하고 26년에는 압록강 중류 유역에 위치했다고 판단되는 蓋馬國과 句茶國의 투항을 받았다.[36] 이어서 32·37년에는 낙랑지역으로의 진출을 시도하는[37] 등 주변지역으로 영토를 확장해 나가며 전지 확충 및 생산 환경을 증대시킬 기회를 모색했다.

---

34 『三國史記』卷13, 「高句麗本紀」 第1 琉璃王條, "扶芬奴將兵走入其城. 鮮卑望之, 大驚還奔. 扶芬奴當關拒戰, 斬殺甚多. 王擧旗, 鳴鼓而前. 鮮卑首尾受敵, 計窮力屈, 降爲屬國 ; 扶餘人來侵. 王使子無恤, 率師禦之. 無恤以兵小, 恐不能敵, 設奇計, 親率軍伏于山谷以待之. 扶餘兵直至鶴盤嶺下, 伏兵發, 擊其不意. 扶餘軍大敗, 棄馬登山, 無恤縱兵盡殺之."

35 『三國史記』卷13, 「高句麗本紀」 第1 琉璃王條, "秋八月, 王命烏伊摩離領兵二萬, 西伐梁貊, 滅其國, 進兵襲取漢高句麗縣[縣屬玄菟郡]." ; 국사편찬위원회, 『한국사』 5, 탐구당, 2013, 39쪽.

36 『三國史記』卷14, 「高句麗本紀」 第2 大武神王條, "九年冬十月, 王親征蓋馬國, 殺其王, 慰安百姓, 毋虜掠, 但以其地爲郡縣. 十二月, 句茶國王聞蓋馬滅, 懼害及己, 擧國來降. 由是 拓地浸廣 ; 박경철, 「고구려 변방의 확대와 구조적 중층성」, 『한국사학보』 19, 고려사학회, 2005, 222쪽.

37 『三國史記』卷14, 「高句麗本紀」 第2 大武神王條, "十五年夏四月, 崔理以鼓角不鳴不備, 我兵掩至城下. 然後知鼓角皆破, 遂殺女子, 出降 ; 二十年, 王襲樂浪滅之."

생산 환경의 획기적 증대는 1세기 후반에서 2세기 전반의 태조왕 대에 이뤄졌다. 태조왕은 근 100년간 집권하면서 56년에 東沃沮를, 72년 및 74년에는 각각 藻那[38]와 朱那[39]를 정벌했으며, 98년 동해안에 위치한 柵城지역을 순행하고[40] 118년에 濊를 정복하였다. 이와 같은 동옥저와 예의 정벌은 고구려 식량의 공급과 증대에 큰 영향을 주었다.

Ⅱ-3.

동옥저의 토질은 비옥하며, 산을 등지고 바다를 향해 있어 오곡이 잘 자라며 농사짓기에 적합하다. …음식·주거·의복·예절은 고구려와 흡사하다.…東沃沮는 나라가 작고 큰 나라의 틈바구니에서 핍박을 받다가 결국 고구려에 臣屬케 되었다. 고구려는 그 지역 인물 중에서 大人을 두고 使者로 삼아 토착 渠帥와 함께 통치하게 하였다. 또 大加로 하여금 租稅를 통괄 수납하여, 貊布·魚鹽·海中食物 등을 천리나 되는 거리에서 나르게 하고, 또 동옥저의 미인을 보내게 하여 종이나 첩으로 삼았으니, 그들을 奴僕처럼 대우하였다. …질솥에 米를 담아서 곽의 문 곁에다 엮어 매단다.

-『三國志』[41]

---

38 『三國史記』卷15,「高句麗本紀」第3 太祖大王條, "二十年春二月, 遣貫那部沛者達賈, 伐藻那, 虜其王."

39 『三國史記』卷15,「高句麗本紀」第3 太祖大王條, "二十二年冬十月, 王遣桓那部沛者薛儒, 伐朱那, 虜其王子乙音爲古鄒加."

40 『三國史記』卷15,「高句麗本紀」第3 太祖大王條, "四十六年春三月 王東巡柵城."

41 『三國志』卷30,「魏書 東夷傳」第30 沃沮傳, "國小, 迫于大國之間, 遂臣屬句麗. 句麗復置其中大人爲使者, 使相主領, 又使大加,統責其租稅, 貊布·魚·鹽·海中食物, 千里擔負致之, 又送其美女, 以爲婢妾, 遇之如奴僕. …又有瓦鑼, 置米其中, 編縣之於槨戶邊."

Ⅱ-4.

濊는 남쪽으로는 辰韓과 북쪽으로는 高句麗·沃沮와 접하였고, 동쪽으로는
大海에 닿았으니, 오늘날 朝鮮의 동쪽이 모두 그 지역이다. 戶數는 2만이다.
濊에는 大君長이 없고 漢代 이래로 侯·邑君·三老의 관직이 있어서 下戶를
통치하였다. 삼베가 산출되며 누에를 쳐서 옷감을 만든다. 새벽에 별자리의
움직임을 관찰하여 그 해의 풍흉을 미리 안다. 해마다 10월이면 하늘에 제
사를 지내는데, 주야로 술 마시며 노래 부르고 춤추니 이를 '舞天'이라 한다.
또 호랑이를 神으로 여겨 제사지낸다. 부락을 함부로 침범하면 벌로 生口와
소·말을 부과하는데, 이를 '責禍'라 한다. 바다에서는 班魚의 껍질이 산출되
며, 땅은 기름지고 무늬 있는 표범이 많다. 또 果下馬가 나는데 후한의 桓帝
때 獻上 하였다.
                                                    - 『三國志』[42]

　사료 Ⅱ-3과 Ⅱ-4는 각각 옥저와 예에 관한 설명이다. 동해안가에 위치한
옥저와 예는 농사를 지으며 말이나 어염 등의 해산물 및 토산품을 생산했다.
국초부터 절식의 풍조가 있던 고구려에서 옥저와 동예를 정벌한 후 이들의
풍부한 해산물을 비롯한 토산품을 확보하는 것은 당연했다. 3세기 전반경 고
구려는 옥저의 사회질서를 유지시킨 채 공납을 징수하는 속민지배·집단 예
민지배를 실시했다. 옥저의 大人을 使者로 삼아 사회를 통솔하도록 하고, 고
구려의 大加로 하여금 조세를 통책하도록 하여 토산품이자 고구려에 필요한

---

42 『三國志』卷30, 「魏書 東夷傳」第30 東濊傳, "濊南與辰韓, 北與高句麗·沃沮接, 東窮大海, 今
　朝鮮之東皆其地也, 戶二萬. 無大君長, 自漢已來, 其官有侯邑君·三老, 統主下戶. 有麻布,
　蠶桑作緜. 曉候星宿, 豫知年歲豐約. 常用十月節祭天, 晝夜飲酒歌舞, 名之爲舞天, 又祭虎以爲神.
　其邑落相侵犯, 輒相罰責生口牛馬, 名之爲責禍. 出其地. 其海出班魚皮, 土地饒文豹, 又出果下
　馬, 漢 桓時獻之."

물품을 공납하게 했던 것이다.[43]

245년 동천왕 대에도 신라의 북쪽 변경을 공격하는 등 고구려의 영토 확장 노력은 계속되었다.[44] 280년 서천왕 대에는 肅愼을 공격하여 부락 6·7개 소의 항복받아 부용세력으로 삼았다.[45] 輝發河 유역을 따라 송화강 유역방면으로 세력을 확산하는 과정에 조우한 '肅愼'이라 불리는 북방종족을 제압하고 이들에 대한 사민·附庸化 정책을 실시했다.[46] 이들과 고구려가 접촉하는 과정에서 양측의 육류 및 乳類 음식문화가 영향을 주고받았을 가능성도 있을 수 있다. 이후 미천왕 대에는 313년 樂浪郡[47]에 이어 314년 帶方郡[48]·315년 玄菟郡[49]을 축출하였다. 320년에는 遼東을 공격[50]하여 서쪽으로 영토를 확장 시켰다. 미천왕의 영토확장을 통해 고구려는 중국세력을 축출하였으며 요동으로의 진출을 시도하였다. 고구려의 요동진출은 田地의 확충과 농업생산량 증가를 위해 필요한 일이었다.

이와 같은 정복전쟁을 통해 고구려는 1세기에서 4세기 사이 동쪽으로는 옥저와 예, 신라의 북변으로 진출하고 서쪽으로는 낙랑군·대방군·현도군 등의 한군현을 밀어냈음을 알 수 있다. 남쪽으로 고구려는 淸川江까지 영토를

---

43 국사편찬위원회, 앞의 책, 40쪽.
44 『三國史記』 卷17, 「高句麗本紀」 第5 東川王條, "十九年冬十月 出師侵新羅北邊."
45 『三國史記』 卷17, 「高句麗本紀」 第5 西川王條, "達賈出奇掩擊, 拔檀盧城, 殺酋長, 遷六百餘家 於扶餘南烏川, 降部落六七所, 以爲附庸. 王大悅, 拜達賈爲安國君, 知內外兵馬事, 兼統梁貊肅愼 諸部落."
46 박경철, 앞의 글, 2005, 234쪽.
47 『三國史記』 卷17, 「高句麗本紀」 第5 美川王條, "十四年冬十月 侵樂浪郡, 虜獲男女二千餘口."
48 『三國史記』 卷17, 「高句麗本紀」 第5 美川王條, "十五年秋九月 南侵帶方郡."
49 『三國史記』 卷17, 「高句麗本紀」 第5 美川王條, "十六年春二月 攻破玄菟城, 殺獲甚衆."
50 『三國史記』 卷17, 「高句麗本紀」 第5 美川王條, "二十一年冬十二月 遣兵寇遼東, 慕容仁拒戰破之."

확장했으며 북쪽으로는 부여와 경계를 접하게 되었다.[51] 즉, 활발한 정복전쟁과 복속시킨 북방종족들의 부용 등을 통해 농업 생산량 증대 및 육류, 乳類 등의 여러 음식문화 활용의 저변을 확대할 수 있는 요소가 마련된 것이다.

광개토왕의 등장 이후 고구려의 영역은 더욱 크게 확장된다. 즉위년인 391년 가을 9월에 북쪽으로 거란을 쳤고,[52] 404년[53]부터 406년[54]사이 後燕과 격돌한 후 요동지역을 확실하게 지배하면서 東北平原의 상당부분을 차지했다.[55] 현재도 오곡의 생산지로 알려져 있는 동북평원의 획득은 고구려의 식량생산에 있어 큰 변곡점이 되었다고 생각된다. 4세기 말에는 백제 침공을 막아내며 남한강 부근까지 영역을 확대시켰고, 400년(영락 10년)에 낙동강 유역으로 진출하여 신라에 고구려군이 주둔하였다. 이로써 고구려는 한반도 서

---

51 이종욱, 「영토확장과 대외활동」, 『고구려의 정치와 사회』, 동북아역사재단, 2007, 126쪽.
52 『三國史記』卷18,「高句麗本紀」第6 廣開土王條, "一年秋九月, 北伐契丹."
　　이 거란침공에 관해 광개토왕비에서는 즉위 5년의 일이라고 했다. 기록과 비문과의 내용에 차이점을 보인다. 비문의 내용은 "영락5년 을미년으로 왕은 패려가 조공하지 않으므로 몸소 토벌에 나섰다. 부산을 넘어 산을 등지고 염수에 이르러 패려의 부락 6~7백 영을 부수고 소와 말, 양떼를 헤아릴 수 없이 노획했다(永樂五年歲在乙未 王以碑麗不歸△人 躬率往討 過富山負山 至鹽水上 破其三部洛六七百營 牛馬群羊 不可稱數)" 라고 하여 그 자세한 내용을 전한다.
53 14년 봄 정월에 연왕 모용희가 요동성을 공격해왔다. …이로 말미암아 성 안에서 방비를 엄히 할 수 있게 되어 마침내 이기지 못하고 돌아갔다(『三國史記』卷18,「高句麗本紀」第6 廣開土王條, "燕王熙來攻遼東城且陷. 熙命將士, 毋得先登, 俟剗平其城, 朕與皇后乘轝而入. 由是, 城中得嚴備, 卒不克而還").
54 겨울 12월에 연왕 모용희가…우리의 목저성(木底城)을 공격하였으나 이기지 못하고 돌아갔다(『三國史記』卷18,「高句麗本紀」第6 廣開土王條, "燕王熙襲契丹至陘北, 畏契丹之衆, 欲還, 遂棄輜重, 輕兵襲我. 燕軍行三千餘里, 士馬疲凍, 死者屬路, 攻我木底城, 不克而還.").
55 대부분이 해발고도 200m 미만이나 중간부인 장춘(長春) 부근에 해발고도 250m 정도의 구릉지가 가로놓여, 북부의 송화강·눈강 유역의 송눈(松嫩) 평원과 남부의 요하 유역의 요하 평원으로 나뉘는데, 합쳐서 송요(松遼) 평원이라고도 한다. 동북평원은 중국 유수의 농업지대 가운데 하나로 현재에도 수수·콩·조·밀 등 밭농사 중심의 농산물 생산이 많은 지역이다.

해안과 한강유역의 곡창지대를 얻으며 농업 생산량을 더욱 증가시켜 나갔다. 이때 고구려의 문화가 신라로 전파되기도 하였다.[56] 이것은 고구려와 신라의 문화가 친연성을 갖게 된 연결점으로 기능한다고 여겨진다. 또한 광개토왕은 명목상으로 북부여[57]를 존치시키고, 함경도 영흥만 일대 또는 두만강 하류의 琿春방면에 위치한 동부여를 함락시켰다.[58] 이처럼 광개토왕 시대에 고구려의 영토는 동쪽으로 두만강 하류와 연해주 일부, 서쪽으로 요하, 남쪽으로 남한강 유역과 소백산맥을 넘어 영일만을 잇는 지역, 북쪽은 農安과 송화강 유역까지 미쳤다.

광개토왕의 정복사업을 이어받은 장수왕은 79년간 재위하면서 고구려 최고의 전성기를 구가했다. 장수왕은 427년(재위 15년)에 수도를 국내성에서 평

---

56 신형식, 「고구려의 성장과 그 영역」, 『한국사론』 34, 국사편찬위원회, 2002, 53~54쪽.

57 북부여는 3세기 말에서 4세기 중엽사이 선비족의 침입으로 이후 길림, 장춘 방면의 부여를 지칭한다(북옥저 방향으로 피난한 부여왕실을 고구려인들은 동부여라고 불렀고, 동부여는 457년 북위에 조공을 하기도 했으나 물길의 침입을 받아 고구려 내지로 옮겨오면서 결국 소멸했다). 이러한 북부여를 계승한 나라가 두막루국(豆莫婁國)인데 지금의 흑룡강성, 눈강 동쪽과 하얼빈 이북의 호란하(呼蘭河)에 분포하였다. 나라 동쪽으로는 바다에 이르고 사람들은 정착하여 살아 궁실과 창고가 있고, 나라 대부분은 산릉과 넓은 늪지이며, 동이의 땅에서 가장 평평하고 넓다고 한다. 토질은 오곡에 적합하지만 오과는 자라지 않으며, 그 군장은 모두 육축으로 관명을 삼았다고도 전한다. 조(俎)와 두(豆)를 사용하며 의복제도는 고려와 비슷하고 투기한 여자는 죽여 시신을 남산 위에 두어 썩게 하였는데, 여자의 집에서 시신을 가져가려면 소와 말을 내야 시신을 내주었다고 한다. 말하길 본래 예맥의 땅이라고 한다고 기록되어 있어 고구려 및 부여와의 밀접한 관계성을 보여준다(『魏書』卷100, 「列傳」第88 豆莫婁傳, "豆莫婁國, 在勿吉國北千里, 去洛六千里, 舊北扶餘也. 在失韋之東, 東至於海, 方二千里. 其人土著, 有宮室倉庫. 多山陵廣澤, 於東夷之域最爲平敞. 地宜五穀, 不生五果. 其人長大, 性强勇, 謹厚, 不寇抄. 其君長皆以六畜名官, 邑落有豪帥. 飮食亦用俎豆. 有麻布, 衣制類高麗而幅大, 其國大人, 以金銀飾之. 用刑嚴急, 殺人者死, 沒其家人爲奴婢. 俗淫, 尤惡妬婦, 妬者殺之, 尸其國南山上至腐. 女家欲得, 輸牛馬乃與之. 或言本穢貊之地也." : 『역주 중국 정사 외국 - 魏書 외국전 역주』 7, 동북아역사재단, 2009, 34~35쪽).

58 이도학, 「광개토대왕의 영토확장과 광개토대왕릉비」, 『고구려 정치와 사회』, 동북아역사재단, 2007, 179쪽.

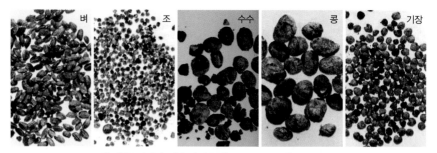

그림1 청동기시대 평양 남경유적 36호 집자리 출토 탄화 곡물

양성으로 천도하고, 남북조시대(439~491)인 중국을 등거리 외교로 견제하면서 고구려의 지위를 확고히 했다. 이러한 장수왕의 업적 가운데 평양 천도는 고구려의 음식문화 정립에 큰 계기가 되었다. 평양은 서해로 형성된 평야지대가 많은 한반도 서북부[59]의 중심지역이었다. 청동기시대부터 쌀을 비롯한 곡물의 생산경험이나 물산이 풍부했기 때문에 수도를 이전한 고구려는 쌀을 주재료로 하는 음식문화를 한층 더 발전시킬 수 있었을 것이다(그림1).[60]

장수왕은 475년에 백제의 수도 한성을 함락하고 개로왕을 죽여서 수도를 웅진으로 남하시켰다.[61] 그리고 고구려의 숙원이던 한강유역을 확보하였다. 이를 기반으로 하여 남양만에서 충청도 북부지역에까지 영토를 넓히게 되었다. 즉, 경기도 여주와 안성, 화성군 일대와 충북 진천·음성·괴산·충주·충남 직산 등을 6세기 초반까지 고구려의 영토로 편입시켰던 것이다.[62] 평양천도

---

59 한반도 서북부지역은 서해쪽으로 압록강 유역의 용천평야, 청천강 유역의 안주·박천평야, 대동강 유역의 평양평야, 재령강 유역의 재령평야, 예성강 유역의 연백평야 등이 위치한다.

60 조선유적유물도감 편찬위원회a, 『조선유적유물도감』 1, 동광출판사, 1990, 171쪽 도판 346~350번.

61 한영우, 앞의 책, 101쪽.

62 국사편찬위원회, 앞의 책, 68~69쪽.

이래 대동강 유역의 쌀농사와 그 문화를 흡수한 고구려는 한강 이남을 차지하여 한층 더 성숙되고 발전된 농업환경을 마련할 수 있었을 것이다. 고구려군의 주둔지였던 아차산 유역 등에서 보이는 여러 농기구 및 방앗간 유적은 이와 같은 농업활동을 입증해준다고 할 수 있다.[63]

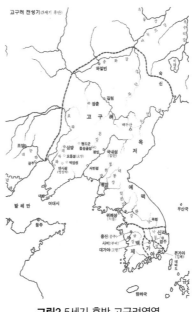

그림2 5세기 후반 고구려영역

나아가 장수왕은 479년 柔然과 함께 地豆于를 분할[64]하려고 하였다. 이것은 시라무렌Siramuren 유역에서 거란을 몰아내서 고구려가 송화강 유역을 안정적으로 경영하기 위함이었다. 고구려에게 쫓긴 거란은 이후 돌궐의 위협을 받아 萬家가 고구려에 의탁하기도 했다.[65]

---

63 최종택·오진석·조성윤·이정범, 「아차산 제3보루 -1차 발굴조사보고서-」, 『매장문화재 연구소 연구총서』 27, 한국고고환경연구소, 2006 ; 국립문화재연구소, 『아차산4보루 발굴조사 보고서』, 국립문화재연구소, 2009.

64 『魏書』 卷100, 「列傳」 第88 契丹傳, "태화3년 고구려가 몰래 연연과 모의하여 지두우를 취해서 나누고자 하였다. 거란은 고구려의 침략을 두려워하여…백랑수[요녕성 대릉하] 동쪽에 머물렀다(太和三年(479), 高句麗竊與蠕蠕謀, 欲取地豆于以分之. 契丹懼其侵軼, 其莫弗賀勿于率其部落車三千乘, 眾萬餘口, 驅徒雜畜, 求入內附, 止於白狼水東)."

65 『隋書』 卷84, 「北狄列傳」 第49 契丹傳, "當後魏時, 爲高麗所侵, 部落萬餘口求內附, 止于白貔河. 其後爲突厥所逼, 又以萬家寄於高麗."
고수전쟁 때에 수양제가 고구려에 전한 내용 가운데 "일찍이 은혜를 생각하지 않고 도리어 악을 길러, 거란의 무리를 합쳐서 바다를 지키는 군사들을 죽이고, 말갈의 일을 익혀 요서를 침범하였다(『三國史記』 卷20, 「高句麗本紀」 第8 嬰陽王條, "曾不懷恩, 翻爲長惡. 乃兼契丹之黨, 虔劉海戌, 習靺鞨之服, 侵軼遼西)"라는 내용이 나오는데 이로써 고구려에

481년 고구려는 신라로 진출하였다. 소백산맥 죽령이남에서 영일만에 이르는 지역인 경북 울진·영덕·진보·임하·청송 등의 지역이 고구려의 영토로 기록되었다.[66] 이로써 고구려는 장수왕시대에 신라의 죽령일대로부터 백제의 남양만을 연결하는 선까지 영토를 확장하고 만주까지 판도에 넣어 중국과 당당히 자웅을 겨루는 대국으로 성장했다(그림2).[67] 신라의 영토인 충북 中原에서 발견된 고구려비는 이곳이 고구려의 판도에 있었음을 말해주고 있다.[68]

이후 고구려는 문자명왕 때인 494년 부여가 항복[69]함에 따라 영토를 송화강 중류 일대로 넓혔으며,[70] 512년(재위 21년) 가을 9월 백제의 영토를 함락시켰다.[71] 안원왕 때인 540년 9월에는 백제와 싸워 이겼다.[72] 594년 영양왕 5

서는 내항한 거란의 일부를 계속 세력권 하에 두었던 것을 알 수 있다.

이러한 거란과의 관계성은 고구려 멸망 때까지 계속된 것으로 이해된다. 그 이유로는 『新唐書』(卷110,「諸夷蕃將列傳」第35 泉男生條, "남생은 달아나 국내성을 지키며 무리를 거느리고 거란, 말갈병과 함께 당으로 의탁하였다. 아들 헌성으로 하여금 당에 보내 호소하게 했다(男生走保國內城, 率其眾與契丹, 靺鞨兵內附, 遣子獻誠訴諸朝)"에 기록된 바와 같이 일부 거란과의 관계가 지속됐기 때문이다.

66 국사편찬위원회, 앞의 책, 70~71쪽.

67 한영우, 앞의 책, 96쪽 <5세기후반 고구려 전성기 지도> 참조.

68 위의 책, 102쪽.

69 『三國史記』卷19,「高句麗本紀」第7 文咨明王條, "부여의 왕과 처자와 함께 나라를 들어 항복했다(扶餘王及妻孥以國來降)."

70 부여왕 의려가 자살한 이후 부여는 고구려에 흡수된 것으로 보이나 부여의 잔존 세력이 오늘날의 阿城(阿勒楚喀) 지역에 있다가 이때에 와서 勿吉에 의하여 쫓겨 그 지배세력이 고구려로 투항하게 된 것이라고 보는 견해도 있다(池內宏,「夫餘考」및「勿吉考」,『滿鮮史研究』上世 第1, 1951·1979). 후자의 견해를 따르면 본문의 내용은 본왕 13년의 "부여는 勿吉에게 쫓기는 바 되었다"는 기사와 대응된다(정구복 외,『역주 삼국사기』3 주석편(상), 한국정신문화연구원, 1998, 400쪽 : 국사편찬위원회 한국사데이터베이스,『三國史記』卷19,「高句麗本紀」第7 文咨明王條, "二月 扶餘王及妻孥以國來降"의 <주1> 내용 참조).

71 『三國史記』卷19,「高句麗本紀」第7 文咨明王條, "二十一年 秋九月, 侵百濟陷加弗·圓山二城, 虜獲男女一千餘口."

72 『三國史記』卷19,「高句麗本紀」第7 安原王條, "十年秋九月, 百濟圍牛山城, 王遣精騎五千, 擊走之."

년에는 북방의 말갈을 정복하고 점령하여 말갈 지배하에 있던 부여를 수복하였다.[73] 이로써 고구려는 부여의 옛 땅을 모두 차지하였고 牡丹江 주변[74]과 黑龍江 중상류까지의 농경지를 확보하였다.

이러한 고구려의 부여 점령은 고구려인의 음식문화에 많은 영향을 끼치게 된다. 부여의 지리는 동쪽으로 바다에 이르고 사람들은 정착하여 살아 궁실과 창고가 있다. 나라 대부분은 산릉과 넓은 늪지이며, 동이의 땅에서 가장 평평하고 넓다고 한다. 부여의 토질은 오곡에 적합하고, 그 군장은 모두 육축으로 관명을 삼았다고도 史書에 전한다.[75] 부여에서는 俎와 豆를 사용하고, 투기한 여자는 죽여 시신을 남산 위에 두어 썩게 하였는데, 여자의 집에서 시신을 가져가려면 소와 말을 내야 시신을 내주었다고 한다.[76] 따라서, 고구려의 부여 복속은 고구려의 음식문화에 오곡 및 육축이 보다 친연되는 관계를 보여 준다고 하겠다. 한편, 고구려의 한반도에 대한 영토 확장은 벼농사를 비롯한 농경활동에 의해 얻어진 산물이 보다 원활히 공급되는 계기를 마련했다고 여겨진다.

이상으로 살펴본 바와 같이 고구려가 점차 주변지역을 복속하는 과정에서 동쪽으로는 동옥저와 예를, 북쪽으로는 부여의 지역을 차지했음을 알 수 있다. 서쪽으로는 요동과 요서지역을, 남쪽으로는 한강 유역까지를 영토를 넓혀 나갔다. 영토의 확장에서 얻어지는 농지와 다양한 토산품이 고구려의 음

---

73 이인철, 「고구려의 부여와 말갈 통합」, 『고구려의 정치와 사회』, 동북아 역사재단, 2007, 246쪽.

74 신형식, 『한국사입문』, 이화여대 출판부, 2005, 54~56쪽.

75 『三國志』卷30, 「魏書 東夷傳」第30 夫餘傳, "其民土著, 有宮室·倉庫·牢獄. 多山陵·廣澤, 於東夷之域最平敞. 土地宜五穀. 不生五果. 其人麤大, 性彊勇謹厚, 不寇鈔. 國有君王, 皆以六畜名官, 有馬加·牛加·豬加·狗加·大使·大使者·使者."

76 『三國志』卷30, 「魏書 東夷傳」第30 夫餘傳, "食飲皆用俎豆, 會同·拜爵·洗爵, 揖讓升降. 用刑嚴急, 殺人者死, 沒其家人爲奴婢. 竊盜一責十二. 男女淫, 婦人妒, 皆殺之. 尤憎妒, 已殺, 尸之國南山上, 至腐爛. 女家欲得, 輸牛馬乃與之."

식문화 발달에 토대가 되었으며 인근 종족이나 국가와의 항쟁 및 교류는 고구려가 새로운 음식문화적 사조와 문물을 수용할 수 있는 계기가 되기도 했을 것이다.

2. 고구려의 생태환경과 음식문화와의 연관성

1) 만주지역과 한반도 북부의 고구려 생태환경과 음식문화

고구려 영역의 지형을 살펴보려면 만주 지역과 한반도 북부 지역으로 나눠살펴볼 필요가 있다. 만주의 고구려 영토는 현재 흑룡강성, 길림성, 요녕성으로 구성된 만주의 3분의 1정도로 생각된다.[77]

흑룡강성은 동서지역의 대·소흥안령산맥과 동남지역의 張廣才嶺·老爺嶺산맥 등과 같은 산지 및 중부의 흑룡강·송화강·우수리강의 三江평원과 松嫩平原으로 이뤄져있다(그림3).[78] 최대의 목재 산지이며 여름이 짧고 겨울이 긴 특징을 갖고 있다.[79] 지역의 산지에서 얻을 수 있는 여러 임산물[80]은 고구

---

77 신형식, 앞의 글, 2002, 65쪽.

78 王庭槐 外, 『中国地理』, 江苏教育出版社, 1986, 489쪽, 그림61 ;
    구글 map(https://maps.google.co.kr/maps?ct=reset&tab=ll).

79 위의 책, 485~490쪽.

80 산림에서 생산되는 목재·죽재·장작·목탄, 굴취한 수목 및 수근(樹根), 생지(生枝), 수실(樹實), 수피(樹皮), 수지(樹脂), 생엽(生葉), 낙엽, 이끼류, 초본류, 덩굴류, 떼, 토석, 버섯류 등을 임산물로 취급한다(농업용어사전 web서비스 : 농촌진흥청 http://lib.rda.go.kr/newlib/dictN/dictSearch.asp).

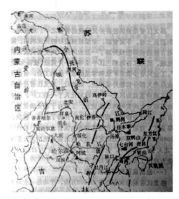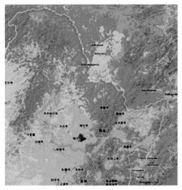

그림3 흑룡강성 지도

려인들의 식생활에 부식으로 쓰였을 것이고, 취사 및 난방에 풍부한 연료를 제공해 줄 수 있었을 것이다. 또한 고구려가 송눈평원을 田地로 획득한 이후에는 농업환경적 측면에서 오곡 등의 농산물 생산 증가에 큰 전기를 마련했다고 여겨진다.

길림성은 자연조건이 다양하다. 이곳에는 광활한 산지가 있으며, 비옥한 평원이 있다(그림4).[81] 초원과 강, 호수 등이 있으며 삼림도 무성하다. 동부는 장백산지인데 장광재산맥과 松花湖-龍崗산맥 以東지역이다. 중부는 낮은 산과 구릉지대로 이뤄져 있으며 제2송화강과 그 지류로 인해 침식이 장기간 일어나 하곡이 광활하고 평탄하다. 수원이 충족되어 농사짓기 좋은 지역이다. 서부는 松遼平原으로 송화강, 눈강, 요하의 三水 인접으로 소택지가 많으며 초지가 넓어 목축하기 좋다. 고구려인들이 여러 정복전쟁을 통해 이 지역의 초지를 얻은 후 기른 여러 가축은 고구려인들의 육류문화와 乳類문화를 정립시키는데 역할을 하였을 것으로 보인다. 길림성 또한 흑룡강성과 마찬가지로 겨

---

81 王庭槐 外, 앞의 책, 500쪽 그림62 ;
　구글map(https://maps.google.co.kr/maps?ct=reset&tab=ll).

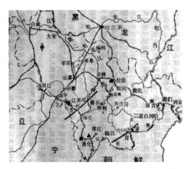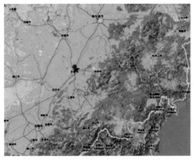

그림4 길림성 지도

울이 길고 추우며 여름은 짧고 덥다. 강수량은 하계인 6~8월에 집중된다.[82]

요녕성은 동서가 높고 중부가 낮은 지형으로 요동의 低山구릉지대와 요하평원, 요서구릉지대로 나눌 수 있다(그림5).[83] 요동저산구릉지대는 산지 양측을 하류가 오랫동안 분할시켜 구릉이 많고 동쪽 압록강 유역에는 각 지류마다 谷地가 산지 서편으로 급하게 기울어져 있다. 산세는 비교적 험하나 좋은 천연 항구가 많다. 요하평원은 남북으로 길고 동서로 협소하며 요하와 그 지류에 충적평야가 이뤄져 있다. 소택지가 많으며 평원 남부 지역으로 삼각주가 형성되었다. 요서구릉지역은 요하 상류지역의 大·小凌河의 분수령이자 비교적 두터운 황토가 퇴적되어 있는 곳이다. 동쪽에는 松嶺과 醫巫閭山 등이 있으며 몇몇 개별 산봉우리를 제외하곤 거의 300~400m의 낮은 산들로 이뤄져 있다. 특히, 요녕성의 하천 대부분이 북에서 남으로 흘러 요하·혼하·압록강 등의 크고 작은 수계를 이루고 있으며 하천이 복잡하게 얽혀있고 河跡湖 및 소택지가 발달되어 있다. 강 하구에는 약 60여개의 크고 작은 섬들

---

82 王庭槐 外, 앞의 책, 497~501쪽.
83 위의 책, 511쪽 그림63 ;
   구글map(https://maps.google.co.kr/maps?ct=reset&tab=ll).

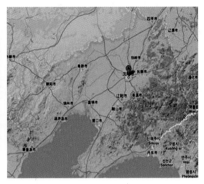

그림5 요녕성 지도

이 있으며, 좋은 어장이 생성되어있기 때문에 고구려인들이 이를 얻은 후에는 상당량의 수산물을 얻기에 부족함이 없었을 것이다. 이렇게 얻은 수산물에는 소금, 魚類 등이 있었다. 이러한 식재료의 생산은 그것의 개별적 활용은 물론 소금과 어류를 결합시켜 만드는 다양한 魚醬문화를 정립시키는 데에도 영향을 주었다고 보인다. 겨울이 길고 여름이 짧으며 연강수량 또한 6~8월에 집중되어 있다. 봄에 강수량이 적어 일상적으로 춘계 가뭄이 발생한다.[84]

이상에서 살펴본 만주지역 지형의 상당부분이 산악지대였기 때문에 고구려인들은 부단히 산악지대 외의 평야지대로 나아가기 위해 노력할 수밖에 없었다. 산악지대에서 얻을 수 있는 임산물이나, 지역의 하천과 바다에서 얻을 수 있는 수산물은 나름의 쓸모가 있지만 그래도 고구려인들을 유지시켜주고, 인구의 증가를 이뤄줄 수 있는 물질적 토대는 곡물이었다. 하지만 만주지역에서 쓸 수 있는 농경지는 대부분 각 지역의 중부 일부에 위치한 평원이었는데 이러한 지역은 고구려가 3세기에서 4세기 이후에 얻은 지역이었다.

---

84 王庭槐 外, 앞의 책, 507~512쪽.

따라서 3세기 무렵에도 고구려인들은 여전히 산지가 많은 지역에서 생활할 수밖에 없었다. 압록강 등의 수계를 따라 형성된 하곡충적평야는 그 면적이 적어서 실제적으로 고구려인을 부양할 수 있는 충분한 곡물 자원을 얻기 힘들었다.

Ⅱ-1-1.
큰 산과 깊은 골짜기가 많고 넓은 들은 없어 산골짜기에 의지하여 살면서 산골의 물을 식수로 한다. 좋은 田地가 없으므로 부지런히 농사를 지어도 식량이 충분하지 못하다. …   -『三國志』[85]

Ⅱ-2-1.
그 나라의 넓이는 사방 2천리인데, 큰 산과 깊은 골짜기가 많으며 사람들은 산골짜기에 의지하여 산다. 농사지을 땅이 적어서 힘껏 농사를 지어도 自給하기에 부족하기 때문에 그 習俗에 음식을 아낀다. …   -『後漢書』[86]

사료 Ⅱ-1-1과 Ⅱ-2-1은 산지가 많은 고구려의 환경을 설명하고 있으며 그로 말미암은 결과인 식량의 부족과 절식풍습을 말해주고 있다. 그렇기 때문에 고구려는 생존과 발전을 위해 부단히 주변국가를 복속시켜 전리품을 얻거나 농사를 지을 수 있는 영토를 확장해야할 필요가 있었다.

그러나 고구려가 정복전쟁을 통해 만주지역에서 최대 영토를 얻은 5세기

---

85 『三國志』卷30,「魏書 東夷傳」第30 高句麗傳. 각주 32 참조.
86 『後漢書』卷85,「東夷列傳」第75 高句麗傳. 각주 33 참조.

이후에도 여전히 농사를 지을 수 있는 면적은 부족했다. 그림 6[87]과 표1은 일본에서 작성된 산업관련지도와 표다.[88] 그림6 은 남만주의 산업을 분석하였는데, 소맥인 밀을 비롯해서 대두, 조, 고량 등이 재배되고 있었다. 이 작물들은 지형적인 이유로 그림6에서 확인할 수 있는 평야지대에 주로 재배되었다. 농경은 기본적으로 평야지대에서 행해지는 것이기 때문에 이와 같은 지형적 조건을 무시할 수 없었을 것이다.

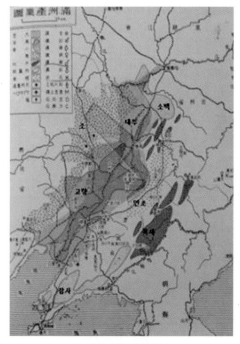

그림6 滿州産業圖

한편, 표1은 1930년대 東亞經濟調査局에서 조사하고 분석한 내용이다. 만주지역의 가경지를 조사한 것으로 표1에서 확인할 수 있듯이 그 비율은 그다지 높지 않다. 총면적당 가장 높은 가경지 비율이 40%를 약간 넘는 정도이다. 가경지에 대한 비율도 현재 요녕성인 봉천성의 농지가 가장 높았고 길림성이나 흑룡강성은 50%가 되지 못했다.

이러한 만주의 가경지의 비율이나 그 이용도는 Ⅲ장의 그림17 토지 생산

---

87 仲摩照久(나카마 테루히사), 『地理風俗』, 新光社, 1930, 62쪽 지도 편집.
88 이 자료들은 비록 후대의 기록이지만 일본의 만주 진출 이후 농업이민을 장려 하는 등의 정책을 추진하면서 농사가 가능한 지역을 정책적으로 조사하였기 때문에 만주지역의 가경지를 확인할 수 있는 자료로 활용 가능할 것이다.

력분포도와 비교할 수 있다. 농지 활용비율이 높았던 봉천성 중부지역은 토지생산력이 높았던 지역이었고, 길림성이나 흑룡강성의 가경지 지역 대부분은 중급에 해당하는 토지 생산력을 가졌다. 그런데 그 농지 가운데 일부만이 高産區였을 뿐 미경지는 대부분 하품에 해당하였다. 이런 까닭으로 고구려는 농지에서 오는 생산력의 한계를 극복하기 위해 영토를 확대하려 노력하면서, 동시에 토지생산력을 극대화시킬 수 있는 농업기술이나 농기구의 개발에 매진하였을 것이다. 기존의 재배 품종을 다수확이 가능한 종자로 개량시키고 외부로부터의 새로운 육종 도입에도 힘썼다고 생각된다.

고구려 영역에서 한반도 지역은 함경도와 평안도의 한반도 북부, 경기도·

표1 만주토지이용통계(1930년)[89]

지역	총면적(陌)	가경지			不可耕地(陌)	총면적에 대한 비율(%)				가경지에 대한비율(%)	
		旣耕地(陌)	未耕地(陌)	계(陌)		가경지	불가경지	기경지	미경지	기경지	미경지
奉天省[90]	18,506,800	4,710,700	1,688,950	6,399,653	12,107,150	34.6	65.4	25.5	9.1	73.6	26.4
吉林省	26,755,300	4,945,670	5,921,070	10,866,740	15,888,560	40.6	59.4	18.5	22.1	45.5	54.5
黑龍江省	58,217,410	3,851,970	8,982,500	12,834,470	45,382,940	22	78	6.6	15.4	30	70
東三省計	103,479,510	13,508,340	16,592,520	30,100,860	73,378,650	29.1	70.9	13.1	16	44.9	55.1

89 東亞經濟調查局, 『滿蒙政治經濟提要』 25, 改造社, 1932, 24~25쪽 표2 재편집.
90 봉천성(奉天省)은 요녕성과 내몽고 흥안맹(興安盟)、철리목맹(哲里木盟) 일부분, 길림성 서남 일부분을 포괄하는 지역으로 1929년 장학량이 요녕성으로 개칭한 것을 만주국 성립(1931년) 이후 1932년 봉천성으로 개칭되었다. 일본 패망 이후 다시 요녕성이 되었다. 현재 요녕성의 일부 지역이다.

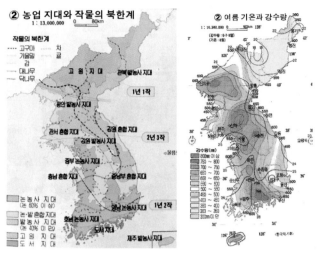

그림7 한반도 농업지대 및 여름강수량

강원도·충청도·경상도 북부지역 등으로 나누어진다.[91] 한반도 동북쪽의 함경도는 개마고원을 비롯한 마천령산맥, 낭림산맥, 함경산맥 등 높고 험한 산지가 면적의 대다수를 차지하며 분포되었다. 두만강을 비롯하여 동해로 흘러드는 하천과 동해안 가에 형성된 해안평야도 있다. 겨울에는 몹시 춥고 여름은 그리 덥지 않다. 연평균 강수량도 약 1,000mm안팎이며 최저는 600mm 이하를 기록하기도 한다.

평안도 지역도 강남산맥, 적유령산맥 등 산지가 많으나 압록강이나 청천강, 대동강 등 큰 강과 그 지류를 중심으로 한 하곡평야가 발달해있다. 압록강 하구유역에는 용천 평야, 청천강 하구 유역에는 안주·박천평야, 대동강

---

91 북한 지리는『2009 북한개요』(통일연구원, 2009, 15~21쪽) 1장 지리 자연환경편을 전체적으로 참고하였고,『지리부도』(동아출판사, 1995) 자연환경편의 강수량, 기후구분 및 북부지방 지도 및 그래프를 참조하여 기술하였다.

유역에는 평양평야가 각각 발달하였다. 대륙성기후의 영향이 많아 겨울과 여름의 기온 교차가 심하고, 특히 겨울에 추위가 심하다. 연평균 강수량은 1,000~1,300mm정도다.

한반도 북부 지역의 농업지대는 함경북도와 평안북도 중부에 형성된 고원지대를 제외하고 대부분 밭농사지대다(그림7).[92] 그러나 서해안의 해안가 평야를 중심으로 논농사와 밭농사 혼합지대가 보이는데 이 지역은 선사 시대부터 농사를 지어 곡물을 생산하고 섭취하였던 곳으로 조, 기장, 콩 등의 작물유체 및 탄화된 벼가 출토되었던 곳이다. 오랜 농업 전통을 가진 지역이기도 하다. 상당한 농사 경험과 기술이 축적되었기 때문에 이들 지역을 고구려가 차지한 이후 농업기술이나 생산이 한층 안정되었을 것이다.[93]

2) 고구려의 기후와 농작물의 생육조건

고구려의 영역인 만주와 한반도 북부지역은 지형적으로 산지가 많고 농지가 적다는 것뿐만 아니라, 겨울이 길고 춥다는 공통점이 있다. 겨울이 길고 춥다는 점은 고구려의 작물재배 환경을 제약하는 한계로 작용한다. 그 한계점이란 작물을 생육할 수 있는 기간이 짧다는 것이다. 짧은 생육기간은 곡물이나 채소 등과 같은 재배작물을 대부분 一毛作에 그치게 만든다. 토지이용률을 낮추는 요소로 작용할 수 있기 때문에 고구려의 식량 수급활동을 어렵게

---

92 박영한 外, 『지리부도』, 동아출판사, 1995, 6쪽 지도 ②·11쪽 지도 ②.

93 고구려의 영토 가운데 한강 유역과 같은 한반도 중남부 지역은 고구려의 영토로 편입된 기간이 만주나 한반도 북부에 비해 짧다. 또한 6세기 이후 신라의 발전과 백제의 중흥으로 빼앗긴 지역이기도 하다. 그렇기 때문에 생태환경의 측면에서 고구려 음식문화에 끼친 영향은 비교적 적다고 보아서 지형 고찰에서 제외하도록 한다.

만드는 인소로 작용한다.

표2 集安縣 主要农作物品种分布表[94]

구역	대표지점	무상일수
晚熟區	勝利村	151일 이상
中晚熟區	頭道村, 財源村	141~150
中熟區	淸河村	131~140
中早熟區	熱鬧村, 雙岔村	121~130
早熟區	文字村	120일 이하

이러한 재배작물 생육기간[95]은 지역적인 편차가 있지만 만주지역의 吉林省 集安縣의 경우 표2에서와 같이 최저 120일 이하에서 151일 이상이었다. 즉, 재배하기 위해 생육하여 수확하는 기간이 지역에 따라 최저 4개월 미만에서 약 5개월 정도라는 것이다. 농사를 짓지 못하는 기간이 1년 가운데 약 7~8개월 정도로 길기 때문에 재배가 가능한 시기에 속성으로 자랄 수 있는

---

94 集安县地方志编纂委员会, 『集安县志』, 集安县地方志编纂委员会, 1987, 76쪽 主要农作物品种分布表 가운데 无霜日數 참조.

95 만주 및 한반도 북부의 재배작물 생육기간을 알아볼 수 있는 방법은 지역의 무상일수(無霜日數)를 살펴보는 것이다. 무상일수란 1년 가운데 서리가 내리지 않는 일수로 마지막 서리가 내린 후 첫서리가 내릴 때까지의 일수를 의미한다(농촌진흥청 농업과학도서관 디지털농업용어사전 3.1 웹서비스 검색 http://lib.rda.go.kr/newlib/dictN/dictSearch.asp).
서리는 대개 3℃를 이하일 경우에 내리고, 농작물의 생육기간을 결정하므로 작물재배에 적합한 지역을 검토하는데 중요한 인자가 된다(한국지리정보연구회, 『자연지리학사전』, 한울아카데미, 2004, 웹서비스 검색).
따라서 이러한 무상일수는 작물재배 가능기간의 한계로 흔히 이용된다. 그렇기 때문에 무상일수의 통계자료가 비록 근대의 자료이지만, 고구려시대의 재배 작물 가능기간을 짐작할 수 있는 정보를 제공해줄 수 있다고 생각된다.

곡물이나 수확량이 많은 작물, 채소 등의 품종이 한랭한 날씨에도 비교적 잘 자라는 것으로 선별하여 집중 재배해야 했다. 또한 겨우내 소비할 식량을 가능한 많이, 그리고 오래 저장할 필요성도 제고되었다.

遼寧省 遼陽市 경우에도 표3과 같이 생육기간은 최저 133일에서 160일로, 4월 중순에서 5월 상순경에 파종하여 9월 하순에 수확한다. 약 5개월 정도가 재배작물의 생육기간이 되고 나머지 기간은 그간 재배하여 얻은 식량을 소비해야 한다.

표3 部分年份遼陽縣三村屯黑亮高粱作物物候表[96]

연도 구분	大趙台村(大赵台村)			下達河村(下达河村)			興隆溝村(兴隆沟村)		
	파종기	생장기(無)	수확기	파종기	생장기(無)	수확기	파종기	생장기(無)	수확기
1905	4/23	153	9/23	4/30	145	9/22	5/11	133	9/21
1912	4/24	152	9/23	4/30	144	9/21	5/10	133	9/20
1935	4/21	154	9/22	4/28	147	9/22	5/8	137	9/22
1948	4/20	155	9/22	4/27	148	9/22	5/7	135	9/19
1956	4/20	157	9/24	4/27	148	9/22	5/6	137	9/20
1963	4/18	155	9/20	4/25	148	9/20	5/4	139	9/20
1970	4/20	153	9/20	4/26	149	9/22	5/5	138	9/20
1980	4/15	160	9/20	4/22	149	9/18	5/4	137	9/18
1985	4/18	160	9/25	4/25	154	9/26	5/6	142	9/25
1987	4/16	156	9/19	4/23	148	9/18	5/2	138	9/17

---

96 辽阳县志编纂委员会办公室编, 『辽阳县志』, 辽阳县志编纂委员会, 1994, 85쪽 部分年份辽阳县三村屯黑亮高粱作物物候表 참조.

한반도 북부의 재배작물 생육기간은 그림8[97]에 나타난 바와 같다. 대부분 140일에서 180일 사이지만 일부 내륙지역은 120일 이하, 해안가의 몇몇 지역은 최장 200일까지도 나타나고 있다. 이처럼 일부 생육기간이 짧은 내륙지역을 제외하고 평양이나 해주 등과 같이 서해안 방향으로 평야지대가 펼쳐진 곳은 약 6~7개월 이상으로 생육 가능 일수가 비교적 많다. 그렇기 때문에 다양한 종류의 재배작물을 다량 생산할 수 있어서 여느 지역보다 식량의 수급이 원활했다고 생각된다.

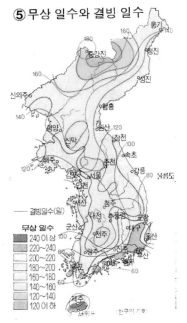

⑤ 무상 일수와 결빙 일수

그림8 한반도의 무상일수

이렇듯 만주와 한반도 북부지역의 생육기간은 지역적 편차가 있었다. 상당한 지역이 재배를 통해 식량을 얻을 수 있는 기간이 짧고, 겨울이 일찍 찾아오므로 빨리 자라면서 소출이 많은 작물 품종이나 기온의 영향을 상대적으로 덜 받는 작물을 집중적으로 개량하여 재배했을 것이다. 작물의 품종 개발 외에도 한랭한 기온을 이겨낼 수 있는 농작물 재배법도 고안하여 활용했을 것으로 생각된다. 이러한 재배법의 개발에는 농기구의 개발 및 가축의 축력 활용이 필요하기 때문에 제철법이나 목축의 발전도 동반 요구되었다. 또한 이 지역은 겨우내 식량을 소비하는 기간이 길기 때문에 식량을 많이 저장하고 오래

---

97 박영한 外, 앞의 책, 6쪽 지도 ⑤.

보관하는 방법이 필수적이었다. 따라서 고구려에서 저장음식의 발달은 필연적이었고 그 가운데서 특히 발효음식에 특화되어 중국문헌에 고구려는 '善藏釀'한다고 기록된 것이라 볼 수 있다.[98]

한편, 2세기부터는 기온의 한랭화 현상이 나타났다. 기온은 작물의 생장에 큰 영향을 미치는 요소 가운데 하나다. 기온이 상승해도 문제이지만 작물이 얼거나 생장하지 않는 것과 같은 냉해 피해도 국가 위기상황이나 피해를 주는 요소로도 작용한다. 표4는 『三國史記』에 나타난 기온의 변화를 수치상으로 나타낸 것이다.

표4 연대별 한난지수[99]와 건습지수[100]

건윤지수		습윤지수	건조지수	연대	한냉회수	온난회수	한난지수	
濕	3	4	7	서기 전 51~서기 50	4	4	0	暖
	5	7	12	서기 1~100	4	4	0	
	2	10	12	51~150	3	4	-1	
	-1	11	10	101~200	9	2	7	寒
	4	8	12	151~250	10	2	8	
乾	13	5	18	201~300	4	3	1	
	13	5	18	251~350	4	2	2	
	12	4	16	301~400	2	4	-2	
	9	6	15	351~450	2	4	-2	
濕	4	11	15	401~500	4	3	1	暖
	3	10	13	451~550	3	4	-1	
	5	5	10	501~600	2	3	-1	
	6	4	10	551~650	4	2	2	
	-2	9	7	601~700	5	1	4	
	0	11	11	651~750	3	2	1	

---

98 『三國志』卷30, 「魏書 東夷傳」 第30 高句麗傳, "其人絜淸自喜, 善藏釀."
99 김연옥, 『한국의 기후와 문화 - 한국 기후의 문화역사적 연구』, 이화여대 출판부, 1985, 365쪽.
100 위의 책, 367쪽.

한랭하다고 나타난 시기는 2세기에서 4세기 사이다.[101] 비단 『三國史記』의 기록뿐만 아니라 중국 측의 기록을 살펴봐도 기온의 한랭화는 여실히 드러난다. 후한대부터 문헌에 여름이 덥다거나 겨울이 따뜻하여 얼음이나 눈이 내리지 않는다는 기록이 없다. 위진시기와 5호 16국시대, 남북조시기도 후한시기와 마찬가지로 한랭 건조하였다. 가령, 진 武帝시기인 271년에서 290년에는 가뭄이 아닌 해가 없다고 기록되기도 했다.[102] 이와같은 기록은 당시의 가뭄이 든 상황을 반영한 것이었다. 황충의 피해도 이러한 기후의 여파라고도 볼 수 있다. 『晉書』에는 후한에서 서진, 북위에 이르기까지 큰 서리, 벼와 콩이 얼어죽으며 누에와 보리가 서리에 손상되고 죽었다고 기록되었다. 이 내용은 후한시대부터 남북조에 이르는 시기의 기후가 대체로 한랭했음을 알려준다.[103]

그림9는 지난 2,000년간 북반구의 기후변화를 프록시 데이터proxy data를 사용하여 복원한 기온변화 그래프다.[104] 서기 초부터 약 600년까지의 기온이 비교적 한랭했다가 점차 기온이 상승되는 경향을 그래프를 통해 확인할 수

---

101 자료에 따라 한랭화는 2세기에서 5세기까지라고도 한다.
102 『晉書』卷28, 「志」第18 五行中, "武帝泰始七年(271)五月閏月旱, 大雪. 八年五月, 旱…太熙元年二月, 旱."
   진무제의 연호인 태시(泰始)·함녕(咸寧)·태강(太康)을 비롯하여 마지막 연호인 태희(太熙) 원년까지 빠짐없이 가뭄을 의미하는 "旱"이 기록되어 있다.
103 『晉書』卷28, 「志」第18 五行中, "元興元年(402)七月, 大饑. 九月, 十月不雨, 泉水涸. 二年(403)六月, 不雨. 冬, 又旱. …三年(404)八月, 不雨.";『晉書』卷29, 「志」第19 五行下, "元興二年(403)十二月, 酷寒過甚";『魏書』卷121, 「志」第17 靈徵八上, "高祖太和三年(479)七月…仇池鎭並大霜, 禾豆盡死. …世宗景明二年(500)三月辛亥, 齊州賈霜, 殺桑麥. 四年(502)三月壬戌, 雍州賈霜, 殺桑麥. 辛巳, 青州賈霜, 殺桑麥";朱士光·王元林·呼林貴, 「历史时期关中地区气候变化的初步研究」, 『第四纪研究』1998-2, 中国第四纪科学研究会, 1998, 4쪽.
104 Anders Moberg, Dmitry M. Sonechkin, Karin Holmgren, Nina M. Datsenko & Wibjörn Karlén, 「Highly variable Northern Hemisphere temperatures reconstructed from low - and high - resolution proxy data」, 『Nature』vol 433, 2005(FEB. 10), 616쪽 Figure 2.

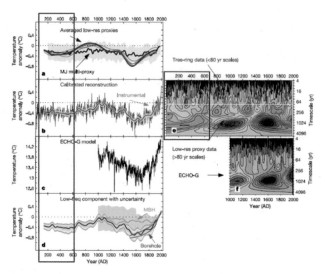

그림9 프록시 데이터로 복원한 북반구 기온

있다. 그래프 상으로 가장 기온이 낮았던 시기는 서기 200년에서 400년 사이였다. 2세기에서 4세기 사이 한랭화되었다는 문헌사료의 기록을 과학적으로 입증해주고 있음을 알 수 있다.

또한 『三國史記』 기록을 살펴보면 유난히 300년대에 "相食"이란 내용이 자주 나온다. 일반적으로 흉년이 들어 백성들이 굶주리는 상황인 '民饑'라는 내용 외에 '相食'이라고 기록된 내용은 봉상왕 9년[105]·소수림왕 8년[106]·고국양왕 6년[107]의 기록뿐이다. 각각 300년·378년·389년으로 '相食'은 사람들이

---

105 『三國史記』 卷17, 「高句麗本紀」 第5 烽上王條, "9년(300)2~7월이 되도록 비가 내리지 않았다. 흉년이 들어 백성들이 서로를 잡아먹었다(九年自二月至秋七月, 不雨, 年饑民相食)."

106 『三國史記』 卷18, 「高句麗本紀」 第6 小獸林王條, "8년(378) 가물어 백성들이 굶주리자 서로 잡아먹었다(八年, 旱, 民饑相食)."

107 『三國史記』 卷18, 「高句麗本紀」 第6 故國壤王條, "6년(389) 봄에 기근이 들어 사람들이 서로 잡아먹었다(六年, 春饑, 人相食)."

굶주려 서로를 잡아먹는다는 뜻이지만 실제로 고구려에서 굶주림 때문에 식인을 했는지는 알 수 없다. 다만, 여느 흉년 상황이 아니라 '식인'을 할 정도로 심각하게 굶주리고, 어려운 극한의 상황이었다는 것을 나타낸다고 이해할 수 있다. 이러한 내용은 비슷한 시기 중국의 위진시대와 5호 16국시대에도 나타나는데, "百姓相食", "民人相食" 등과 같은 내용이 문헌에 등장한다.[108]

현재에도 그렇지만 평균 기온이 1℃ 변화하면 수확량은 그만큼 줄어든다. 냉해나 가뭄 등의 천재지변 등으로 인한 곡물생산량 감소는 고대에 왕을 바꿀 정도의 일로서,[109] 지속적인 한랭화로 인한 생산량 감소는 국가적인 큰 위기가 아닐 수 없다. 고구려의 경우, 건국 초기부터 산지가 많은 지형적 요소나 짧은 생육기간에도 불구하고 생산의 증대, 생산 환경의 변화와 그의 상향 조정을 위해 다각도로 방법을 모색하는 고구려에 2~4세기 가중된 한랭화는 큰 부담으로 작용하였을 것이다. 이러한 상황을 극복하는 방법으로 고구려는 국가적으로 더욱 활발한 정복전쟁을 펼칠 수밖에 없었을 것이고 그로인한 농경지의 확보 및 확대를[110] 꾀했을 것이다. 아울러 옥저, 예 등과 같이 새로 편입된 영역에서 납부되는 공납의 확보 외에도 기존의 굶주린 백성을 정책적으로 구제하여 민생을 안정시키는 빈민구제법인 賑貸法[111]의 활용이나 농업기

108　孫彦, 『河西魏晉十六国壁畵墓研究』, 文物出版社, 2010, 185~186쪽.

109　부여의 경우 초기상황이긴 하지만 "옛 부여의 풍속에는 가뭄이나 장마가 계속되어 五穀이 영글지 않으면, 그 허물을 王에게 돌려 '王을 마땅히 바꾸어야 한다'고 하거나 '죽여야 한다'고 하였다(『三國志』 卷30, 「魏書 東夷傳」 第30 夫餘傳, "舊夫餘俗 水旱不調 五穀不熟 輒歸咎於王 或言當易 或言當殺)"는 기록이 있다. 부여인들은 곡식을 제대로 수확하지 못하는 것을 국가적인 큰 위기로 생각했던 것이다. 고구려의 경우에도 지속적인 한랭화로 인한 농작물 피해가 커지면 그것에 따라서 목축이나 다른 산업도 함께 어려워지므로 큰 위기감을 가졌을 것으로 생각된다.

110　앞의 고구려의 역사적 영토와 관련된 내용 참조.

111　『三國史記』 卷16, 「高句麗本紀」 第4 故國川王條, "十六年冬十月, 王畋于質陽, 路見坐而哭者,

술 향상을 통해 자체 생산력을 높이는 노력, 식량의 장기 보관 기술 확보 노력 등은 한층 더 절실했다고 생각된다.

이상에서 살펴본 고구려의 영역 및 생태환경과 기후는 음식문화를 구성하는 기초적인 토대를 제공한다. 활발한 정복전쟁을 통해 얻어지는 영역의 확장은 곧 농지 및 식량자원의 증가와도 맥을 같이 한다. 이를 통해 고구려는 물리적인 허기를 해소시키는 것은 물론 지속적으로 증가하는 인구도 부양할 수 있었다. 또한 전쟁이나 교류로 습득되는 새로운 기술이나 문화 등은 고구려의 음식문화를 다양하게 할 수 있는 기회를 제공하였다. 조세로 납부되는 곡물이나 토산품도 국가가 활용할 수 있는 재원을 마련하는데도 큰 역할을 하여 국가발전의 밑거름이 되었다고 생각된다.

한편, 생태환경이나 기후는 고구려에서 산출되는 생산물을 결정하고 제한하는 요소로 작용한다. 고구려의 주요 영역인 만주와 한반도 북부는 산이 많아 평야지대가 부족한 지형을 갖고 있다. 이러한 지형 때문에 고구려는 끊임없이 주위 종족이나 인근 국가와 전쟁을 치러야 했다.

또한 이 지역은 겨울이 길어 상대적으로 작물재배가 가능한 기간이 짧다. 짧은 생육기간 때문에 작물이 대부분 一毛作으로 재배되었다. 이와 같이 토지이용률이 낮은 지역적 제약을 고구려는 재배기술의 향상이나 다양한 품종의 개량으로 극복해야 했을 것이다.

생존의 측면에서 고구려인들에게 긴 겨울 동안 소비할 다양한 식량자원의

問何以哭爲. 對曰, 臣貧窮, 常以傭力養母. 今歲不登, 無所傭作, 不能得升斗之食, 是以哭耳. 王曰, 嗟乎! 孤爲民父母, 使民至於此極, 孤之罪也. 給衣食以存撫之. 仍命內外所司, 博問鰥寡孤獨老病貧乏不能自存者, 救恤之. 命有司, 每年自春三月至秋七月, 出官穀, 以百姓家口多小, 賑貸有差, 至冬十月還納, 以爲恒式, 內外大悅."

보관이 요구되었기 때문에 저장음식의 발달은 필연적이었다. 그러나 2세기에서 4세기 사이 급격하게 기온이 한랭화된 시기에 고구려에서 생산량 감소는 피할 수 없는 현상이었을 것이고, 그에 따른 사회불안도 겪어야했을 것이다. 4세기경에 집중된 '相食'이란 기록은 이때 나타난 흉년과 재난을 의미했다고 여겨진다. 고구려인들은 당면한 재난과 기아문제를 해결하기 위해 정복전쟁을 비롯하여 농업기술 및 농기구의 혁신, 구황작물 활용 증가 등과 같은 다양한 노력을 시도했다고 생각된다.

Ⅲ.
고구려의
식량자원과 종류

고구려의 식량자원은 크게 식물성과 동물성 자원으로 구분된다. 식물성 식량 자원은 곡물과 채소·과일류다. 고구려의 건국신화에도 등장하는 곡물은 일찍부터 주요 식량자원으로 자리매김 되었고 '五穀'으로 통칭된다. 오곡의 종류가 어떤 것이었는지를 밝히는 것은 고구려가 어떤 곡물을 생산하고 소비했는지를 알 수 있는 주요 지표가 될 수 있을 것이다. 한편, 채소와 과일류는 고구려 음식문화를 풍성히 하는 부식물로 사용되었다. 농업의 발달은 곡물뿐만 아니라 채소와 여러 과수의 재배 및 소출량도 증가시켰을 것이다. 그러므로 고구려의 채소와 과일류에 어떤 종류가 있는지 밝히는 것은 고구려 음식문화를 풍성히 할 수 있는 단초를 제공할 수 있으리라 생각된다.

동물성 식량자원은 크게 육류와 수산물로 나눌 수 있다. 육류는 축산업[112] 및 수렵을 통해, 수산물은 담수어업과 해수어업을 통해 얻을 수 있다. 축산업은 고기를 얻는 것 외에도 牛耕 등의 농업과 관련이 있다. 고구려에서 가축 사육과 그 쓰임을 고찰하는 것은 고구려의 곡물생산 수준을 다른 방법에서 짐작할 수 있는 수단을 제공할 수 있기 때문에 주목할 필요가 있다. 수산물은

---

112 가축·가금을 사육하고, 이것을 이용하여 사람에게 필요한 물질을 생산하고 그 생산물을 이용하는 산업(한국학중앙연구원, 『한국민족문화대백과사전』, 축산업 관련 웹서비스 https://encykorea.aks.ac.kr/).

고구려의 강과 바다에서 얻을 수 있는데 압록강을 비롯한 고구려 영토 내의 여러 하천에서 진행된 담수어업은 초기부터 고구려인들의 음식문화를 이루는 주요 식량생산 수단이었을 것이다. 해양수산물은 고구려의 영토가 확장됨에 따라 그 생산 종류와 소비가 다양해졌으리라 짐작된다. 이와 같은 동물성 식량자원은 천재지변이나 농지의 부족 등으로 곡물 생산이 부족할 때, 또는 유의미한 행사나 제례와 같은 특별한 상황에 소비되었을 것이다.

1. 재배곡물의 종류와 실제

1) '오곡'과 田作

고구려 건국신화에 따르면 유화부인은 동부여를 탈출하는 주몽에게 '五穀'의 종자를 주었다.[113] 이러한 내용은 고구려가 건국 당시부터 농업을 중시했음을 시사한다. 이미 압록강 중상류 일대의 청동기시대 유적에서 돌보습·돌괭이·

---

113 이규보, 「東明王篇」, 『東國李相國集』 第3, "…한 쌍 비둘기 보리 물고 날아, 신모의 사자가 되어 왔다(雙鳩含麥飛, 來作神母使). …"; 『舊三國史』에 의하면, 柳花는 뒷날 朱蒙이 金蛙의 아들들에게 쫓기어 남쪽으로 도망갈 때 五穀의 種子를 주었고, 다시 비둘기를 시켜 맥류 씨앗(麥子)을 보내주었다고 한다. 그 기록은 다음과 같다. "朱蒙臨別 不忍違 其母日 汝勿以一母爲念 乃裹 五穀 種以送之 朱蒙自切生別之心 忘其麥子 朱蒙息大樹之下 有雙鳩來集 朱蒙日 應是神母使送麥子 乃引弓射之 一矢俱擧 開喉得麥子 以水噴鳩 更蘇而飛去 云云" 여기에서 柳花는 고구려에 있어 麥類 耕作과 관련된 農業神으로 여겨졌음을 알 수 있다(三品彰英, 「穀靈信仰の民族學的基礎硏究」, 『古代祭政と穀靈信仰』, 平凡社, 1973, 49쪽).

돌낫·반달칼·도끼류 등이 발굴되었고,[114] 이것은 모두 농사와 관련된 도구들이다. 이와 같은 출토 유물은 일찍부터 농사가 이 지역의 주요 생산경제였음을 알게 한다. 본래 농업은 선사시대를 거쳐 고조선에 이르기까지 사람들이 많은 노력을 기울인 생산 경제였고, 고구려인들도 고조선의 농업 전통을 이어받아 더욱 발전시키려 노력했을 것이다. 그렇기 때문에 고구려에서의 농업은 초창기부터 상당한 지위를 갖고 있었고, 건국신화에도 농업 관련 내용이 포함되었다고 생각된다.

그러나 고구려 건국 당시의 오곡이 어떤 곡물인지 정확하지는 않다. 일반적으로 오곡의 개념은 두 가지로 해석된다. 하나는 오곡이란 말 그대로 구체적이고 한정된 개념으로서 '다섯 가지' 곡물을 지칭하는 것이다. 다른 하나는 재배되는 곡식의 총칭적 개념으로 사용된다.

전자의 의미로 오곡이 사용되었을 때, 그것이 의미하는 오곡의 종류를 살펴보면 다음과 같다.

표5 고대 문헌자료에 나타나는 오곡의 종류[115]

	麻	黍	稷	麥(大/小)	豆(大/小)·菽	稻·米	기타
『周禮』天官, 疾醫條의 注	○	○	○	○	○		
『大戴禮』曾子 天圓條의 注	○	○	○	○	○		
『楚辭』大招條의 注	○		○	○	○	○	
『孟子』滕文公上의注		○	○	○	○	○	

---

114 리병선, 「압록강 및 송화강 중상류 청동기시대 문화와 그 주민」, 『고고민속』 3, 과학원 출판사, 1966, 4쪽.

115 천관우, 「三國志 韓傳의 再檢討」, 『진단학보』 41, 진단학회, 1976, 36쪽 ; 沈祖春, 「"五谷"之"五" 新探」, 『重庆社会科学』 2008-2, 重庆市社会科学界联合会, 2008, 100쪽 재편집.

	麻	黍	稷	麥(大/小)	豆(大/小)·菽	稻·米	기타
『周禮』夏官職方氏條		○	○	○	○	○	
『荀子』「儒效」의 注	○	○	○	○	○		

표5에 따르면 주요한 곡물은 麻·黍·稷·大/小麥·大/小豆·菽[116]·稻/米 등이고, 오곡은 稷·大/小麥·大/小豆·菽에 麻나 黍 또는 稻/米가 더해져 구성되는 양상이다. 그러나 黍은 『楚辭』를 제외하면 모두 포함되어 있으므로 오곡의 분류에서 麻와 稻/米만이 편차를 보이고 있다.

이 때, 마를 오곡의 하나로 보기엔 어렵다는 주장이 있다. 실제로 마는 신석기 시대 이래 줄곧 옷감의 재료로서 사용되어졌고 그 씨앗을 식용으로 썼다. 그러나 마가 식량으로도 쓰인 것은 맞지만, 경제성은 다른 곡식 가운데 가장 떨어지기 때문에 主穀으로 보기에는 한계가 있다는 의견이다.[117]

벼의 경우에는 다른 곡물에 비해 재배 가능 지역 및 기온이나 강수량 등의 조건이 제한적이다. 그러한 이유 때문에 지역적인 편차가 커 보편적인 오곡의 종류 가운데 하나로 보기는 힘들다. 고구려의 오곡에도 표5의 곡물들이 포함될 수 있지만 쌀은 포함되기 힘들다. 왜냐하면 고구려의 지리적 위치문제 때문이다. 대체로 고대 쌀 재배의 북방 한계선은 한반도의 대동강 유역에 머물렀다. 신석기시대 벼가 출토된 곳인 중국 요녕성 대련시 왕가촌 유적[118]

---

116 콩을 일컫는 한자는 豆와 菽이 있는데, 菽은 문헌상으로 서기 전 6세기에서 10세기 사이에 쓰인 『詩經』에 나타난다. 豆는 한나라 시대부터 荳라고 하다가 艸를 생략하고 豆라고 표기하였다(이성우, 앞의 책, 1992, 113쪽). 豆는 보통 大豆와 小豆로 구분하는데 『齊民要術』에서도 대두를 콩, 소두를 팥이라 기록하였다(『齊民要術』 卷2, 「大豆」 第6, 「小豆」 第7 : 가사협 지음, 구자옥·홍기용·김영진 옮김, 『역주 제민요술』, 농업진흥청, 2006, 126·132쪽).

117 오강원, 「고대의 오곡에 관한 연구」, 『사학연구』 55·56 합본호, 한국사학회, 1998, 18·20쪽.

118 국립문화재연구소, 『동아시아고고식물 - 선사시대 중국편』, 국립문화재연구소, 2015, 42쪽.

이나 청동기시대의 요녕성 대련시 대취자유적[119] 및 한반도 서북부인 평양시 삼석구역 호남리 남경유적[120]의 위치는 북위 40°이하로 고구려 초기 중심지인 환인지역보다 위도가 낮다. 그렇기 때문에 다른 곡물에 비해 쌀은 고구려에서 재배되기 힘들어 오곡으로서의 위치도 얻기 어려웠을 것이다.

또 다른 이유로는 당시 사람들의 오곡과 관련된 인식에 있다.

Ⅲ-1.
[弁辰의] 土地는 비옥하여 五穀과 벼를 심기에 적합하다.   -『三國志』[121]

사료 Ⅲ-1은 『三國志』「魏書 東夷傳」에 기록된 것이다. 이것은 변·진한에 대한 내용으로 재배되는 곡물을 기록하면서 오곡과 쌀을 구별하고 있다. 기온과 위도상 쌀 재배가 용이한 남부 지역에서 오곡과 쌀을 구분한다면, 이들보다 북쪽에 위치한 고구려에서도 유사한 구별이 이뤄졌을 것이다. 그러므로 쌀은 國初부터 고구려의 오곡에는 포함되지 않았다고 보인다.

오곡의 개념 가운데 후자의 의미로 쓰였을 경우, 오곡이란 고구려지역에서 재배되고 생산되는 모든 곡물의 총칭이라고 할 수 있다. 오곡이란 명칭 외에 六穀, 九穀, 百穀 등과 같은 용어들도 있지만 중국이나 우리나라에서는 오곡이란 명칭이 많이 쓰였다. 중국의 경우 주요 경서인 『十三經』에서 오곡은 24회, 육곡은 1회, 구곡 5회, 백곡 13회 정도로 나타났다.[122] 우리 민족과 관련된

---

119 王禹浪, 「辽河流域与辽东半岛新石器遗迹及其稻作, 贝丘, 积石冢, 大石棚文化」, 『哈尔滨学院学报』 33, 哈尔滨学院, 2012, 3쪽.
120 장국종, 『조선농업사』 1, 백산자료원, 1998, 18쪽.
121 『三國志』 卷30, 「魏書 東夷傳」 第30 韓傳, "(弁辰)土地肥美, 宜種五穀及稻."
122 沈祖春, 앞의 글, 102쪽.

기록에는 주로 오곡이란 명칭이 사용되었고[123] 광개토왕비문에서도 '오곡'을 확인할 수 있다.[124] 이러한 오곡의 개념은 구체적인 재배 작물이 아닌, 명목적 개념으로서 다섯 종의 주곡으로 대표되는 모든 곡식을 의미한다. 이후 고려시대나 조선시대 오곡의 기록 또한 이러한 개념을 따르는 것[125]으로 생각된다.

따라서 오곡이란 재배를 통해 얻은 농작물을 구체적으로 명시하거나 종합적으로 제시한 것이라 할 수 있다. 농작물의 종류는 그것을 재배하는 지역의 자연환경과 강우량 등 諸조건에 따라 조금씩 다르다. 그러므로 구체적인 재배 작물은 나라 또는 민족에 일괄적으로 통용되지는 않는다. 고구려도 발전 시기에 따라 토질 및 기후 조건 등에 따라 알맞은 작물을 차등 있게 재배했다. 그래서 고구려에서의 오곡은 구체적인 작물을 지칭하는 것보다는 벼를 제외한 재배작물이란 개념으로 살펴볼 수 있을 것이다. 이러한 작물을 굳이 '오곡'이라고 표현한 데에는 '五'와 관련된 사회문화 및 사상적인 요인이 깔려 있는 것으로 생각되며,[126] 고구려인들도 이와 같은 사상적 배경에 영향을

---

123 『三國史記』卷13, 「高句麗本紀」第1 東明聖王條, "東海之濱有地, 號曰迦葉原. 土壤膏腴 宜五穀, 可都也"; 『三國史記』卷13, 「高句麗本紀」第1 琉璃王條, "其山水深險, 地宜五穀, 又多麋鹿魚鼈之産"; 『三國史記』卷8, 「新羅本紀」第8 聖德王條, "賜百姓五穀種子有差"; 『後漢書』卷85, 「東夷列傳」第75 夫餘, "於東夷之域 最爲平敞 土宜五穀"; 『三國志』卷30, 「魏書 東夷傳」第30 東沃沮傳, "其土地肥美 背山向海 宜五穀 善田種"; 『三國志』卷30, 「魏書 東夷傳」第30 韓傳, "土地肥美 宜種五穀及稻 曉蠶桑 作緜布 乘駕牛馬"; 『魏書』卷100, 「列傳」第88 百濟傳, "有五穀, 其衣服飮食與高句麗同."

124 광개토왕비문, "恩澤洽于皇天, 威武振被四海, 掃除□□, 庶寧其業, 國富民殷, 五穀豊熟(1면 5행)."

125 배영동, 「오곡의 개념과 그 중시 배경」, 『민속연구』 8, 안동대학교 민속학연구소, 1998, 220~226쪽.

126 〈盖因五处在一至九的正中间, 是最中心的一个吉数, 寓意四平八稳, 正合中庸之道〉, 所以 在数词里面, 它的使用频率是比较高的(沈祖春, 앞의 글, 102쪽)"; 배영동, 위의 글, 241~242쪽, "우리나라에서 재배되는 곡식은 기본적으로 10여종 정도였으므로, 여기서 주곡을 설정할 경우 당연히 10여종 이내여야만 한다는 점, 5라는 수는 기본적인 완결

받았음을 알 수 있다.

2) 재배곡물의 종류와 양상

고구려의 영토 내에서 오곡이 생산된다고 문헌에서 구체적으로 명시된 지역은 고구려[127]와 부여[128], 동옥저[129]다. 이들 지역에서는 다양한 곡물 재배 활동이 활발하였던 것으로 보인다. 그 외의 지역에서도 이들 지역만큼은 아니지

성과 통합성을 갖고 있다는 점, 중국에서 형성 전래된 오행사상이 5에 대해 특별한 가치를 부여한 점이 사회문화적인 요인으로 자용하였다. 그 결과 오곡이라는 용어 또는 개념은 오랜 세월 동안 농경을 해온 한민족에게 깊고 넓게 각인되어 왔다."

127 『三國史記』卷13, 「高句麗本紀」第1 東明聖王條, "日者天降我日, 將使吾子孫, 立國於此, 汝其避之, 東海之濱有地, 號曰迦葉原, 土壤膏腴宜五穀, 可都也"; 『三國史記』卷13, 「高句麗本紀」第1 琉璃王條, "見其山水深險, 地宜五穀, 又多麋鹿魚鼈之産"; 『翰苑』, 「蕃夷部」高麗傳, "後漢書曰, 高句驪多大山桀[深]谷, 人隨而爲居. 句驪一名貊, 有別種, 依小水而居, 名曰小水貊[貊]. 出好弓, 所謂貊弓是也. 東沃沮, 土也[地]肥美, 皆[背]山伺[向]海, 宜五穀若種因[田種]"; 광개토왕비문 1면 5행, "恩澤洽于皇天, 威武械被四海, 掃除□□, 庶寧其業, 國富民殷, 五穀豐熟."

128 『後漢書』卷85, 「東夷列傳」第75 夫餘傳, "於東夷之域, 最爲平敞, 土宜五穀. 出名馬·赤玉·貂豽, 以員柵爲城, 有宮室·倉庫·牢獄"; 『三國志』卷30, 「魏書 東夷傳」第30 夫餘傳, "多山陵·廣澤, 於東夷之域最平敞. 土地宜五穀, 不生五果. 其人麤大, 性彊勇謹厚, 不寇鈔…"; 『晉書』卷97, 「東夷列傳」第67 夫餘傳, "夫餘國在玄菟北千餘里, 南接鮮卑, 北有弱水, 地方二千里, 戶八萬, 有城邑宮室, 地宜五穀."; 『通典』卷185, 「邊防 東夷」第1-上 夫餘國傳, "其國在長城之北, 去玄菟千里, 南與高句麗, 東與挹婁, 西與鮮卑接. 北有弱水. 地可方二千里. 有戶八萬. 土宜五穀, 不生五果"; 『册府元龜』卷959, 「外臣部 土風」第4 東夷傳, "其民土著, 有宮室倉庫牢獄, 多山陵廣澤. 於東夷之域, 最平敞. 土地宜五穀, 不生五果"; 『翰苑』, 「蕃夷部」夫餘傳, "後漢書曰, 夫餘於東夷之域, 最爲卒[平]敞, 土宜五穀."

129 『後漢書』卷85, 「東夷列傳」第75 東沃沮傳, "土肥美, 背山向海, 宜五穀, 善田種, 有邑落長帥."; 『三國志』卷30, 「魏書 東夷傳」第30 東沃沮傳, "其土地肥美, 背山向海, 宜五穀, 善田種. 人性質直彊勇, 少牛馬, 便持矛步戰"; 『通典』卷186, 「邊防 東夷」第2-下 東沃沮傳, "戶五千. 土肥美, 背山向海, 宜五穀, 善田種"; 『太平寰宇記』卷175, 「四夷」第4 東沃沮傳, "土俗物産 戶五千. 土肥美, 背山向海, 宜五穀, 善種田."

만 곡물을 생산하였다. 문헌에서 찾아볼 수 있는 고구려 재배곡물은 豆·黍·麥·麻·禾/米·粟/稷 등이다.

(1) 豆의 종자개량과 재배

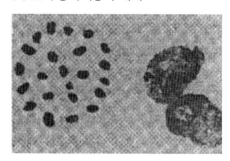

그림10 길림성 영길현 양둔 대해맹
유적 출토 탄화대두종자

콩은 대체로 만주와 한반도가 그 원산지라고 알려져 있다.[130] 신석기시대 유적지인 요녕성 심양 신락유적에서는 콩의 화분이 출토되었고,[131] 흑룡강성 영안현 大牡丹屯과 牛場, 길림성 영길현 烏拉街 유적에서 출토된 大豆는 약 3,000년 전의 것으로 추정된다.[132] 청동

---

130 만주와 한반도가 콩의 원산지라는 설에 안승모(「콩과 팥의 고고학」, 『인제식품과학포럼 논총』 15, 인제대 식품과학연구소, 2008)는 반론을 제기했다. 그는 서기 전 4,000년기 후반으로 편년되는 옥천 대천리의 신석기시대 집자리에서 콩류 종자가 1톨이 수습되었다는 보고가 있어 이 보고를 접한 많은 연구자들이 두류재배의 기원이 신석기시대까지 소급된 증거라고 성급히 인용하게 되었다고 하면서 콩의 기원이라고 생각되는 한반도와 만주의 신석기 유적에서는 야생콩을 식료로 이용한 흔적이 전혀 보고되지 않고 있다고 했다. 반면에 중국의 황하유역에서는 신석기시대부터 야생콩이 이용되고 있으며 최근 화북의 여러 용산유적 및 산동반도를 중심으로 하는 동부해안지역과 요서 일대에서 콩 재배의 이른 증거가 발견되었음을 밝히고 있다. 따라서 콩은 중국 화북의 동부해안지대나 요서 일대에서 먼저 재배되어 요동을 거쳐 한 갈래는 송화강 - 흑룡강 - 극동연해주 및 두만강 유역으로, 다른 갈래는 압록강을 넘어 한반도로 전래되었을 것으로 추정된다고 보았다. 또한 동북아시아에서 두류재배의 정확한 실상을 알기 위해서는 중국과 한반도를 연결하는 거점의 작물유체 검출작업이 활성화되어야 된다고 보고 있다.

131 刘牧灵, 「沈阳新乐遗址古植被初步探讨」, 『中國考古集成 - 東北卷5』 新石器時代(二), 北京出版社, 1997, 1134쪽.

132 孙永刚, 「栽培大豆起源与植物考古学研究」, 『农业考古』 2013-6, 江西省社会科学院,

기시대 길림성 영길현 양둔 대해맹 유적에서 발굴된 대두 탄화종자(그림10)[133]
는 한 유적 내에서 야생두류에서 재배두류로의 馴化과정을 보여주었다.[134] 특
히 '야생종→반야생종→재배종'으로의 순화과정을 보여주는 탄화된 콩 종자
발굴은 지역 거주민들이 야생콩을 재배용으로 바꾸는 노력을 했으며 그로인
해 식용으로 쓸 콩 종자의 개발 및 재배가 일찍부터 일어났음을 나타내주었
다. 특히, 이 지역은 '西團山文化'로 명명된 지역으로 부여의 선주민 문화로
이해된다. 부여의 별종으로 일컬어지는 고구려도 이러한 두류 농업을 계승했
다고 볼 수 있다.

고구려에서 재배된 콩과 관련된 사료는 다음과 같다.

Ⅲ-2.
황고려두, 흑고려두, 연두, 비두는 대두의 종류다.　　　　　　　　　-『齊民要術』[135]

사료 Ⅲ-2는 고구려와 동시대 존재한 북위의 고양태수 賈思勰이 지은 현
존하는 최고의 농서이자 요리서인[136] 『齊民要術』에 기록된 콩 관련 기록이다.
『齊民要術』은 당대 胡漢농업을 집대성한 것으로 평가받는 농업서로,[137] 다양
한 작물의 종류와 유래, 재배법과 요리법에 대해 기록하였다. 이러한 책에 언

　　2013, 13쪽.
133　郭文韜, 「略论中国栽培大豆的起源」, 『南京农业大学学报』 4-1, 南京农业大学学报 编辑
　　部, 2004, 66쪽 圖4-2 참조 : 刘世民·舒世珍·李福山, 「吉林永吉出土大豆炭化种子的初
　　步鉴定」, 『中國考古集成 - 東北卷8』 青銅時代(三), 北京出版社, 1997, 2441쪽.
134　刘世民·舒世珍·李福山, 위의 글, 2440~2443쪽.
135　『齊民要術』 卷2, 「大豆」 第6, "黃高麗豆, 黑高麗豆, 鷰豆, 䘏豆, 大豆類也."
136　최덕경, 「《齊民要術》에 보이는 動植物의 배양과 胡漢 農業文化의 融合」, 『중국사연구』
　　62집, 중국사학회, 2009, 23~24쪽.
137　가사협 지음·구자옥 외 옮김, 앞의 책, 2006, 6쪽 ; 최덕경, 위의 글, 2009.

급된 황색과 흑색의 '高麗豆'는 '高麗'라는 국명이 들어간 대두였다.

실제로 『齊民要術』에 소개된 대두의 종류 중 명확한 '국가명'이 들어간 것은 황색과 흑색의 고려두 뿐이다. 본래 대두의 명칭은 "오늘날 대두로는 백대두와 흑대두의 두 종류가 있으며, 장초와 우천이라 부르는 것도 있다"[138]라는 『齊民要術』의 기록에서 알 수 있듯이 색이나 모양 등의 특징으로 지어진다. 戎菽 등의 명칭도 『齊民要術』에 등장하지만 이를 통해서 융숙이 유래된 곳이 비한족계 종족의 거주지역임을 유추할 수 있을 뿐이다. 그런데 유독 고려두만 정확한 국가명이 들어간 것은 황대두와 흑대두의 산지가 고구려임을 알려준다.[139] 이렇게 고구려가 산지인 대두가 『齊民要術』에 기록된 것은 이것이 다른 대두보다 특별하거나 차별성이 있기 때문일 것이다. 그 이유를 고구려가 대두의 기원지이거나 가장 많은 대두를 소비했던 지역 및 질량이 우수한 대두가 생산된 지역[140]일 가능성에서 찾아볼 수 있다.

한편, 서기 전 1세기에 편찬된 농업서 『氾勝之書』[141]에는 "콩은 한 해에 걸쳐서 언제나 먹을 수 있어서 예전에는 이것으로 흉년에 대비하였다"[142]라고 기록되었다. 이를 통해 콩은 언제든 소출을 얻을 수 있는 작물이자 구황작물

---

138 『齊民要術』卷2, 「大豆」第6, "今世大豆, 有白黑二種, 及長梢, 牛踐之名."
139 가사협이 『齊民要術』을 쓸 당시 고려라는 국명을 가진 나라는 고구려밖에 없으므로 고려두는 고구려에서 비롯된 콩이 분명하다.
140 최덕경, 앞의 글, 2009, 4쪽.
141 『氾勝之書』는 산서성 황토 고원지대 즉, 20만년 전에 쌓였던 황토지대를 대상으로 하여서 일종의 건조농업지대 농업을 다룬 고대 농업서다. 전국시대 晉나라가 세워졌던 지역이기도 한 산서성은 연간 강우량이 고작 350~700mm 남짓할 뿐만 아니라 그나마 강우도 60% 이상이 여름 한철에 집중되는 곳이다. 즉, 서기 전 1세기 무렵의 산서성 환경에 맞는 농사법을 쓴 책이 『氾勝之書』인 것이다. 그러나 책은 원본이 소실되어 뒷날 『齊民要術』 등에 인용된 내용을 역인용하여 복원시켰다(범승지 지음, 구자옥·김장규·홍기용 옮김, 『氾勝之書』, 농촌진흥청, 2007, 9쪽).
142 『齊民要術』卷2, 「大豆」第6, "氾勝之書曰, 大豆保歲易爲, 宜古之所以備凶年也."

로서 활용 가능한 곡물이었음을 알 수 있다. 『管子』에는 "콩과 조가 부족하면 末生[143]을 금할 수 없고, 백성은 반드시 굶주리게 된다"[144]고 하여 콩이 일찍부터 먹거리뿐만 아니라 정치적 민생안정에도 필수적인 곡물로 기록되었다. 이러한 내용에서 고대의 콩 재배 및 수량 확보는 국가적으로 매우 중요한 사안임을 알 수 있다. 고구려에서도 고구려인의 먹거리로서 활용하고, 민생 안정을 위한 정책적 차원에서 콩 재배를 매우 중요하게 여겼을 것이다. 아무리 농업기술과 농기구를 발달시켜도 예상치 못한 기상 이변이나 재해가 있으면, 생산량에 큰 변화가 있던 당시의 농업 환경에서, 民饑를 억제하고 식량자원의 안정적인 생산량 확보를 가능하게 한 콩의 재배와 활용은 필수였다고 판단된다.

이와 같은 콩 재배의 중요성은 타 작물과 함께 재배 가능하며, 그 생산량도 늘려주는 역할을 수행할 수 있다는 점에서 배가된다.[145] 이는 콩과 작물의 생물학적 질소 고정Biololgical nitrogen fixation기능으로 지력이 유지되고 증강되는 것과 관련 깊다.[146] 토양을 보호하고 토지 이용도를 증대시키며, 농사와 관련된 노동력 분배의 합리화 및 농업경영의 안정성 증가[147] 등의 이점이 탁월한 것이

---

143 『管子』의 본문 주해에 따르면 "末生謂以末業爲生者也"라고 하여 말업인 상업을 생업으로 하는 자라고 풀이할 수 있다(『管子』 卷5, 「重令」 第15).

144 『管子』 卷5, 「重令」 第15, "菽粟不足, 末生不禁, 民必有飢餓之色."

145 최덕경, 「고대한국의 旱田 경작법과 농작제에 대한 일고찰」, 『한국상고사학보』 37, 한국상고사학회, 2002, 22쪽.

146 성락춘, 『인간과 식량』, 고려대학교 출판부, 2007, 234쪽.

147 콩과 타작물과의 재배는 간작(한 가지 작물이 생육하고 있는 고랑 사이에 다른 작물을 재배하는 것), 혼작(생육기간이 거의 같은 두 종류 이상의 작물 동시에 같은 포장에 섞어 재배하는 것), 교호작(생육기간이 비슷한 작물들 교호로 재배하는 방식), 주위작(포장의 주위에 포장 내의 작물과 다른 작물을 재배하는 것) 등이 가능하다(성락춘, 위의 책, 235~236쪽). 이러한 농경의 방법은 고대에도 발견된다. 한반도에서 발견되는 미사리, 진주 대평리 옥방 4지구나 6지구의 밭 흔적을 보면 긴 고랑 사이마다 소형 파종구가 보인

그림11 호로고루 출토 탄화콩

다. 즉, 콩을 많이 재배하는 것이 콩의 생산량 증대는 물론 타작물의 생산량 향상에도 영향을 끼칠 수 있다.

또한 콩의 재배가 중요한 이유에는 가축 사육과 관련된 내용도 있다. 가축 사육은 식육재 획득의 목적만이 아닌 농경관련 역축의 역할, 교통수단 등과 같은 여러 기능면에서 이점을 가져다 준다. 그렇기 때문에 고구려인들은 식량 생산과 노동, 사회에 이로운 가축 사육의 증대를 꾀해야 했다. 가축 사육의 과정에서 콩은 사료로 유용했을 것이다. 고구려의 주요 가축 가운데 콩을 먹이로 하는 가축은 소와 돼지, 말이다. 소는 농사와 운송, 제사의 占卜 등 여러 의미에서 중요한 가축이고 돼지도 주요한 제사의 희생제물이나 식육재로서 일찍부터 사육된 가축이다. 말은 군마 및 역축으로 기능했기에 국가 정책상 대규모로 길러졌다고 생각된다. 바로 이런 가축들의 먹이로 콩과 줄기, 껍질 등이 쓰일 수 있는 것이다. 즉, 사람과 가축 양측에 콩은 식료로 활용될 수 있다.[148] 그러므로 콩의 재배가 고구려 농업에서 차지하는 비중은 상당하며, 고구려인들은 고품질의 콩을 생산하는데도 많은 노력을 기울였을 것이다(그

다. 이 파종구는 땅을 다지는데 사용되는 목봉의 흔적이라고 하는 의견도 있지만 이 소형 파종구에 작물을 점종(点種)하여 길렀을 것이라고 추측된다. 대평리 유적에는 오곡의 유체가 모두 확인되며, 콩류가 파종구에 점종하기 가장 용이한 작물이었으므로(최덕경, 앞의 글, 2002, 14~22쪽) 콩과 기타 작물과의 혼합 재배는 고구려에서도 있었을 것이다.

148 현대에도 콩대나 잎 등을 반찬으로 활용하는 예가 있기 때문에 고구려인들도 콩을 재배한 후 콩에 대한 거의 모든 것을 식료로 이용했을 가능성도 있다.

림11).[149] 그 결과가 『齊民要術』의 '고려두'로 나타났을 것으로 생각된다.

(2) 黍·稷의 재배

黍와 稷은 일찍부터 재배된 곡물 가운데 하나로 건조에 잘 견디고 생육기간이 짧으면서 수확량이 높은 곡물이다.[150] 일반적으로 동북아시아에서 黍·稷의 재배는 일찍부터 이뤄졌으므로 黍·稷은 고구려의 적은 田地와 한랭한 기후에도 수확량을 담보할 수 있는 작물이었다고 여겨진다.

고구려에서 재배된 黍·稷과 관련되었다고 생각되는 내용은 『漢書』 「地理志」의 주해에 있다. 문헌의 내용은 다음과 같다.

Ⅲ-3.
동북지방은 유주라고 하는데 그 산은 의무려라고 한다.…곡식은 세 종류가
있다. 사고가 이르길 그것은 기장과 조, 쌀이다   -『漢書』[151]

고구려는 436년(장수왕 24년) 이후 醫無閭山 以東지역을 영역화하였다.[152] 이 지역에서 재배되는 곡물에 대해 唐代의 인물 顔師古(581~645)는 기장·조·쌀이라는 주해를 달았다. 그런데 사료 Ⅲ-3은 고구려에 대한 내용이 아니라 간접적으로 고구려의 상황을 짐작할 수 있는 문헌이다. 다만, 고구려와 동시

---

149 국립문화재연구소, 『남한의 고구려 유적 - 현황조사 및 보존정비 기본계획(안)』, 국립
    문화재연구소, 2006, 65쪽.
150 이성우, 앞의 책, 1992, 105~106쪽.
151 『漢書』 卷28上, 「地理志」 第8上, "東北曰幽州, 其山曰醫無閭, 藪曰貕養, …穀宜三種(師古
    曰, 黍稷稻)."
152 윤병모, 「장수왕대 고구려의 서방진출과 그 경계」, 『동방학지』 147, 연세대학교 국학연
    구원, 2009, 297쪽.

대 사람인 안사고가 고구려의 영역이 된 지역에서 재배되는 곡물을 언급했고, 그 안에 기장이 있음을 알 수 있었기 때문에 사료로 활용가능하다고 생각된다.

한편, 黍와 稷은 모두 볏과의 한해살이풀이다. 기장이란 뜻을 갖고 있다.[153] 그러나 稷에는 기장 외에도 조나 피의 뜻이 있으며 일반적인 곡물을 의미하기도 한다. 『爾雅』에서는 직을 '粢'[154]라고 하고 "지금 강동인은 粟을 粢라고 부른다"고 하여 '조'라고 정의하였다.[155] 段玉裁의 『說文解字注』에서는 직에 관해 "끈기가 있는 것을 차조라고 하는데 북방에서는 高粱이라고 부른다. 통칭 차조라고 한다. 차조는 또한 蜀黍라고 부른다"라고 주해했다.[156] 이 주해에 따른다면 직은 조인데 북방에서는 고량이라고 부르기 때문에 고구려에서의 직은 고량이라고 보는 것이 옳을 것 같다.

실제로 고구려의 영역에서는 신석기시대부터 기장이나 고량을 식량으로 활용한 예가 많이 나온다. 신석기시대 심양의 신락유적에서는 탄화곡물이 많이 출토되었는데, 이 곡물들은 대략 野生高粱과 大黃黍 등과 유사하다고 판단된다(그림12).[157] 요동반도의 大嘴子 유적에서도 청동기시대의 고량 종자

---

153 黍는 기장을 의미하며 稷은 피와 기장의 뜻을 모두 갖고 있다(『康熙字典』午集 下, 「禾部」10, "《說文》稷은 齋이고, 오곡의 으뜸이다. 《徐曰》살펴보건대, 초목식물이다. 稷은 곧 검은기장(穄)으로 일명 粢라고 하며 楚人은 稷이라고 부르고 關中에서는 䵚라고 한다. 그 낟알은 황미다(說文齋也. 五穀之長. 徐曰案本草, 稷卽穄, 一名粢. 楚人謂之稷, 關中謂之䵚,其米爲黃米"). 중국 문헌에서는 지역에 따라 稷을 조나 고량이라고 부르기도 하여 주의가 요구된다.

154 『爾雅』卷下, 「釋草」第13, "粢, 稷."

155 『爾雅注疏』는 곽박의 주와 송나라 형병(邢昺)의 소로 저술되었다(『爾雅注疏』卷5 禾部, "今江東人呼粟爲粢").

156 段玉裁, 『說文解字注』七篇 禾部, "程氏瑤田九穀攷曰, 稷齋大名也. 粘者爲秫, 北方謂之高粱, 通謂之秫, 秫又謂蜀黍."

157 좌측 - 王富德·潘世泉, 「关于新乐出土炭化谷物形态鉴定初步结果」, 『中國考古集成 - 東

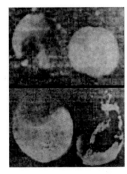

炭化谷物 新石器时代
Charry Grain Neolithic Age

그림12 신락유적 출토 탄화곡물

가,[158] 서단산 석관묘에서는 금빛 강아지풀과 야생 기장이 출토되었다. 길림 지역 후석산 유적과 양둔 대해맹 유적지에서도 탈껍질 상태의 곡물들이 출토되었는데 이들은 좁쌀이나 黃米^{기장낟알}였다.[159] 또한 북옥저에 해당하는 지역인 흑룡강성 寧安縣 東康遺址의 二房號址에서 출토된 토기에는 탄화된 粟과 黍가 있었다.[160] 이와 같이 기장과 고량 등의 곡물들은 이른 시기부터 북방지역의 주식으로 자리매김 되었고, 이 지역을 영토화하는 고구려에서도 주곡으로 재배하여 식량자원으로 사용했을 것이다.

北卷5』新石器時代(二), 北京出版社, 1997, 1133쪽 圖六 新乐出土黍与砂谷之比较(그림 12 左上)와 圖七 新乐出土黍与大黃黍的比较(그림12 左下) 참조.

우측 - 沈阳新乐遗址博物馆 編,『沈阳新乐遗址博物馆 馆藏文物集粹』, 辽宁美术出版社, 2008, 65쪽.

158 王禹浪, 앞의 글, 3쪽.

159 董学增·翟立伟 「西团山文化遗存所反映的哕貊族习俗考略」,『中國考古集成 - 東北卷8』 青銅時代(三), 北京出版社, 1997, 2261쪽.

160 匡瑜,「战国至两汉的北沃沮文化」,『中國考古集成 - 東北卷8』青銅時代(三), 北京出版社, 1997, 1360~1361쪽.

(3) 麥의 재배

고구려에서 맥류는 건국신화, 그것도 주몽의 어머니인 유화부인과 관련된 이야기에서 등장한다.[161] 고구려에서 농업의 신으로 여겨진 유화부인은 신화 속에서 남하하는 주몽에게 오곡 종자를 줘서 떠나보냈다. 그리고 부여를 떠난 주몽에게 다시 麥子를 보내주었다. 결국 유화부인은 건국신화에서 주몽에게 두 번이나 맥자를 보내준 셈이 되었다. 이것은 맥류 농사가 건국 초기 고구려에서 상당히 중요한 위치를 차지하고 있다는 점을 시사한다. 건국신화 이후 맥류와 관련된 사료는 3세기 무렵에 나온다.

Ⅲ-4.
西川王 3년(272) 여름 4월에 서리가 내려 麥을 해쳤다.   -『三國史記』[162]

사료 Ⅲ-4는 3세기 고구려 서천왕 때의 기록으로 여름철 이상기온으로 내린 서리 때문에 망친 맥류 농사를 언급하고 있다. 이때의 麥은 일반적으로 보리라고 여겨지지만 麥의 종류에는 보리 외에도 귀리나 밀 등이 있다. 이러한 보리를 大麥으로, 밀을 小麥[163]으로 나누고, 잡곡류에 속하는 메밀도 蕎麥 또는 木麥[164]이라고 구분한다. 대체로 맥류는 추운 겨울의 건조한 황토에도 잘

---

161 각주 113번 참조.
162 『三國史記』卷17,「高句麗本紀」第5 西川王條, "西川王 三年夏四月 隕霜害麥."
163 대맥과 소맥의 구분이 서기 전 1세기경의 『氾勝之書』에서 이뤄지는 것으로 봐서 중국도 서기 전 1세기경에야 밀이 화북에 전해진 것으로 보인다. 이른바 서역에서 전래된 '張騫物'의 하나로 여겨지는데 전래 이후 漢代 황하유역에서 많이 재배되었던 곡물이다(이성우, 앞의 책, 1978, 107~108쪽).
164 메밀과 관련하여 메밀의 원산지를 여러 설이 있지만 대체로 동북아시아라고 보고 있다. 실제로 흑룡강 유역에서 야생종이 발견되기도 하는데 고조선의 영역에서 메밀이 기원하여 중국이나 일본에 전해진 것이라고도 여기기도 한다(이성우, 앞의 책, 1992,

자라는 식물로서 알려져 있다. 그렇기 때문에 북부에 위치하고 한랭한 기후의 고구려에서는 생태환경에 적합한 맥류를 재배하고 그 생산량을 한층 증대시키려 노력하였을 것이다. 실제로 고구려 大城山城에서는 밀과 조, 수수 등의 곡물이 출토된 바 있다.[165]

(4) 麻 재배의 양상

일반적으로 마는 옷을 짓는데 많이 사용되는 작물로 그 씨앗을 곡물로 섭취하기도 한다. 마의 열매는 맛이 나쁘고 소출이 적을 뿐만 아니라 단단하고 기름이 많아 가루를 내기 힘들다고 한다.[166] 그러나 옷감을 만들기 위해서는 소규모가 아닌 대규모 재배가 이뤄져야 함으로 마 씨앗의 생산량은 적지 않았을 것이다.

고구려의 마 관련 문헌은 다음과 같다.

Ⅲ-5-a. **고구려**

주몽이 보술수에 이르러 세 사람을 만났는데, 한 사람은 삼베옷을 입었고, 한 사람은 여러 헝겊을 기워 만든 옷을 입었으며, 한 사람은 마름 옷을 입고 있었다."

－『太平御覽』外[167]

107~108쪽). 이렇게 보자면 메밀은 기록에는 등장하지 않지만 고구려에서도 많이 재배되었을 가능성이 큰 곡물이라고도 할 수 있다.

165 안승모, 앞의 글, 2008, 77쪽.
166 이성우, 앞의 책, 1978, 112~113쪽.
167 『太平御覽』卷783,「四夷部 東夷」第4 高句驪傳:『翰苑』,「蕃夷部」高麗傳, "朱蒙至普述水, 遇見三人, 其一人著麻衣, 一人著衲衣, 一人著水藻衣."

III-5-b. (동)예·예맥

① 삼베가 산출되며 누에를 쳐서 옷감을 만든다.   -『三國志』[168]

② 麻를 심고 누에를 기르며 길쌈을 할 줄 안다.   -『後漢書』外[169]

③ 마포가 있으며 누에를 쳐서 옷감을 만들고 음식 먹을 때 역시 조두를 사용한다.   -『太平御覽』[170]

　　사료 III-5-a와 III-5-b에서 살펴볼 수 있듯이 고구려나 예, 예맥에서도 마를 복식용으로 활용하고 있었다. 마가 옷감용으로 재배되었기 때문에 대량 생산된 마 씨앗을 고구려에서도 식량으로 활용했을 수 있다. 특히 식량이 부족했던 건국 초기 상황에서는 마를 식량으로 많이 활용했을 것이다. 하지만 점차 식량 생산 여건이 나아지면서 마를 식량으로 활용하는 빈도가 줄어들었다고 생각된다. 기장이나 조, 콩, 맥류 등 다른 작물에서 생산량이 확보된다면 곡물로서 기호성이나 경제성이 좋지 않은 마의 씨앗을 식료로 활용하지 않아도 되기 때문이다.

(5) 禾·米의 실제

禾와 米는 알곡 또는 쌀로 해석된다. 현대에는 '米'를 쌀이라고 해석하지만 고대의 '米'는 쌀뿐만 아니라 모든 곡물의 낟알을 통틀어 지칭했다. 2세기 後漢代에 지어진 『說文解字』에서 米를 "粟實也"라고 풀이한 것으로 보아 漢代나 위진시대의 米는 쌀이라기보다 곡물의 낟알이라고 해석해야 할 경우가 많다

---

168 『三國志』卷30, 「魏書 東夷傳」第30 濊傳, "有麻布, 蠶桑作緜."
169 『後漢書』卷85, 「東夷列傳」第75 濊傳 : 『通典』卷185, 「邊防 東夷」第1 - 上 濊傳 : 『太平寰宇記』卷172, 「四夷 東夷」第1 濊國傳, "知種麻, 養蠶, 作緜布."
170 『太平御覽』卷780, 「四夷部 東夷」第1 獩貊傳, "布麻蠶綿, 飮食亦有俎豆."

고 생각된다. 따라서 사료를 해석할 때 시대나 맥락에 따른 주의가 필요하다.

고구려와 관련된 禾와 米에 대한 사료는 다음과 같다.

Ⅲ-6-a. 고구려[171]

① 무덤을 만드는 데 만 명의 공력이 들었고, 날마다 소와 양을 잡아서 술과 고기, 米는 먹지 못할 정도이다.　　　　　　　　　-「덕흥리고분묘지명」[172]

② 陽原王 4년(548) 가을 9월 환도에서 嘉禾를 진상하였다.　　-『三國史記』[173]

③ 그 나라의 대가들은 농사를 짓지 않으므로, 坐食者가 만여명이나 되는 데, 下戶들이 먼 곳에서 米糧이나 어염을 운반해서 그들에게 공급한다.

　　　　　　　　　　　　　　　　　　　　　　　　　-『三國志』[174]

④ 성중 父老와 승려가 夷酪과 곤포, 米餅, 蕪荑豉를 바쳤다. 황제는 그것을 받고서 비단으로 답례했다.　　　　　　　　　-『册府元龜』[175]

Ⅲ-6-b. 옥저

온 집식구를 모두 하나의 곽 속에 넣어 두는데, 죽은 사람의 숫자대로 살아 있을 때와 같은 모습으로 나무로써 모양을 새긴다. 또 질솥에 米를 담아서 곽의 문 곁에다 엮어 매단다.　　　　　　　　　　　-『三國志』[176]

---

171 여러 사료를 배열할 때, 고구려 유물 자료 -『三國史記』- 중국조선정사 순서로 한다.

172 덕흥리고분 묘지명, "造欑萬功日煞牛羊酒 米粲不可盡掃旦食鹽豉食一椋記."

173 『三國史記』卷19,「高句麗本紀」第7 陽原王條, "陽原王 四年秋九月, 丸都進嘉禾."

174 『三國志』卷30,「魏書 東夷傳」第30 高句麗傳, "其國中大家不佃作, 坐食者萬餘口, 下戶遠擔米糧魚鹽供給之."

175 『册府元龜』卷126,「帝王部」126 納降, "城中父老僧尼, 貢夷酪昆布米餅蕪荑豉等, 帝悉爲少受, 而賜之以帛. 高麗喜甚, 皆仰天下拜日, 聖天子之恩非所望也."

176 『三國志』卷30,「魏書 東夷傳」第30 東沃沮傳, "擧家皆共一槨, 刻木如生形, 隨死者爲數. 又有瓦鑢, 置米其中, 編縣之於槨戶邊."

그림13 청동기 남경유적 탄화벼

사료 Ⅲ-6-a의 ①과 ②는 쌀이라고 볼 수 있으며 ③의 경우 양식 또는 쌀이라고 해석할 수 있다. Ⅲ-6-a의 ①에서 米를 쌀로 볼 수 있는 이유는 덕흥리 고분의 위치와 묘주의 신분 때문이다. 먼저, Ⅲ-6-a의 ①은 평양지역에 위치한 5세기 초의 덕흥리 고분에서 나온 묘지명이다. 덕흥리 고분이 위치한 평양은 청동기 시대 유적인 남경 36호 집자리에서 출토된 탄화벼[177]로 증명되듯이 일찍부터 벼를 재배하였다(그림13).[178] 게다가 덕흥리 고분의 묘주인 鎭은 고구려의 지배층이었다. 일부러 묘지명에까지 '米'에 관한 내용을 기록하여 과시할 정도라면 米는 일반적인 곡물 낟알이 아니라 특정한 곡물, 즉 쌀로 해석해야 옳을 듯하다.

사료 Ⅲ-6-a의 ②는 6세기 양원왕(545~559) 때의 기록이다. 그간 벼가 생산이 되지 않는 지역인 환인지역에서 '상서롭다'로 표현될 정도의 이삭이 바쳐진 것이다. 이것은 농업기술 발달과 쌀 재배에 관한 품종개량 등의 노력을 계속한 결과라고 해석할 수 있다. 벼 재배의 일반적인 북방한계선을 넘은 환인지역의 '상서로운 벼이삭'은 이 지역에서의 벼 재배 시도가 상당기간 선행된 이후 얻을 수 있는 작물이었다. 그러므로 양원왕 재위기간 무렵이나 그 이전부터 고구려인들이 북방에서도 쌀을 재배하기 위해 여러 가지 시도를 거듭

---

177 장국종, 앞의 책, 18쪽.
178 조선유적유물도감 편찬위원회a, 앞의 책, 171쪽 도판 346번.

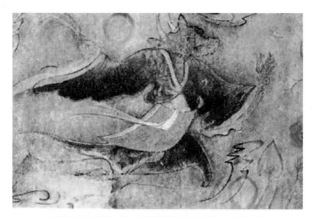
그림14 오회분 5호묘 벼이삭을 들고 있는 소머리 신

했으리라 추측된다.

　이러한 벼 재배 동정을 추론할 단서가 길림성에 존재한다. 길림성 집안현에 위치한 6세기 五盔墳 5號墓 벽화가 그것이다. 벽화에는 소머리 신의 손에 쥐어진 곡물 이삭이 그려져 있다. 소머리의 신은 농업의 신이며, 잡고 있는 곡물은 벼이삭으로 추정된다. 그 근거로는 사료 Ⅲ-6-a의 ②를 들 수 있다. 이를 벽화에 적용하면 6세기에 만들어진 무덤벽화 속 곡물 이삭을 벼이삭으로 볼 수 있는 이유가 될 수 있다고 생각된다(그림14).[179]

　이와 같은 고구려의 벼 재배 경험은 고구려 멸망 후 발해로 계승되었다. 발해에서 귀하게 여기는 "盧城의 벼"가 고구려의 벼농사 전통에서 비롯되었다고 이해되기 때문이다.[180] 이를 뒷받침하는 또 다른 사실은 고구려와 고구려를 계승한 발해가 멸망한 이후에 나타난다. 거란에 의해 발해가 멸망한 후 다

179　서길수,『고구려 역사유적답사 - 홀본·국내성편』, 사계절, 1998, 284쪽 사진.
180　『新唐書』 卷219, 「北狄列傳」 第144 渤海傳, "俗所貴者, 曰太白山之菟, 南海之昆布, 柵城之豉, 扶餘之鹿, 鄚頡之豕, 率賓之馬, 顯州之布, 沃州之綿, 龍州之紬, 位城之鐵, 盧城之稻, 湄沱湖之鯽. 果有九都之李, 樂游之梨."

른 북방종족들의 터전이 된 압록강 이북지역에서 벼농사의 흔적이 잘 보이지 않는다. 그러나 우리 민족과 관련 있다고 전해지는 하북 豊潤의 高麗鋪村[181]에서 그 일대에서 볼 수 없는 '무논'이 만들어진 점[182]이나 압록강 이북 만주지역에 발해 이후, 약 1,000년 뒤인 1870년대에 우리 민족에 의해 다시 벼가 심어졌고, 그 후 쌀이 지역의 주식이 되었다는 내용에서 벼농사와 우리 민족의 친연성에 대해 짐작할 수 있다.

사료 Ⅲ-6-a의 ③에 대한 자료는 『三國志』가 기록된 3세기 무렵 및 그 이전의 고구려 상황을 기록한 것이다. 당시 고구려의 '坐食者'들이 下戶가 가져오는 '米'를 먹었다고 했다. 그런데 3세기 무렵이란 시점과 한반도 북부라는 지역성을 고려하면, 쌀농사가 좌식자를 부양할 정도로 지어졌는지는 분명하지 않다. 그렇기 때문에 하호들이 '먼 곳'에서 가져오는 米가 쌀인지 일반 곡물인지를 명확히 하기 어렵다. 만일 그 '먼 곳'을 옥저로 볼 때도 쌀일 가능성은 그다지 높지 않다. 그러므로 이때의 米는 양식이나 일반 곡물로 해석해야 할 것으로 보인다.

사료 Ⅲ-6-a의 ④에 대한 자료는 당 태종이 고구려의 백암성을 점령한 후의 내용이다. 점령자인 당 태종에게 백암성민은 가장 좋은 것을 건넸을 것이므로 米餠에서의 米는 쌀로 생각된다. 또한 고구려인들은 이미 6세기에 만주

---

181 고려포촌의 명칭 유래에는 고당전쟁 이후 피랍된 고구려인들이 이 지역에서 정착하게 되었다는 설과 원나라 때 고려인 거주설, 병자호란 때에 피랍된 조선인 거주설 등이 있다(박현규, 「연행(燕行)의 문화사 ; 풍윤(豊潤) 고려포촌(高麗鋪村)의 유래 고찰」, 『한국실학연구』 20, 한국실학연구회, 2010, 183~191쪽).

182 영·정조시대 연행사들의 기록에 의하면 고려포촌에는 조선에서 볼 수 있는 무논 경작지가 있었는데 당시 하북 북부와 요녕지역에는 쌀을 재배하는 기법이 발달되지 않아 무논이 없었다고 한다. 오로지 '옛 고려인'들이 거주하는 고려포촌에만 조선과 같은 농사를 짓는 무논을 확인할 수 있었다는 것이다(위의 글, 197~200쪽).

에서의 쌀 재배를 성공한 바 있으므로 7세기 무렵 백암성에서도 쌀 재배와 수확이 있었을 것이다. 이를 통해 백암성민은 米餠을 만들었다고 여겨진다.

사료 Ⅲ-6-b의 米 기록을 사료 Ⅲ-6-a의 ③과 마찬가지로 쌀로 보기 어렵다. 곡물재배 가능기간이 짧고, 그나마도 밭작물의 재배가 우세한 한반도 북부[183]에 위치한 옥저에서 쌀농사가 얼마나 지어졌을지 의문이 든다. 그렇기 때문에 사료 Ⅲ-6-b의 米를 쌀이라고 해석하기보다 '양식'이나 '곡물'이라고 보는 것이 옳을 듯하다.[184]

한편, 쌀과 관련된 稻의 기록은 사료 Ⅲ-3에서와 같이 唐代 안사고의 주해에도 나타난다.[185] 이때의 稻는 밭벼라고 생각되는데, 이를 추론할 수 있는 단서가 『湛軒書』에 나타난다. 비록 후대의 기록이지만 조선시대 연행사로서 요동지역의 생활습속을 견문한 바 있는 홍대용은 음식과 관련된 기록을 『湛軒書』에 남겨 놓았다. 쌀과 관련해서 그는 "산해관 以東지역에는 모두 좁쌀이나 수수쌀로 밥을 지었고 묵은 쌀마저 얻어먹는 것은 쉬운 일이 아니다"[186]라고 하였다. 이때의 묵은쌀은 山稻, 즉 밭벼[187]였다고 한다. 만주지역에서 쌀을 재배하는 것은 거의 대부분 우리 민족과 관련이 있다고 평가되는데, 조선 후기에도 밭벼가 재배되었다고 한다면 이보다 훨씬 이른 고구려에서도 논벼가 아닌 밭벼가 재배되었을 가능성이 크다.

---

183 이현혜, 「沃沮의 기원과 문화 성격에 대한 고찰」, 『한국상고사학보』 70, 한국상고사학회, 2010, 64쪽.
184 그렇지만 옥저인들이 장례라고 하는 특수한 상황에서 질솥에다 북방지역에서 찾기 힘든 곡물인 쌀을 넣을 수 있으므로 옥저에서 쌀을 소량이나마 생산하거나 다른 지역에서 구했을 가능성을 아주 배제할 수 없다고 생각된다.
185 각주 151 참조.
186 洪大容, 『湛軒外集』 卷10 飮食, "關東皆米小米與蜀黍老米亦未易."
187 위의 책, "飯米皆山稻老米燥惡不堪食."

이러한 밭벼는 이른 시기부터 재배되었다. 초기 철기시대의 加平 馬場里 유적에서는 2ℓ4勺의 탄화된 밭벼가 출토되었다.[188] 밭벼는 저습한 환경의 황폐한 땅에서도 잘 자라므로[189] 논물의 상황이 여의치 않는 만주지역에서도 잘 자랐을 것이다.

그렇다면 사료 Ⅲ-6-a의 ②와 같이 고구려에서 쌀을 재배하려고 한 이유는 무엇일까? 쌀은 재배곡물 가운데 재배조건이 비교적 까다롭다. 기온이나 地勢, 강수량 등의 제약을 받는다. 그래서 쌀은 한반도에서 중·남부를 중심으로 재배되었다. 발굴된 벼 작물유체를 통해서도 평양 등 서북부 일부지역까지가 재배 한계선이었다고 보인다. 즉, 쌀은 한반도 중·남부의 백제와 신라 지역에서는 활발히 재배되었으나, 고구려에서는 그 재배의 한계가 분명했던 것이다. 공급 자체가 많지 않았던 까닭으로 고구려가 정복한 지역에서 쌀을 공납을 받는다고 해도 그 양은 항상 제한되었을 것이다. 그렇기 때문에 쌀은 희소성을 갖게 되며 계급성을 보일 수 있다. 덕흥리 벽화고분 묘주 鎭과 같은 고위층들이나 부유층들이 섭식할 수 있는 곡물로 위치지어 지는 것이다. 또한 쌀은 음식을 만들었을 때 잡곡 등 다른 작물로 만든 음식보다 부드러운 식감을 갖고 있고 끈기가 있어 덜 허기가 진다고 하는 점[190]에서도 고구려인들에

---

188 김원룡, 「加平 馬場里 冶鐵住居址」, 『역사학보』 50·51 합본집, 역사학회, 1971, 119쪽.

189 『齊民要術』 卷2, 「旱稻」 第12, "높은 지대의 논에 심는데는 지나치게 좋은 땅을 이용하지 않는다. 다만 황폐한 땅이 좋다. 지나치게 좋은 땅이면 볏모가 쓰러지고 황폐한 땅이면 풀도 나지 않아 좋다. 역시 가을철 논갈이는 고무래로 땅을 부드럽게 골라주고, 봄이 되면 밭토양이 황장이 되었을 때를 가려서 파종한다. 물기가 많은 밭에는 종자를 심으면 안된다. 그 밖의 심어 가꾸는 요령은 모두 저습한 낮은 땅의 농사 요령과 같다 (其高田種者, 不求極良, 唯須廢地. 過良則苗折, 廢地則無草. 亦秋耕, 杷, 勞令熟, 至春, 黃場納種. 不宜濕下. 餘法悉與下田同)."

190 김진혁, 「쌀밥의 문화적 의미 변화 : 대전 무수동(無愁洞) 사례를 중심으로」, 『농업사연구』 8-1, 한국농업사학회, 2009, 90·91쪽.

그림15 무등리 2보루(左)와 호로고로(右) 출토 탄화미

게 선호되었을 것이다.

　이와 같은 계급성, 실용적 목적 등에서 쌀은 고구려에서 수요가 많았을 것이다. 그러나 타 지역에서 공급받는 것은 제한적 양만 얻을 수 있기 때문에 쌀을 직접 재배할 수 있는 지역의 농지를 새로이 확보하거나, 부족한 농업환경에서 쌀 재배를 돕는 농사기술의 개량 및 도구와 농업 관련 시설을 확충하는 것과 같은 노력을 기울여야 했다. 이러한 노력의 결과로 고구려는 丸都에서 '嘉禾'를 얻을 수 있게 되었으며, 나아가 발해에서는 '노성의 벼'가 재배되고 이를 귀하게 여겼다고 생각된다. 즉, 쌀은 고구려 농업발전 양상과 추이를 보여주는 상징적인 곡물이라고 할 수 있다.[191]

　한편, 광개토왕과 장수왕 이후 한강유역을 확보한 이후 쌀농사는 더욱 활발해졌을 것이다. 고구려의 유적인 경기도 연천군 무등리 2보루와 호로고루 등에서 발굴된 탄화미는 南進한 고구려인의 쌀농사를 짐작할 수 있는 식물유체다(그림15).[192] 무등리 2보루 탄화미의 경우, 6세기에서 9세기 사이의 식물

191　그러나 여전히 고구려의 주식은 쌀이 아닌 잡곡류였을 것이다. 고구려 영토의 대부분은 논보다 밭이 더 많고, 고구려 관련 유적에서 나오는 곡물유체도 조를 비롯한 보리, 콩, 기장 등과 같은 잡곡류가 대부분이기 때문이다.

192　좌 - 국립문화재연구소, 앞의 책, 2006, 28쪽.

유체로 추정되며, 탄화미는 도정이 일정하지 않은 상태로 발굴되었다.[193] 이들 지역에서 발굴된 탄화미는 軍倉과 관련된 것으로 추정된다.

(6) 고구려에서의 粟

粟은 껍질을 까지 않은 곡식이나 좁쌀, 또는 일반적인 양식을 의미한다. 粟을 조라고 볼 때, 기장과 마찬가지로 건조에 잘 견디고 생육기간이 짧으면서 수확량이 높은 곡물이기 때문에 일찍부터 재배된 곡물 가운데 하나다. 선사시대부터 야생 상태에서 순화된 곡물로서 고지대에서도 재배가 잘 되며, 재배의 북방한계가 북위 45°~50°까지 이른다.[194] 재배 조건이 매우 까다롭지 않아 중국뿐만 아니라 한반도에서도 신석기시대부터 재배된 작물이다.[195] 특히 단백질의 함량이 벼나 밀에 비해 높아 영양학적으로도 뛰어난 작물이기도 하다.[196]

고구려에서 재배된 粟에 대한 기록은 다음과 같다.

Ⅲ-7.
① 寶臧王 4년(645), 높은 산의 험준함에 의지하여 성 안의 粟을 먹으며 말갈을 풀어 우리의 소와 말을 약탈하면 이를 공격해도 갑자기 함락시킬 수 없다.
　　　　　　　　　　　　　　　　　　　　　　　　　　-『三國史記』[197]

우 - 국립문화재연구소, 앞의 책, 2006, 65쪽.
193 위의 책, 28쪽.
194 한국학중앙연구원, 한국민족문화대백과 웹서비스(http://encykorea.aks.ac.kr/Contents/Index).
195 장국종, 앞의 책, 1998, 13쪽, "조 또는 피로 인정되는 식물자료는 서기전 3000년기 전반기로 추정되는 지탑리유적 제2지구의 2호 집자리에서 나왔고 조의 실물자료는 서기전 3000년기 후반기의 평양시 삼석구역 남경유적 31호 집자리에서 나왔다."
196 이성우, 앞의 책, 1992, 106쪽.
197 『三國史記』卷21,「高句麗本紀」第9 寶臧王條, "據高山之險, 食城中之粟, 縱靺鞨掠吾牛

② 세금은 명주·베 및 粟을 그 사람이 가지고 있는 종류에 따라 貧富의 차등
　을 헤아려 받아들였다.　　　　　　　　　　　　　　　　　-『周書』外[198]

　사료 Ⅲ-7-①의 粟은 고구려를 침
략한 당태종의 발언 가운데 나오는
것으로 '성안의 粟'이란 당태종이 공
격한 고구려 성에 보관된 粟이다. 이
때 粟은 좁쌀인지 일반적인 곡물의
총칭인지 모호하지만 사료 Ⅲ-7-②
의 내용을 보면 좁쌀이라고 판단된
다. Ⅲ-7-②는 고구려인이 세금으로

그림16 무등리 2보루 출토 탄화조

내는 항목으로 속은 조, 즉 좁쌀이다. 세금으로 납부되는 조는 국가 행정에
쓰이거나 각 성의 군량미 등으로 보관되기 마련이므로 사료 Ⅲ-7-①의 속도
결국 좁쌀이었다(그림16).[199] 이처럼 고구려에서의 조는 곡물이자 세금으로 활
용된 주요 곡물로서 그 위치가 상당했을 것으로 판단된다.

　이상에서 살펴본 고구려 곡물재배는 '오곡'으로 통칭되는 다양한 잡곡류가
주요 작물로서 재배되었다. 콩과 팥을 비롯한 두류, 보리와 밀 등의 맥류, 기
장 및 조와 마 등과 같은 곡물을 문헌 사료에서 확인할 수 있었다. 벼와 관련
되어 6세기 양원왕 때의 '嘉禾'를 통해 고구려 후기에는 벼를 한반도 북부 및

　　馬, 攻之不可猝下.
198 『周書』卷49, 「異域列傳」第41 高麗傳 : 『通典』卷186, 「邊防 東夷」第2-下 高句麗傳, "賦
　　稅則絹布及粟, 隨其所有, 量貧富差等輸之."
199 軍倉과 관련되었다고 여겨지는 탄화조(국립문화재연구소, 앞의 책, 2006, 28쪽).

만주에서 재배했을 것으로 추정된다.

　재배된 곡물의 다양성은 고구려의 식량수급 상황을 제고시키는 요소로 작용했을 것이다. 영토의 확대와 더불어 증가하는 인구압을 해결할 수 있는 방안을 마련한 고구려인들은 잡곡 농사 중심의 농업 환경에서 쌀농사의 재배를 가능하게 하고 그 범위 확산까지 이뤄냈다. 이로 인해 그들은 농경과 관련된 제반 기술의 향상은 물론 민생안정과 국가발전의 토대를 마련하는 물적 기반까지도 상당히 구축할 수 있었다고 여겨진다.

3) 곡물 생산 증대 방법

고구려의 농업은 초·중반기까지 만주지역과 한반도 북부지역에서 행해지다가 광개토왕과 장수왕의 적극적인 남하정책으로 한반도 중부지역에도 지어지게 되었다. 그러나 고구려의 농업 환경에서 주요 기준이 되는 지역은 한반도 북부와 만주지역이라고 할 수 있다. 이들 지역에서의 농업생산량 증감여부가 고구려 주요 곡물 생산량을 결정한다고 생각된다.

　최근 중국 만주지역 요녕성과 길림성, 흑룡강성의 토질을 분석한 자료가 발표되었다. 이 자료는 지력을 측정하여 곡물의 소출량을 추측할 수 있는 자료다. 다만, 이 자료를 활용할 때의 전제는 고대 토지생산력과 현재의 토지생산력에 큰 차이가 없다는 것이다. 지력은 갑자기 상승되거나 하강하는 예가 드물기 때문에 이를 고구려의 생산력과 결부시켜 활용할 가치가 있다고 판단된다.

　그림17[200]에 의하면 면적에 비해 생산력이 높은 토지는 요녕성과 길림성

200　石淑芹·陈佑启·姚艳敏·李志斌·何英彬,「东北地区耕地自然质量和利用质量评价」,『资源科学』30, 中国科学院地理科学与资源研究所, 2008, 382쪽 圖3 东北地区高产田, 中产

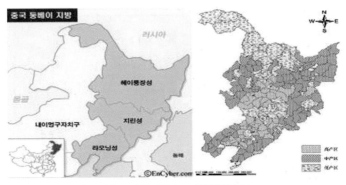

그림17 만주지역의 토지생산력분포도

일부 지역에 집중되어 있으며 생산력이 중급이거나 저급한 토지가 훨씬 더 많음을 알 수 있다(그림6 만주산업도 함께 참조). 또한 이 지역을 역사적 자료와 비교하면, 사료 Ⅱ-1과 Ⅱ-2에서 서술한 것과 같이 산지가 많아 좋은 전지를 얻기 어려운 지역이기도 했다. 생존을 비롯하여 고구려의 국가적 성장과 증가하는 인구압을 해결하기 위해 생산력을 증대시켜야 했던 고구려인들에게 당면한 과제는 田地의 확충일 수밖에 없었다. 농사법의 개발, 철제 농기구의 증산 등과 같은 일도 병행되었다. 이 가운데 철제농기구는 牛耕과 더불어 농업생산량을 증가시킬 수 있는 深耕을 가능하게 하는데 필요한 기구였기 때문에 제작과 활용이 주목된다. 실제로도 고구려 유적에서 철제 농기구가 다수 발굴되었다. 표6에서 나타나는 바와 같이 길림성, 특히 집안현에 철제 농기구의 70%정도가 집중[201]되어 있는 것은 주목할 사실이다. 이것은 집안 지역과 관련 깊은 고구려에서 철제 농기구를 적극적으로 활용했다는 증거라고 볼 수 있다.

田和低产田分布 인용 ;『두산백과』웹서비스 둥베이삼성[東北三省(동북삼성)] 지도 인용
(http://www.doopedia.co.kr/doopedia/master/master.do?_method=view&MAS_
IDX=101013000793826).
201 최덕경,「古代 遼東지역의 農具와 農業기술」,『중국사연구』49, 중국사학회, 2007, 17쪽.

그림18 고조선시대 나무후치

이러한 고구려의 철제 농기구 종류와 쓰임에 대해 자세히 알아보면 다음과 같다.[202] 먼저, 보습은 땅을 파고 갈거나 뒤엎는데 쓰는 갈이농사를 할 수 있는 중요한 農器具다. 따비, 극젱이, 쟁기 등의 술바닥에 맞추는 삽 모양의 연장인 보습의 원시적인 형태는 이미 고조선 시기인 기원전 1,000년 경의 유적인 평안북도 염주군 주의리에서 나왔다(그림18).[203] 둔각으로 가지가 뻗은 단단한 참나무를 잘 다듬어 만든 보습은 매우 둔중한 면모를 보였다. 보습이 출토된 같은 지층에서 수레바퀴가 함께 나와 소가 쟁기를 끌었을 가능성을 보여준다.[204] 이와 같은 고조선의 농기구는 이후 고구려의 철제 보습 등으로 계승되었다고 생각된다.

한편, 고구려에서 발굴된 철제보습 가운데 큰 것은 집안현에서 나왔다. 총길이가 49.5cm, 끝부분의 폭은 48cm되는 것으로 길림성 내에서 발굴된 것 가운데 가장 이르고 큰 것이라 평가된다. 이것은 고구려에서 深耕을 가능케 하는 牛耕이 행해졌다는 것으로 밭갈이를 깊게 하여 농작물을 기르려는 의도

---

202 사회과학원 고고학연구소, 『조선고고학전서 - 고구려유물』 34, 진인진, 2009, 250~251쪽 [표3].
　　고구려는 산림이 많은 지역이므로 산지를 농지로 개발하기 위해 도끼 등의 벌목도구도 다량 사용되었을 것이다. 북한지역이나 길림성 등의 고구려 유적지에서는 철제 도끼도 다수 출토되고 있다.
203 조선유적유물도감 편찬위원회b, 『조선유적유물도감』 2, 동광출판사, 1990, 39쪽 도판 38번.
204 장국종, 앞의 책, 24쪽.

그림19 구의동 보루 및 정릉사지 출토 철보습

로 풀이된다. 출토된 고구려 보습의 모습은 그림19[205]와 같다.

가래는 도랑을 치고, 흙을 파서 논둑이나 밭둑을 쌓거나 깎을 때 흙을 떠서 던지는데 널리 쓰인다.[206] 가래는 자루 끝부분에 뚫린 두 개의 구멍에 줄을 달아 여러 명이 함께 잡아 당겨 땅을 파서 먼 곳에 내던질 수 있게 했다. 丹東 虎山 泊汋城[207] 및 서울 시루봉 보루(그림20)[208]에서 발굴된 U자형 쇠가래와 길림성, 자강도 등에서 발굴된 가래[209]는 앞서 살펴본 보습과 더불어 대표적

---

205 좌측 그림 - 국립문화재연구소, 앞의 책, 2006, 256쪽 구의동 보루 철제보습.
　　우측 그림 - 한민족유적유물박물관(舊『조선유적유물도감』) 고구려편, 동명왕릉 정릉사 구역, 평양 정릉사지터 출토 철제보습, 동방미디어 웹서비스.
　　http://www.dbmedia.co.kr/viewer.php?seq=21#1270
206 심우정 감수, 『조선의 재래농구』, 한국무속박물관, 1995, 37쪽.
207 孫泓, 「요녕성에서 발굴된 고구려 유물에 관한 종합고찰」, 『고구려 유적 발굴과 유물』 12, 고구려발해학회, 2001, 354쪽.
208 시루봉 보루에서 출토된 'U'형 삽날은 부착방법에 따라 따비, 삽, 가래로 사용되는데, 이것은 전형적인 고구려식 삽날로 알려져있다(백종오·신영문a, 『우리 곁의 고구려』, 경기도박물관, 2005, 229쪽 철제보습 그림 및 설명 참조).
209 사회과학원 고고학연구소, 앞의 책, 248쪽 [표1]참조.

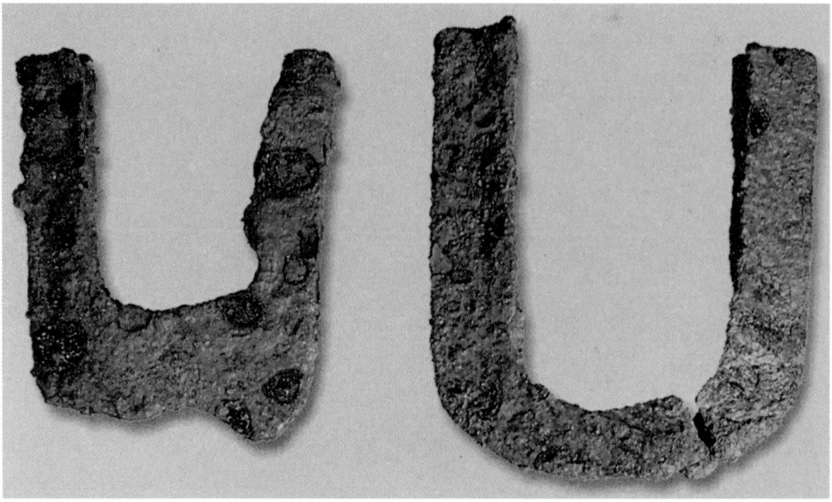

그림20 시루봉 보루 출토 'U'자형 가래

인 耕鋤용구 가운데 하나라고 할 수 있다. 가래의 종류에는 U자형 외에도 '一'형 가래가 있는데, 길이 14cm, 폭은 3.2cm 정도 되는 것도 있었다.[210] 이와 같은 철제 보습이나 가래의 출토는 소를 이용하거나 일반적으로 여러 명의 사람들을 조직해서 사용하는 고구려 농업의 양상을 알 수 있게 한다.

한편, 고구려의 유적에서는 철제보습이나 가래 외에도 다양한 철제 농기구가 발굴되었는데[211]그 종류는 낫, 살포, 쇠스랑, 호미, 곡괭이 등으로 다양했다(그림 21).[212] 이것은 모두 고구려 농업의 발달 수준을 가늠하게 하는 유물로 기능한다.

210 庞志国·王国范, 「吉林省汉代农业考古概述」, 『中國考古集成 - 東北卷10』 秦漢至三國(二), 北京出版社, 1997, 1190쪽.

211 백종오·신영문b, 『고구려 유적의 보고 경기도』, 경기도박물관, 2005, 187·193쪽.

212 左上 - 辽宁城文物考古研究所 编着, 『五女山城 : 1996~1999, 2003年桓仁五女山城调査发掘报告』, 文物出版社, 2004, 도판35 4번 4기문화층 출토 鎌.
左下 - 백종오·신영문a, 앞의 책, 231쪽 구의동보루 출토 쇠스랑.
中上 - 辽宁城文物考古研究所 编着, 위의 책, 도판34 4번 4기문화층 출토 鏟.

그림21 고구려의 다양한 농기구

　이러한 철제 농구의 보급과 활용이 중요한 이유는 고구려의 생태환경 때문이다. 고구려의 압록강 이북지역 토양은 점토성이 강하고 파종기에도 凍土가 그대로 남아있다. 봄 파종기까지 얼어있는 토양에 지온을 유지하기 위해서는 높고 넓은 이랑畝을 만들어 태양광을 잘 받게 하는 것이 필요하다.[213] 이때의 작업은 사람의 힘만으로는 한계가 있으므로 철제 농구와 소를 활용하는 것이 요구된다. 그러므로 더 많은 작물을 심어 소출량을 증대하기 위해서는 철제 농기구의 보급과 농사기술의 개선이 반드시 이뤄져야 했다.

中下 - 백종오·신영문a, 앞의 책, 228쪽 아차산 4보루 출토 호미.

右上 - 위의 책, 229쪽 아차산 4보루 출토 살포.

右下 - 吉林省文物考古研究所·集安市博物馆a,『集安高句丽王陵：1990-2003年集安高句丽王陵调查报告』, 文物出版社, 2004, 도판51 1번 麻线墓区西大墓 출토 钁.

213　최덕경,「遼東犁를 통해본 고대 동북지역의 농업환경과 경작방식」,『북방사논총』8호, 동북아역사재단, 2005, 21~22쪽.

표6 고구려 철제 농기구표[214]

連番	地域	遺蹟名	出土 鐵製 農具類										性格
			가래	鏵	U자	一자	쇠스랑	鐵鋤	鑄斧	鍛斧	鐵鎌	其他	
1	鐵嶺	靑龍山古城	1										城
2	淸原	山城子山城	1							2			城
3	撫順	高爾山城	2	2	1	1		2		1	1	도끼多	城
4	丹東	虎山泊汋城		1						1			城
5	桓仁	五女山城			1	1	1			5	6	鐵鑿 鐵鋸	城
6	桓仁	米倉溝 將軍墓							1	1		도끼1	墳墓
7	集安	丸都山城								1			城
8	集安	國內城 부근	1										城
9	集安	東台子建築遺址	1		1			1					建物
10	集安	東台子 부근	1(?)										收拾
11	集安	勝利遺址			1								收拾
12	集安	台上鄕 劉家村				1							收拾
13	集安	楡林鄕 地溝村	1										收拾
14	集安	大路鄕 大路村									1		收拾
15	集安	M2374호	1										墳墓
16	集安	山城下M191호								1	1		墳墓
17	集安	東台子附近古墓			1								墳墓
18	集安	太王陵西側	1										墳墓
19	集安	太王陵								1			墳墓
20	集安	西大墓								1			墳墓
21	集安	東大坡M356호								1			墳墓
22	集安	下活龍村M8호								1	1		墳墓

214 김재홍, 「高句麗의 鐵製 農器具와 農業技術의 발전」, 『북방사논총』 8, 동북아역사연구재단, 2005, 60쪽 <표1> 참조.

連番	地域	遺蹟名	出土 鐵製 農具類									性格
			가래	鍬	U자	一자	쇠스랑	鐵鋤	鑄斧	鍛斧	鐵鎌	其他	
23	集安	미상			1								收拾
24	時中	風清里33호								1			墳墓
25	楚山	雲坪里8호											墳墓
26	平壤	祥原 소구절2호	1										墳墓
27	서울	九宜洞堡壘	2		4		2	7			4	도끼4	城
28	서울	夢村土城88-2호			1								建物
29	구리	峨嵯山4堡壘	1		3		5	17		31	7	망치1 도끼6	城
30	구리	峨嵯山 시루봉			3		·				3	도끼1	城

2. 고구려인들이 활용한 채소와 과일의 종류

채소류와 과일류로 나눌 수 있는 재배식물은 주식이라기보다는 부식류 식량
자원이다. 채소는 재배도 하지만 주로 산이나 들에서 채집했을 것이다. 그러
나 몇몇 특정작물은 주요한 상품으로서 취급되어 자연채집에서 재배가 가능
한 품종으로 개량되었을 가능성도 있다.

채소류의 관련 기록은 "왕이 비류수 가운데 채소잎이 떠내려오는 것을 보
고 그 상류에 사람이 살고 있는 줄 알았다."[215]에서 찾아볼 수 있다. 중국에서
는 五菜라고 하여 주요 채소를 정의했는데 葵와 藿, 薤와 蔥, 韭가 그것이

---

[215] 『三國史記』 卷13, 「高句麗本紀」 第1 東明聖王條, "王見沸流水中有菜葉逐流下, 知有人
在上流者."

다.[216] 고구려에서는 이와 관련된 내용이 문헌을 통해서 확인되지는 않는다. 그러나 콩잎의 경우, 고구려의 대표작물 가운데 하나가 고려두이므로 그 존재와 활용은 확실하다고 판단된다.[217]

과일류는 五果라고도 하는데, 桃와 李, 杏과 栗, 棗를 지칭한다.[218] 고구려는 '오과'와 직접적으로 관련된 내용이 보이지 않으며 각각의 과실만 사료에서 확인할 수 있다. 부여의 경우에도 "오과가 생산되지 않는다."[219]는 내용이 전해진다.

고구려와 관련되어 문헌에 기록된, 특히 약용으로 사용되지만 식량자원으로 쓰이는 것도 포함된 채소류 및 과일류의 종류는 다음과 같다.

1) 채소류 및 초목류의 종류

(1) 고구려의 채소 千金菜

천금채는 지금의 상추로 그간 고구려에서 중국에 전해진 유명한 채소라는 평가를 받아왔다. 향이 좋고 맛도 좋아 중국에까지 명성이 높았다고 전해지는 이 채소는 사실 고구려에서 중국에 전래된 것인지에 관해 논란의 여지가 있다.

Ⅲ-8-1.

고려국의 사신이 오면 隋나라 사람들이 채소의 종자를 구하면서 대가를 몹

---

216 『黃帝內經』卷7, 「藏氣法時論」第22, "五菜爲充[謂葵韭藿薤葱]."
217 콩잎뿐만 아니라 豆芽菜 또는 菽芽菜라고 불리는 콩나물의 존재도 짐작해볼 수 있다. 그러나 고구려와 관련된 문헌으로는 확인되지 않는다.
218 『黃帝內經』卷7, 「藏氣法時論」第22, "五果爲助[謂桃李杏栗棗也]."
219 『後漢書』卷85, 「東夷列傳」第75 夫餘傳, "不生五果."

시 후하게 주었으므로, 인하여 이름을 千金菜라고 하였는데, 지금의 상추다.

-『天祿識餘』[220]

사료 Ⅲ-8-1은 조선시대 실학자 韓致奫(1765~1814)의 『海東繹史』에 수록된 내용이다. 이로 인해 고구려에서 수나라로 천금채가 전래되었다고 알려져 있다. 그러나 천금채는 한치윤이 인용한 淸代의 『天祿識餘』보다 앞선 시기의 宋代 陶穀(903~970)의 『淸異錄』에는 다음과 같이 기록되었다.

Ⅲ-8-2.
고국의 사신이 오면 隋나라 사람들이 채소의 종자를 구하면서 대가를 몹시 후하게 주었으므로, 인하여 이름을 千金菜라고 하였는데, 지금의 상추다.

-『淸異錄』[221]

한치윤의 천금채 관련 내용인 淸代 사료 Ⅲ-8-1과 宋代 사료 Ⅲ-8-2는 비슷하다. '高麗國'이 '高國'으로 되었을 뿐 내용은 동일하다. '고국 또는 고려국 사신이 가져온 상추 종자를 수나라 사람들이 후하게 값을 쳐줬다.'는 것이다. 이것으로 수나라에 온 외국 사신이 상추 종자를 전래 및 매매했다는 사실을 알 수 있다. 그러나 고국 및 고려국 사신이 '처음'으로 수나라에 상추 종자를 가져온 것인지 아닌지는 불분명하다. 또한 고국과 고려국이 같은 나라인지 아닌지에 관해서도 알 수 없다. 두 나라의 관련성을 짐작할 어떠한 내용도 문

---

220 한치윤, 『海東繹史』卷26, 「物産志」第1 菜類, "高麗國使者來. 隋人求得菜種. 酬之甚厚. 名千金菜 今萵苣也(《天祿識餘》)."
221 『淸異錄』上, "高國使者來漢, 隋人求得菜種, 酬之甚厚, 故因名千金菜, 今萵苣也."

헌에 등장하지 않기 때문이다.

그런데 萵苣 및 萵菜라고도 불리는 천금채의 명칭이 유래된 내용을 기록한 다른 문헌이 있다. 宋代 및 宋代의 사료를 근거로 든 明代의 사료 Ⅲ-8-3이다.

Ⅲ-8-3.

① 와채는 와국에서 비롯되었다. 유독하기 때문에 온갖 벌레가 감히 근접하지 못한다.   -『續博物志』[222]

② 이름을 풀이하면 와채, 천금채다. 시진이 말하길, 살펴보건대 (송대) 팽승의 《墨客揮犀》에서, 와채는 와국에서 전래되었기 때문에 이름지어졌다고 말했다.   -『本草綱目』[223]

사료 Ⅲ-8-3에서 전하는 내용은 萵苣가 咼國에서 전해졌으며 그로인해 이름 지어졌다는 내용이다. 상추가 와국에서 '처음' 중국에 전해졌다는 전래 시점이 명칭의 유래와 관련되어 드러나고 있다. 앞선 사료 Ⅲ-8-1, 2의 내용에는 없는 부분이다. 그렇기 때문에 와국에서 전해져 이름까지 萵苣로 명명된 채소가 고려국과 관련이 있다고 생각하기 어렵다.

한편, 사료 Ⅲ-8-1의 내용을 고려와 수나라 사이에 이뤄진 기존 품종보다 우수한 천금채 품종의 전래 및 매매로 여긴다 해도 그 내용을 고구려의 것이라고 보기 힘들다. 사료 Ⅲ-8-2의 내용 때문이다. 두 사료의 내용은 매우 유사하다. 앞서 밝힌 대로 '고국과 고려국'의 차이뿐인데, 고국과 고려국의 관

---

222 李石, 『續博物志』 卷7, "萵菜出咼國, 有毒百蟲不敢近."
223 『本草綱目』 卷27, 「菜之二」 萵苣, "이름을 풀이하면 와채, 천금채다. 살펴보건대 '(송대) 팽승의 《墨客揮犀》에서 이르길, 와채는 와국에서 전래되었기 때문에 이름지어졌다'고 하였다(釋名 萵菜, 千金菜. 時珍曰, 按彭乘, 墨客揮犀云, 萵菜自咼國來, 故名)."

련성 유무는 알 수 없다. 그래서 와거가 기록된 여러 사료의 선후를 고려해서 살펴봐야 한다. 宋代와 淸代 가운데 앞선 시대의 사료가 우선이므로, 宋代의 와국 또는 고국이 어떻게 淸代에 고려국으로 기록되었는지를 알지 못한다면 사료 Ⅲ-8-1의 고려국 사신이 수나라에서 천금채 종자를 전래 및 매매하였다는 내용은 신뢰하기 어렵다고 생각된다. 천금채가 고구려에서 채소로 재배되었을 가능성이 있더라도 문헌으로 그것을 증명하기에는 신빙성이 부족하다고 볼 수 있다.

(2) 고구려의 人蔘 활용과 人蔘讚

인삼은 약재로 쓰인다. 그래서 식량자원과 별 상관이 없는 것 같지만 현재에도 종종 식량자원으로 쓰이고 있는 것과 마찬가지로 고구려에서 특별한 경우에 사용되는 음식자원으로 사용되었을 가능성이 있다.[224]

Ⅲ-9-1.

① 고려기에서 이르길…人參(人蔘)·白附子·防風·細辛이 많이 난다.   -『翰苑』[225]

---

224 인삼의 식량자원으로의 쓰임은 산삼의 예에서 찾아볼 수 있다. 이익은 『星湖僿說』에서 "…그 만삼이라고 말하는 것은 혹 산삼(山蔘)인 듯하다. 동월(董越)의 「朝鮮賦」에, "송피(松皮)의 떡과 산삼의 과자라" 하고, 자기가 주하기를, '산삼을 약으로 쓰는 것이 아니고, 그 길이는 손가락만 하며 형용은 무우와 같다' 하였다. 요동(遼東) 사람은 이것을 산나복(山蘿葍)이라 하는데, 멥쌀에 섞어서 절구에 찧은 다음, 구워서 병이(餠餌)를 만든다. 그리고 이 산삼은 살결이 아주 부드럽기 때문에 쌀가루에 섞어 기름에 튀겨서 동그란 떡을 만들기도 하니, 이는 세속에서 일컫는 산증(山蒸)이란 떡으로, 지금 사람도 이 제도를 본따서 만드는 이가 있다. 이는 필시 이 산삼을 이용한 것일 게다(『星湖僿說』卷4, 「萬物門」 山蔘條, "其蔓者恐是山蔘, 董越朝鮮賦, 松膚之餠山蔘之糕, 自註山蔘非入藥者. 其長如指狀如蘿葍. 遼人謂之山蘿葍. 亦取和秔米搗之煎. 爲餠餌. 此物膚理極□和米粉油煎爲環餠俗稱是山蒸. 今人尙有此制必是此物也").

225 『翰苑』, 「蕃夷部」 高麗, "高驪記日…其中多生人參·白附子·防風·細辛."

② 안동도호부[226] 토산품으로 인삼을 進貢한다.　　　　　　　　-『新唐書』外[227]

　　사료 Ⅲ-9-1의 ①로 고구려에서 인삼이 많이 났으며, 사료 Ⅲ-9-1의 ②에서 고구려 멸망 이후 고구려 옛 땅에 세워진 안동도호부에서 토산품인 인삼을 공물로 바쳤다는 것을 알 수 있다. 모두 고구려 지역에서 인삼이 난다는 것을 알리는 문헌자료다.

　　고구려는 인삼을 약재 및 식량자원으로 활용하였을 것이다. 또한 외교적 방물이나 교역품으로 쓸 수도 있을 것이다. 외교적 방물로의 사용은 고구려를 계승한 발해의 대중국 공물[228]에서 유추할 수 있다. 또한 고구려가 인삼을 외교적 물품이나 교역품으로 사용했을 가능성을 알려주는 내용은 『國淸百錄』에서 찾을 수 있다. 『國淸百錄』은 隋의 灌頂이 엮은 것으로 천태종의 智顗가 입적한 후 천태교단의 행사와 규범, 그와 관계있는 詔勅·편지, 비문 등 104종을 모았다. 여기에서 陳의 永陽王이 고려인삼과 곤포를 지의에게 보낸

---

226 『舊唐書』卷39,「地理志」第19-2, "안동도호부. 총장 원년 9월, 사공 이책이 고려를 평정하다. 고려는 본래 5부, 176개성, 69만 7천호로 구성되었다. 그해 12월 고려의 땅을 나눠 9도독부를 두었다. 42개주, 100현으로 안동도호부를 설치하여 평양성으로 하여금 통치하도록 했다…상원 3년 2월 안동부를 옮겨 요동군 옛 성에 두었다. 의봉 2년 또 신성으로 옮겼다. 성력 원년 6월 안동도호부를 고쳤다. 신룡 원년 안동도호부를 복구했다. 개원 2년 안동부를 옮겨 평주(平州)에 두었다. 천보 2년 요서로 옮겨 옛 군성(郡城)에 두었다(安東都護府. 總章元年(668)九月, 司空李勣平高麗. 高麗本五部, 一百七十六城, 戶六十九萬七千. 其年十二月, 分高麗地爲九都督府, 四十二州, 一百縣, 置安東都護府於平壤城以統之…上元三年(676)二月, 移安東府於遼東郡故城置. 儀鳳二年(677), 又移置於新城. 聖曆元年(698)六月, 改爲安東都督. 神龍元年(705), 復爲安東都護府. 開元二年(714), 移安東都護於平州置. 天寶二年(743), 移於遼西故郡城置)." : 『新唐書』卷39,「志 地理」第29-3.
227 『新唐書』卷39,「地理志」第29-3 : 『通典』卷6,「食貨 賦稅」第6-下, "安東都護府 貢人參五斤" ; 한치윤, 앞의 책,「物産志」第1 草類, "安東都護府 土貢人蔘."
228 『册府元龜』卷971,「外臣部- 朝貢」第17-5, "渤海國王大諲譔, 遣使裵璆, 貢人參松子昆布黃明細布貂鼠皮被一褥六髮靴革奴子二."

110　고구려 음식문화사

것으로 나타난다.[229] 지의가 영양왕에게 불법을 가르친 스승이었다는 점에서 볼 때, 제자가 스승에게 보내는 물품은 상등품이었을 것이다. 그러므로 당시 고구려와 남조인 진과의 국제 교역이 있었거나, 고구려와 진이 외교적 방물을 교환하는 과정에서 영양왕이 고려의 인삼을 얻었으며 그것을 스승인 지의에게 보냈다고 생각된다.

이러한 인삼은 고구려 내부 수요도 있으므로 그 산지에서 수도로 공납되었을 것이다. 지방행정구역에서 토산물을 중앙정부에 납부하는 것이 의무였으므로[230] 조세의 실질징수와 같은 고구려의 인삼은 내부 수요 및 외교적 교환 예물로 수요가 상당했음을 짐작할 수 있다. 더욱이 인삼이 국제교류에서도 쓰이는 물품이었으므로 지방행정차원이 아니라 국가에서 정책적으로 인삼의 채집과 유통을 관리하였을 것으로 생각된다.

한편, 인삼과 관련되어 고구려 사람들이 인삼을 칭송하며 불렀다는 노래가 전해진다.[231] 그 내용은 다음과 같다.

Ⅲ-9-2.
세 줄기 다섯 잎사귀
해를 등지고 그늘을 좋아하네.
나를 얻으려면
큰 나무 아래서 찾으라.

---

229 『國淸百錄』卷2, "弟子陳伯智和南. 高麗昆布人參等送去."
230 今村鞆(이마무라 토모), 『人蔘史』卷2, 朝鮮總督府專賣局, 1935, 3~4쪽.
231 『續博物志』卷8, "三椏五葉 背陽向陰 欲來求我 椵樹相尋"; 한치윤, 앞의 책 草類, "인삼(人蔘)에 대한 찬(讚), 《名醫別錄》에 이르기를, "인삼에 대한 찬은 고려인(高麗人)이 지은 것이다" 하였다. 살펴보건대, 고려는 바로 고구려다(人蔘讚, 高麗人作, 察高麗, 卽高句麗也)."

인삼찬은 인삼의 형태와 생리적 기능 및 채취법을 노래로 설명하고 있다. 노래의 내용은 인삼을 전문적으로 채취하는 이들에게는 불필요한 정보다. 그러므로 인삼과 관련된 전문 지식이 거의 없는 일반인들이 쉽게 인삼을 찾을 수 있도록 채취 정보를 알려주기 위한 목적의 노래일 가능성이 높다.[232] 전문 채취인뿐만 아니라 일반인까지도 인삼을 찾을 수 있도록 노래를 만든 이는 당시 지배층으로 보인다. 그렇기 때문에 고구려에서 인삼의 수요와 공급은 일정수준 이상의 정부 관리·감독을 받으며 통제되었을 것이다.

(3) 고구려의 茶

문헌상 차의 재배는 828년, 신라 흥덕왕 3년에 기록되었다. 당에서 돌아온 사신 大廉이 茶의 씨앗을 가지고 와, 왕이 사자에게 시켜 地理山에 심도록 하였다. 그래서 차는 신라 善德王 때부터 있었지만, 이때에 이르러 성행했다고 기록되었다.[233] 이 기록에 따라 우리나라에서는 차를 신라 흥덕왕 이전에 중국으로부터 수입하여 먹었던 것으로 생각되었다.

그러나 唐代 陸羽가 지은 『茶經』에 의하면 고구려에서 나는 차가 있었다. 여기에는 백제와 신라, 고구려의 명칭이 모두 나오면서 각국에서 생산된 차를 평가하고 있다.

---

232 이현숙, 「고구려의 의약교류」, 『한국고대사연구』 69, 한국고대사학회, 2013, 73쪽.
233 『三國史記』卷10, 「新羅本紀」第10 興德王條, "3년(828) 겨울 12월, 입당(入唐)했다 돌아온 사신 대렴(大廉)이 차(茶)의 씨앗을 가지고 와, 왕이 사자에게 시켜 지리산에 심도록 하였다(三年冬十二月, 入唐廻使大廉, 持茶種子來, 王使植地理山. 茶自善德王時有之, 至於此盛焉)."

Ⅲ-10.

역시 인삼과 같다. 상등품은 상당지역에서 나오며, 중등품은 백제와 신라에
서 생산된다. 하품은 고(구)려에서 나온다. - 『茶經』[234]

육우(733~804)는 중국 각지에서 나는 차를 품평했을 뿐만 아니라 신라와
백제 외에 고구려의 차에 대한 것까지 품평하였다. 사실 신라와 백제의 차는
재배 지역 및 기후 조건을 고려하면 생산 가능성이 있지만, 고구려의 경우는
영토가 대체로 한랭한 북방에 위치한 까닭으로 차 재배가 어렵다는 평이 다
수였다. 또한 육우가 생존했을 당시 고구려는 이미 멸망한 이후이기 때문에
어떻게 '고구려'의 차를 飮茶하여 품평했다는 것인지도 의문이다.

그런데 문제는 중국에서 차에 대한 전문서적을 저술한 저자이자 '茶聖'이
라고 평가받는 육유가 품평한 차의 출처를 오기했다고 여기기도 힘들다는 점
이다. 이 문제에 대해 생각해보면, 그는 어떤 형식으로든 고구려나 백제 등에
서 재배한 차를 마셔봤거나 또는 이를 음다한 이의 품평 및 기록을 듣거나 보
았을 것으로 여겨진다.

(4) 고구려의 구황식물 楡皮
유피는 느릅나무 껍질이다. 이것은 고구려의 온달과 관련된 기록에서 확인할
수 있다.

---

234 陸羽, 『茶經』 卷上, "亦猶人參, 上者生上黨, 中者生百濟, 新羅, 下者生高麗."

Ⅲ-11.

아마도 내 자식은 굶주림을 참지 못하고, 산 속으로 느릅나무 껍질을 가지러

간 듯한데, 오래도록 돌아오지 않고 있습니다. 공주는 집에서 나와서 산 아래

로 갔다. 느릅나무 껍질을 메고 오고 있는 온달을 보았다.   -『三國史記』[235]

사료 Ⅲ-11에서 가난한 온달이 굶주림을 참지 못해 느릅나무 껍질을 식량

화한 내용이 나타나 있다. 이를 통해 느릅나무 껍질은 조선시대의 소나무 껍

질과 마찬가지로 가난한 이들이 먹는 구황식물임을 알 수 있다.

느릅나무는 일본, 중국의 만주, 사할린, 한반도 전역에 분포하는 식물이다.

고구려 전역에 서식하는 느릅나무를 고구려인들은 식량자원화하였다. 그리

하여 열매로 醬을 만들 때에 활용하고 껍질은 구황식료로 이용했다.『齊民要

術』에서는 "집안의 북쪽에 느릅나무 9그루를 심게 되면 뽕나무보다 좋고 밭

곡식보다 훌륭하다" 라는 내용과 더불어 느릅나무의 꼬투리 이용하여 장을

담그고 술을 빚는다고 서술했다.[236]

2) 열매류의 종류

(1) 蕪荑의 쓰임과 특징

무이는 느릅나무 열매로 장류로 만드는 식재료라는 것을 아래의 사료를 통해

---

235 『三國史記』卷45,「列傳」第5 溫達, "惟我息不忍饑, 取楡皮於山林. 久而未還, 公主出行,
　　至山下, 見溫達負楡皮而來, 公主與之言懷."
236 『齊民要術』卷5,「種楡, 白楊」第46, "術曰, 北方種楡九根, 宜蠶桑, 田穀好. 崔寔曰, 楡莢
　　成, 及靑收, 乾以爲旨蓄. 旨, 美也, 蓄, 積也. 司部收靑莢, 小蒸曝之, 至冬以釀酒, 滑香, 宜
　　養老…醬, 音牟, 酺, 音頭, 楡醬."

확인할 수 있다.

Ⅲ-12.

지금은 오직 고려에서만 난다. 모양이 느릅나무의 꼬투리[楡莢]와 비슷하며, 기운과 냄새는 秖儲와 같다. 그곳 사람들은 모두 이것으로 醬을 만들어서 먹는다. 성질이 해충을 죽이며, 물건 안에다 놓아두면 벌레를 막을 수가 있는데, 그 냄새가 독한 것이 걱정이다. ─『本草經集注』外[237]

사료 Ⅲ-12에서 무이에 살충성분이 있으므로 장 자체를 오래 저장하거나 함께 버무려 먹는 식량자원을 장기간 보관할 수 있게 하는 보존료로 기능함을 짐작할 수 있다. 즉, 현재와 같은 저장기술이 미흡했던 당시에 벌레 등에 의해 상하기 쉬운 식재료를 장기간 보존시키는 과정에서 무이의 활용은 필수적이었다고 여겨진다. 그렇기 때문에 食物의 저장이나 보존을 용이하게 하는 무이를 재료로 쓰거나, 무이향이 스며든 식재료로 만든 음식이 고구려에서 상당했을 것으로 추정된다.

이와 같은 무이를 활용한 음식을 당 태종의 고구려 백암성 점령 기록에서도 찾을 수 있다. 蕪荑豉가 그것이다.[238] 백암성민들은 그들과 대면한 당태종에

237 陶弘景, 『本草經集注』 卷4, 「草木中品」, "今唯出高麗, 狀如楡莢, 氣臭如秖儲, 彼人皆以作醬食之. 性殺蟲, 以置物中, 亦辟蛀. 但患其臭爾" : 한치윤, 앞의 책, 「物産志」 第1 竹木類, "무이는, 지금은 오직 고려에서만 난다. 모양이 느릅나무의 꼬투리[楡莢]와 비슷하며, 기운과 냄새는 신저(秖儲)와 같다. 그곳 사람들은 모두 이것으로 장(醬)을 만들어서 먹는다. 성질이 해충을 죽이며, 물건 안에다 놓아두면 벌레를 막을 수가 있는데, 그 냄새가 독한 것이 걱정이다(《本草經集注》). 살펴보건대, 속명은 느릅나무씨이다(蕪荑. 今唯出高麗. 狀如楡莢. 氣臭如秖儲. 彼人皆以作醬食之. 性殺蟲. 置物中. 亦辟蛀. 但患其臭. 按俗名 '느릅나모삐')"

238 『册府元龜』 卷126, 「帝王部」 第126 納降, "성중 父老와 승려가 夷酪과 곤포, 米餠, 蕪荑

게 백암성의 토산물이자 특별한 음식을 건넸을 것이다. 그러므로 무이시는 고구려의 토산물이거나 특별한 음식임을 알 수 있다. 무이시는 『齊民要術』[239]이나 『海東繹史』에서 설명된바 대로 무이를 藏釀하여 만든 장류 음식이라고 할 수 있다.

(2) 고구려의 과일 종류 : 桃·李·梨·五味子

복숭아는 일찍부터 한반도 및 만주지역 각지에서 그 씨앗이 출토된 바가 있어서 오랜 기간 동안 식량자원으로 쓰였음을 알 수 있다. 청동기시대 길림 후석산 유적 등에서는 탄화된 복숭아 씨앗과 개암열매 껍질이 발굴된 바도 있어[240] 채집으로 식량자원을 얻었을 것이다. 복숭아 외에도 잣, 도토리, 돌배, 오얏, 산포도 등을 채집하였음을 유적에서 발굴된 식물유체로 알 수 있다. 복숭아는 과일로서도 선호되었지만 그 씨앗도 桃仁이라하여 약재로 쓰였다. 그러므로 식량자원과 약용으로서 수요가 상당했을 것이다. 고구려의 복숭아와 오얏에 관련된 내용은 다음에서 확인할 수 있다.

Ⅲ-13.

① 고국양왕 3년(386), 겨울 10월 복숭아와 오얏 꽃이 피고, 소가 말을 낳다.

－『三國史記』[241]

敢를 바쳤다. 황제는 그것을 받고서 비단으로 답례했다(城中父老僧尼, 貢夷酪昆布米餅蕪荑敢等, 帝悉爲少受, 而賜之以帛. 高麗喜甚, 皆仰天下拜日, 聖天子之恩非所望也)."

239 『齊民要術』卷5,「種楡, 白楊」第46, "術曰, 北方種楡九根, 宜蠶桑, 田穀好. 崔寔曰, 楡莢成, 及靑收, 乾以爲旨蓄. 旨, 美也, 蓄, 積也. 司部收靑莢, 小蒸曝之, 至冬以釀酒, 滑香, 宜養老…醬, 音牟, 醐, 音頭, 楡醬."

240 董学增·翟立伟, 앞의 글, 2261쪽.

241 『三國史記』卷18,「高句麗本紀」第6 故國壤王條, "三年冬十月, 桃李華, 牛生馬八足二尾."

② 문자명왕 3년(494)·안원왕 10년(540), 겨울 10월 복숭아와 오얏 꽃이 피다.

-『三國史記』[242]

③ 丸都[243]의 오얏

-『新唐書』[244]

사료는 모두 고구려에서 복숭아와 오얏이 있음을 알려주는 자료다. 발해관
련 문헌에서 나오는 오얏은 丸都에서 나는 과일로 발해에서 귀하게 여겼음을
알 수 있다. 비록 발해의 기록에서는 복숭아가 빠졌지만 앞서 고찰한대로 복
숭아의 활용도 이른 시기부터 이뤄졌을 것이다.

발해에서 재배되는 과일 중 귀하게 여긴 것으로 복숭아나 오얏 외에도 배
가 있다.

Ⅲ-14.

樂游의 배

-『新唐書』外[245]

사료 Ⅲ-14의 내용은 『新唐書』에 발해에서 '악유의 배'를 귀하게 여긴다고
기록된 것이다. 이때의 악유가 어디인지는 불명확하지만[246] 발해지역이 고구

---

242 『三國史記』卷19,「高句麗本紀」第7 文咨王條, "三年(494)冬十月, 桃李華";『三國史記』
卷19,「高句麗本紀」第7 安原王條, "십년(540) 겨울 10월에 복숭아나무와 오얏나무에
꽃이 피었다(十年冬十月, 桃李華)."

243 九都는 '丸都'의 誤字이며, 서경압록부(西京鴨淥府) 恒州屬縣(恒州屬縣)의 환도(桓都)
가 이 丸都인 것으로 보인다(국사편찬위원회,『新唐書』渤海傳, 중국정사조선전 웹서
비스 주118 참조).

244 『新唐書』卷219,「北狄列傳」第144 渤海傳, "九都[丸都]之李."

245 『新唐書』卷219,「北狄列傳」第144 渤海傳, "樂游[原]藥游-改]樂游]之梨": 한치윤, 앞
의 책,「物産志」第1 果類.

246 국사편찬위원회,『新唐書』渤海傳, 중국정사조선전 웹서비스 주119 참조.

려의 영토와 대체로 겹치고 고구려를 계승했으므로 발해의 배는 고구려에서도 얻을 수 있었을 것이다.

　오미자는 다섯 가지 맛이 난다고 알려진 과실이다. 산기슭, 특히 돌이 많은 비탈진 곳에 흔히 자라는데 한국과 일본, 중국에 분포한다.[247]

　　Ⅲ-15.
　　오미자는 지금 고려에서 나는 것이 가장 좋은데, 살이 많으면서 시면서도
　　달다.
　　　　　　　　　　　　　　　　　　　　　　　-『本草經集注』外[248]

　사료 Ⅲ-15는 고구려와 동시대 국가인 남조 양나라의 도홍경이 오미자에 대해 설명한 내용이다. 의술이나 양생술에 능했던 도홍경이 '고려'에서 나는 오미자가 가장 좋다고 평가하였다. 이를 통해 외교적 방물이나 교역 등의 어떤 방식으로든 고구려에서 수입된 오미자가 남조에서도 유통되었던 것 같다. 이러한 오미자는 고구려에서도 그 쓰임새가 많았을 것이다. "시면서 달다"는 맛의 평가에 맞는 조미료나 음료로 만들어졌다고 여겨진다.

(3) 고구려의 견과류[249] 海松子·栗

해송자는 지금의 잣이다. 보통 松子라고 하는데 중국 밖에서 나는 송자를 일

247　국가생물종지식정보시스템(http://www.nature.go.kr/wkbik0/wkbik0003.leaf).
248　陶弘景, 『本草經集注』 卷4, 「草木中品」 : 한치윤, 앞의 책 草類, "五味子. 今第一出高麗, 多肉而酸甜."
249　외피가 단단하고 식용부위는 곡류나 두류처럼 떡잎으로 되어 있다. 종류는 밤, 호두, 은행, 잣 등이 포함된다(한국식품과학회, 『식품과학기술대사전』, 광일문화사, 2008, 웹서비스).

컬어 모두 '해'자를 붙인다고 한다.[250]

Ⅲ-16.

발해국왕 大諲은 찬을 지어, 裵璆를 사신으로 파견하였고 인삼과 송자, 곤

포, 황명, 세포, 초서피 하나, 요 여섯, 터럭, 신발, 노비 둘을 보냈다.

-『册府元龜』[251]

　　보통 신라의 잣이 유명하지만 고구려에서 생산되는 잣도 유명했던 것 같

다. 고구려의 영토를 대부분 차지한 발해의 사신은 사료 Ⅲ-16과 같이 중국

과 외교관계를 이어갈 때 예물로 잣을 가져갔다. 발해에서도 잣이 특산품이

었음을 알 수 있다. 이러한 내용을 고구려에 적용한다면 고구려에서도 잣을

특산품 및 방물로 사용하고 식량자원으로 활용하였으리라 생각된다.

　　밤은 고구려가 한반도 중부 지역을 차지한 이후 상당히 사용되었을 것이

다. 본래 밤은 사료 Ⅲ-17-①과 같이 한반도 중·남부에서 소출된 것이 알려

졌고, 후대의 고려시대에도 선호되었다.[252]

250　『和漢三才圖會』卷88「夷果」: 한치윤, 앞의 책 果類, "海松子, 凡出於中國外者. 皆稱海."

251　『册府元龜』卷971,「外臣部 - 朝貢」第17-5, "渤海國王大諲譔, 遣使裵璆, 貢人參松子昆布
　　黃明細布貂鼠皮被一褥六髮靴革奴子二."

252　『高麗圖經』卷23,「土産」, "고려의 밤은 크기가 복숭아만 하며, 단맛이 있어서 먹기에
　　좋다. 옛 기록에 이르기를, "여름에도 밤이 있다"고 하였는데, 그 까닭을 물어보니, "질
　　그릇에 담아서 흙 속에 묻어 두므로 해를 넘겨도 썩지 않는 것이다" 하였다(栗大如桃.
　　甘美可愛. 舊記謂夏月亦有之. 嘗問其故. 乃盛以陶器. 埋土中. 故經歲不損)."

Ⅲ-17.

① 백제는 토지가 낮고 습하며, 큰 밤이 난다.　　　　　　-『隋書』外[253]

② 倭와 韓國의 토종밤은 크기가 계란만 하며, 맛이 좋지 않다.　-『太平御覽』[254]

　고구려는 광개토왕과 장수왕 때에 남하정책을 펴 충청도 및 경상도 영일만 일대까지 점령했다. 고구려에서는 정복지역에서 얻을 수 있는 이러한 밤을 식량자원으로 활용했을 것이다.[255]

　본래 채소를 비롯한 과일류 식량자원은 주로 채집에 의존하여 획득하였다. 야생품종에서 열매를 따거나 산이나 들에서 자라는 소채를 얻는 방법이 선사시대부터의 방법이라면, 고구려에서는 채집과 재배를 병용하였을 것이다. 일반적으로 채소는 한 번에 소비하는 경우가 아니면 생채 그대로는 오래 보관하기 어렵다. 그래서 곧장 소비해야 하는 식량자원이었다. 소비 후 남은 채소의 저장은 필수적이었고, 대체로 건조나 장양법을 택하여 보관하였을 것이다. 간혹 무이를 보존료로 활용하여 최대한 저장기간을 늘렸을 수도 있다.

　사실 채소나 과일은 생존에 반드시 필요한 열량을 주는 식량자원은 아니지만 춥고 긴 겨울을 나야하는 고구려인들에게 채소는 귀중한 무기질 등을 제공하는 식량자원이었다. 그렇기 때문에 가능한 최대로 저장하기 위해 노력

253　『隋書』卷81, 「東夷列傳」第46 百濟傳 : 한치윤, 앞의 책 果類, "厥田下濕, 人皆山居, 有巨栗…."
254　『太平御覽』卷964, 「果部」第1, "毛詩疏義曰,…倭, 韓國上栗, 大如雞子, 亦短味不美."
255　고려를 방문한 바 있는 송대(宋代) 서긍의 기록을 보면 고려의 밤은 오래도록 저장하여 먹는 것이었는데 토기에 넣어 묻는 방법으로 보관했다고(『高麗圖經』卷23, 「土産」, "栗大如桃. 甘美可愛. 舊記謂夏月亦有之. 嘗問其故. 乃盛以陶器. 埋土中. 故經歲不損") 한다. 이러한 방법은 고구려에도 쓸 수 있었다고 생각된다. 고구려에서 발굴되는 다양한 항아리류는 이러한 저장 기능도 수행했을 것이다.

했을 것이다. 오랜 저장이 가능한 밤이나 잣, 더덕, 인삼과 같은 특산품의 경
우는 국가가 지역 생산물을 거둬 관리하고 조정하였을 것으로 판단된다. 문
헌에 기록되지 않은 버섯류나 산채류 등의 임산물도 더 있었을 것이며, 양잠
[256]이나 매화[257]와 같은 기록으로 뽕나무의 열매인 오디나 매실을 활용하였음
도 짐작할 수 있다.

산과 들, 논과 밭에서 얻을 수 있는 식량자원의 다양성은 영역의 확대와 더
불어 새로운 저장 및 소비기술의 발전을 촉진시켰을 것이다. 결국 이와 같은
것을 얻어내고 활용하는 것은 고구려인들이 그들의 삶을 보다 잘 영위하기
위해 노력한 결과라고 할 수 있겠다.

3. 고구려의 식육류 종류와 양상

1) 식육류의 종류

고구려에서는 가축사육과 수렵을 통한 야생동물의 확보를 통해 육류 식자원
을 얻었다. 부여와 관련된 문헌 및 주몽의 탄생설화에서 확인된 가축은 소와

---

256 『三國史記』卷19, 「高句麗本紀」第7 平原王條, "25년(583) 2월에 명령을 내려 급하지 않
　　은 일을 줄이고, 사신을 군(郡)·읍(邑)으로 보내 농사와 누에치기를 권장하였다(二十午
　　年二月 下令減不急之事 發使郡邑勸農桑)" ; 『三國志』卷30, 「魏書 東夷傳」第30 濊傳,
　　"마포가 있으며 누에를 쳐서 옷감을 만든다(有麻布, 蠶桑作緜)."
257 『三國史記』卷14, 「高句麗本紀」第2 大武神王條, "24년(41년) 8월 매화가 피었다(二十四
　　年秋八月 梅花發)."

말, 개와 돼지, 닭이다.[258] 흔히, 오축이라 불리는 이러한 가축에 대해 고구려와 부여 및 주변 국가에서는 얼마나, 어떻게 사육하고 소비했는지 살펴보도

---

258 『三國史記』卷13,「高句麗本紀」第1 東明聖王條, "금와가 이를 이상하게 여겨서 방 안에 가두었는데, 햇빛이 비취어 몸을 끌어당겨 햇빛을 피하였으나 햇빛이 또 따라와 비쳤다. 이로 인하여 아이를 임신하여 알 하나를 낳았는데 크기가 5승(升)쯤 되었다. 왕이 알을 버려 개와 돼지에게 주었으나 모두 먹지 않았다. 또 길 가운데 버렸으나 소나 말이 피하였다. 나중에는 들판에 버렸더니 새가 날개로 덮어 주었다. 왕이 이를 가르려고 하였으나 깨뜨릴 수가 없어 마침내 그 어머니에게 돌려주었다(金蛙異之, 幽閉於室中. 爲日所炤, 引身避之, 日影又逐而炤之. 因而有孕, 生一卵, 大如五升許. 王棄之與犬豕, 皆不食, 又棄之路中, 牛馬避之, 後棄之野, 鳥覆翼之)"; 『魏書』卷100,「列傳」第88 高句麗傳, "주몽의 어머니는 河伯의 딸로서 夫餘王에게 방에 갇혀 있던 중, 햇빛이 비치는 것을 몸을 돌려 피하였으나 햇빛이 다시 따라와 비추었다. 얼마 후 잉태하여 알 하나를 낳았는데, 크기가 닷 되(升)들이 만하였다. 부여왕이 그 알을 개에게 주었으나 개가 먹지 않았고, 돼지에게 주었으나 돼지도 먹지 않았다. 길에다 버렸으나 소나 말들이 피해 다녔다. 뒤에 들판에 버려 두었더니 뭇새가 깃털로 그 알을 감쌌다. 부여왕은 그 알을 쪼개려고 하였으나 깨뜨릴 수 없게 되자, 결국 그 어머니에게 돌려주고 말았다(朱蒙母河伯女, 爲夫餘王閉於室中, 爲日所照, 引身避之, 日影又逐. 旣而有孕, 生一卵, 大如五升. 夫餘王棄之與犬, 犬不食, 棄之與豕, 豕又不食;棄之於路, 牛馬避之, 後棄之野, 衆鳥以毛茹之. 夫餘王割剖之, 不能破, 遂還其母. 其母以物裹之, 置於暖處, 有一男破殼而出)"; 『論衡』卷2「吉驗」, "북이 槖離國 왕의 시녀가 임신을 하자 왕이 죽이고자 하였다. 시녀가 말하길 계란만한 기(氣)가 들어와 임신했다 하여 죽이지 않고 옥에 가두었는데 마침내 아들을 낳았다. 왕이 그 아이를 돼지 우리, 마굿간에 버렸으나 돼지와 말이 보호해 죽지 않자 어머니에게 주어 기르도록 하니 이가 바로 동명(東明)이다. 동명이 장성하여 활을 잘 쏘자 왕이 그 용맹함을 꺼리어 죽이려 하자 남쪽으로 도망하는데 고기와 자라들이 엄체수를 건너게 도와주어 무사히 건넌 후 부여에 도착하여 왕이 되었다(北夷槖離國王侍婢有娠, 王欲殺之. 婢對日, 有氣大如鷄子, 從天而下, 我故有娠. 後產子, 捐於猪溷中, 猪以口氣噓之, 不死. 復徙置馬欄中, 欲使馬藉殺之, 馬復以口氣噓之, 不死. 王疑以爲天子, 令其母收取, 奴畜之, 名東明, 令牧牛馬. 東明善射, 王恐奪其國也, 欲殺之. 東明走, 南至掩淲水, 以弓擊水, 魚鼈浮爲橋, 東明得渡. 魚鼈解散, 追兵不得渡. 因都王夫餘, 故北夷有夫餘國焉. 東明之母初姙時, 見氣從天下. 及生, 棄之, 猪馬以氣吁之而生之. 長大, 王欲殺之, 以弓擊水, 魚鼈爲橋. 天命不當死, 故有猪馬之救命. 當都王夫餘, 故有魚鼈爲橋之助也)"; 『梁書』卷54,「東夷列傳」第48 高句驪傳, "지난번 하늘에 크기가 달걀만한 氣가 있어 나에게로 떨어져 내려오는 것을 보았는데, 그대로 임신이 되었다(前見天上有氣如大鷄子, 來降我, 因以有娠)."

록 한다. 그 외에 야생동물에 대해 문헌 및 벽화그림을 통해 알아본다.[259]

(1) 고구려의 牛 활용과 양상

소는 고구려와 부여, 예와 옥저에 모두 분포한다. 소는 일반적으로 축력을 대표하는 가축이기 때문에 물건을 운반하거나 牛車를 끄는 용도, 농사를 위한 목적으로 길러지지만 때로는 식용재료로도 사용된다. 소와 관련된 사료는 다음과 같다.

A. 고구려

가. 금석문자료

① 영락5년(395) 을미년으로 왕은 패려가 조공하지 않기 때문에 몸소 토벌에 나섰다. 부산을 넘어 산을 등지고 염수에 이르러 패려의 부락 6~7백영을 부수고 소와 말, 양떼를 헤아릴 수 없이 노획했다. 그곳에서 돌아오면서 양평도를 거쳐 동으로 왔다. □성, 역성, 북풍에 이르러 왕은 사냥준비를 시켰다. 순유와 사냥을 하며 돌아왔다. 백제와 신라는 옛 속국민이 되었다.   - 「광개토왕비문」[260]

② (408)무덤을 만드는데 만명의 공력이 들었고, 날마다 소와 양을 잡아서 술과 고기, 쌀은 먹지 못할 정도다.   - 「덕흥리 묘지명」[261]

---

259 사료 제시 순서는 금석문자료에서 얻는 사료를 가장 먼저 제시하고 두 번째로 우리측의 기록인 『三國史記』와 『三國遺事』의 내용을 배열한다. 이후 중국측의 문헌은 기록된 순서로 배열하도록 한다.

260 광개토대왕비釋文 1면, "永樂五年(395), 歲在乙未, 王以碑麗不歸□人, 躬率往討, 過富山負山, 至鹽水上, 破其三部(族), 六七百營, 牛馬群羊, 不可稱數, 于是旋駕, 因過襄平道, 東來□城, 力城, 北豊, 王備獵, 游觀土境, 田獵而還. 百殘, 新羅, 舊是屬民."

261 덕흥리고분 묘지명, "造欑萬功日煞牛羊酒 米粲不可盡掃旦食鹽豉食一椋記.

나. 국내문헌

-『三國史記』공통

① 고국양왕 3년(386)겨울에 복숭아와 오얏 꽃이 피고, 소가 말을 낳아 다리가 8개이고 꼬리가 2개다.[262]

② 보장왕 4년(645) 획득한 말이 5만 필과 소가 5만 두와 明光鎧 1만 벌이고 다른 기계도 그 정도였다.[263]

③ 이에 값비싼 팔찌를 팔고 농지와 집, 노비 및 소와 말 그리고 그릇붙이를 구입하여 살림살이에 필요한 물품을 모두 갖추었다.[264]

다. 중국문헌

① 소와 말을 죽인 자는 노비로 삼는다.…노획물은 말이 3만필, 소가 5만두, 명광갑이 5천벌이고, 기타의 器械들도 이에 맞먹었다.   -『舊唐書』外[265]

---

262 『三國史記』卷18,「高句麗本紀」第6 故國壤王條, "三年冬十月, 桃李華, 牛生馬八足二尾."

263 『三國史記』卷21,「高句麗本紀」第9 寶藏王條 :『唐會要』卷95, 高句麗, 貞觀十九年 (645)四月, "四年(645)…獲馬五萬匹·牛五萬頭·明光鎧萬領, 它器械稱是."
　이러한 내용과 유사한 사료로『新唐書』卷220,「東夷列傳」第145 高句麗傳, "소와 말을 죽인 자는 노비로 삼는다. …男建이 군사 5만으로 扶餘[城]을 습격하자, [李]勣은 薩賀水 위에서 그를 쳐부수어 5千級의 머리를 베고, 3만명을 포로로 사로잡았다. 器械와 소와 말도 이에 맞먹었다. 진격하여 大行城을 탈취하였다(殺牛馬者沒爲奴婢···男建以 兵五萬襲扶餘, 勣破之薩賀水上, 斬首五千級, 俘口三萬, 器械牛馬稱之. 進拔大行城)";『通典』卷186,「邊防 東夷」第2-下 高句麗傳, "가축에는 소와 돼지가 있다. …노획물은 말이 5만필, 소가 5만두, 甲이 1만벌이다(畜有牛豕···(645)獲馬五萬匹, 牛五萬頭, 甲一 萬領)";『太平寰宇記』卷173,「四夷 東夷」第2-2 高勾驪國傳, "소와 말이 피했다…가축 에는 소와 돼지가 있다. …말갈인 3천인을 구덩이에 묻었다. 획득한 말은 5만필, 소는 5 만두, 갑은 1만개이다(牛馬避之…畜有牛豕…獲馬五萬匹, 牛五萬頭, 甲一萬領)";『册府 元龜』卷126,「帝王部」第126 納降條, "말갈인 3천3백인, 구덩이에 파묻어 죽였다. 말 은 5만필 획득하고 소는 5만두, 광명갑은 1만개를 얻었다(收靺鞨三千三百人, 盡坑殺之, 獲馬五萬匹, 牛五萬頭, 光明甲一萬領)."

264 『三國史記』卷45,「列傳」第5 溫達條, "乃賣金釧, 買得田宅·奴婢·牛馬·器物·資用完具."

265 『舊唐書』卷199,「東夷列傳」第149 高句麗傳 :『新唐書』卷220,「東夷列傳」第145 高句 麗傳, "殺牛馬者, 沒身爲奴婢. …獲馬三萬疋·牛五萬頭·明光甲五千領, 他器械稱是."

② 고려에서 전하길…주몽의 신부를 맞이하고 날마다 소를 죽여 제사를 지

냈다. - 『册府元龜』[266]

③ 하늘에 지내는 제사를 동맹이라고 한다. 군사 일에도 또한 그때마다 하

늘에 제사를 지내는데, 소를 죽여 발굽을 보고 길흉을 점친다.

- 『太平御覽』外[267]

B. 부여

① 六畜의 이름으로 관명을 지어 馬加·牛加·豬加·狗加 등이 있다…친정집

에서 [그 부인의 시체를] 가져가려면 소와 말을 바쳐야 내어준다…전쟁

을 하게 되면 그 때에도 하늘에 제사를 지내고, 소를 잡아서 그 발굽을

가지고 吉·凶을 점친다. - 『三國志』外[268]

② 양방 『五經鉤沉』에서 이르길, 동이의 사람은 소뼈로 점을 친다고 한다.

- 『太平御覽』[269]

C. 옥저·예

c-1. 옥저

① 소나 말이 적다. - 『三國志』外[270]

---

266 『册府元龜』 卷369, 「將帥部」 第30 攻取條, "高麗云…進朱蒙爲婦, 日搥牛以祭之."
267 『太平御覽』 卷783, 「四夷部 東夷」 第4-4 高句驪條 : 『翰苑』, 「蕃夷部」 高麗, "祭天, 名曰
　　東盟. 有軍事亦祭天, 殺牛觀蹄, 以占吉凶."
268 『三國志』 卷30, 「魏書 東夷傳」 第30 夫餘傳 : 『後漢書』 卷85, 「東夷列傳」 第75 夫餘傳 :
　　『晉書』 卷97, 「東夷列傳」 第67 夫餘傳 : 『通典』 卷185, 「邊防 東夷」 第1-上 夫餘傳 : 『册
　　府元龜』 卷959, 「外臣部 土風」 第4-1 : 『册府元龜』 卷962, 「外臣部 官號」 第7 : 『太平御
　　覽』 卷726, 「方術部 牛蹄卜」 第7 : 『太平御覽』 卷781, 「四夷部 東夷」 第2-2 夫餘傳 : 『翰
　　苑』, 「蕃夷部」 夫餘, "有馬加·牛加·豬加·狗加·大使·大使者·使者…女家欲得, 輸牛馬乃與
　　之…有軍事亦祭天, 殺牛觀蹄以占吉凶."
269 『太平御覽』 卷899, 「獸部 牛」 第11-中, "楊方 五經鉤沉曰, 東夷之人以牛骨占事."
270 『三國志』 卷30, 「魏書 東夷傳」 第30 東沃沮傳 : 『册府元龜』 卷959, 「外臣部 土風」 第4-1
　　東沃沮傳 : 『太平御覽』 卷784, 「四夷部 東夷」 第5-5 沃沮傳, "少牛馬."

② 대가는 고려 관명으로 소위 마가, 우가, 구가와 같은 것이다.

-『太平寰宇記』外[271]

c-2. 예

부락을 함부로 침범하면 벌로 生口와 소·말을 부과하는데, 이를 '責禍'라 한다.

-『三國志』外[272]

소는 사료 A-가-②에서와 같이 식량자원으로도 활용된다. 아마도 덕흥리 고분의 묘주인 鎭이 묘지명에까지 소고기를 먹는다고 기록한 것은 고대에 소가 식육재로 잘 소비되지 않았던 탓으로 여겨진다. 흔치않은 소고기를 먹을 수 있는 계층은 주로 부유한 귀족 지배층으로 한정되어 있었을 것이다. 그렇기 때문에 묘주인인 鎭이 소고기를 자주 먹었다는 내용을 과시적으로 묘지명에 기록한 것으로 보인다.

이 외에 사료에서 보이는 소의 용도는 주로 재화(사료 A-나-③, A-다-①, B-①, C-2), 제사 및 점복에 사용되는 수단(사료 A-다-②, A-다-③, B-①, B-②), 전리품(사료 A-가-①, A-나-②, A-다-①) 등이다. 소는 고구려, 부여, 예에서 재화로의 의미를 갖는데 이것은 소가 역축으로서 다방면으로 활용가능하기 때문이다. 특히, 농업국가인 고구려, 부여, 예는 농작물의 생산이 중요하기에 深耕을 위해 소

---

271 『太平寰宇記』卷175,「四夷 東夷」第4-4 東沃沮傳, "大加高麗官號, 所謂馬加·牛加·狗加": 『通典』卷186,「邊防 東夷」第2-下 東沃沮傳, "또한 대가로 하여금 통치하게 하는데, [대가는 고구려 관호로 소위 마가, 우가, 양가 구가라고 부른다] 그 지역에 따라 크고 작음이 있다(又使大加統之, [大加, 句麗官號, 所謂有馬·牛·羊·狗加] 其所部有大小)."

272 『三國志』卷30,「魏書 東夷傳」第30 濊傳 : 『後漢書』卷85,「東夷列傳」第75 濊傳 : 『通典』卷185,「邊防 東夷」第1-上 濊傳 : 『太平寰宇記』卷172,「四夷 東夷」第1-1 濊國傳 : 『册府元龜』卷959,「外臣部 土風」第4-1 東沃沮傳 : 『太平御覽』卷780,「四夷部 東夷」第1-1 濊貊傳, "輒相罰責生口牛馬, 名之爲責禍."

가 필요했다. 이처럼 소를 활용하여 얻을 수 있는 생산력이 상당하기 때문에 고구려에서는 사료 A-다-①과 같이 소를 해친 자를 노비로 만들었을 것이다.

부여도 소가 귀했기 때문에 사료 B-①과 같이 관직명에 소의 이름을 붙였다. 아울러 투기한 부인의 시신을 친정에서 돌려받기 위해서는 값비싼 소를 비용으로 지불해야 했다. 예도 고구려 및 부여와 같이 소를 귀하게 여겼다. 그 이유를 사료 C-2를 통해 알 수 있는데, 부락침범을 하면 그 징벌로써 소를 납부해야 했다.

한편, 점복에 사용되는 수단으로서의 소는 큰일을 앞두고 길흉을 점치기 위해 소를 죽여 그 뼈를 활용하는 것이다. 주로 특정한 부위로 점을 치기 때문에 이를 제외한 나머지는 식육재로 활용되어, 제사에 참가한 사람들과 나눴을 가능성이 크다. 점을 칠 때나, 제사에 제물로 바쳐진 소는 도축되었기 때문에 반드시 어떻게든 소비해야 할 것이다.

이 때, 소고기를 소비할 방법은 음식으로 만들어 먹는 것이다. 제사나 제례에 참가한 사람들은 소고기로 만든 음식을 함께 나누어 먹으며 소속감이나 동질감 등의 감정적 교류를 나눴으리라 추측된다. 따라서 점복의 수단 및 사료 A-다-②에서와 같이 주몽 제사 등을 통해 얻어지는 소고기는 특별한 날에 먹을 수 있는, 특별한 식육재로서 고구려인 및 부여인들에게 귀하게 기억되었을 것이다.

전리품으로서 소는 전쟁에서 승리한 군이 점령한 지역에서 얻을 수 있는 재화였다. 소는 축력, 고기, 가죽, 뼈, 우유 등을 제공하는 유용한 가축이었다. 여러 용도로의 활용도가 높은 소는 재산으로서의 가치가 충분했기 때문에 무엇보다 소를 전리품으로 챙겼다고 생각된다. 또한 회군할 때 소는 짐을 운반하는 용도로 쓸 수 있고, 필요할 때는 죽여서 식용할 수 있기 때문에 군대는 소를 확보할 필요가 있었다.

그림22 안악3호분 외양간

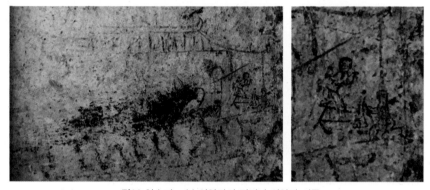

그림23 약수리 고분 외양간의 정경과 외양간 시종

　이러한 소와 관련된 그림들이 고구려의 벽화무덤에 있다.[273] 안악3호분의 동쪽 곁방 남벽(그림22)과 약수리고분 앞방 남벽(그림23-左), 덕흥리고분 널방 남벽 서쪽(그림24)에는 소들이 있는 외양간이 그려져 있다. 특히, 약수리 고분

273　벽화무덤의 그림은 국립문화재연구소의 북한문화재자료관에서 검색(http://north. nricp.go.kr/nrth/kor/inx/index.jsp).

그림24 덕흥리고분 외양간

그림25 덕흥리고분 우교차

의 경우에는 소 외에도 소에게 여물을 먹일 준비를 하는 시종(그림23-右)까지 그려져 있어 고구려에서 소를 어떻게 여기는지 여실히 보여준다. 덕흥리 고분 널방 북벽(그림25)과 무용총고분 널방 오른쪽 벽화에는 牛轎車(그림26)가 그려져 있는데, 식용을 비롯해서 재화나 농사수단, 점복 및 제물로의 쓰임 이외에도 소가 교통수단으로 사용되었음을 알 수 있다.

아울러 소가 식량자원으로 활용될 때 빼놓을 수 없는 것은 우유다. 우유를 얼마나 얻었고 어떻게 소비하였는지를 세세히 확인할 수는 없다. 그러나 고

그림26 무용총 우교차

구려의 음료 가운데 가축의 젖류를 활용한 '酪'[274]이 있기 때문에 소의 젖인 우유도 사용했을 가능성이 높다고 하겠다.[275]

(2) 고구려에서의 馬 사육과 양상

고구려의 신화에는 시조인 주몽의 탄생부터 남하 과정에서 말이 주요하게 등장하였다. 실제로도 고구려나 부여 모두 좋은 말이 나는 곳이었는데, 고구려의 말과 관련된 사료는 다음과 같다.

---

274 酪에 대해서는 Ⅳ장에서 다룬다.

275 최근 중국 만주지역 하얼빈 인근지역에서 발굴된 1만년 전의 소뼈를 연구하여 만주지역에서 소가 독자적인 순화를 통해 가축화되었다는 연구결과를 내놓았다. 중국을 비롯해서 영국, 덴마크, 아일랜드 등의 여러 나라 과학자가 공동으로 참여한 연구는 그동안 학계의 다수설이었던 10,500년 전에 近東지역에서 최초로 소를 길들여 기르기 시작했다는 소의 순화 기원지 단일중심설을 뒤집는 것이다. 10,660년을 전후한 소뼈를 통해 원시소와 현재 가축으로 기르는 소 사이에 있었던 과도종과 특징이 일치하는 것을 밝혀냈다(Hucai Zhang, Johanna L.A. Paijmans, Fengqin Chang, iaohong Wu, Guangjie Chen, Chuzhao Lei, Xiujuan Yang, Zhenyi Wei, Daniel G. Bradley, Ludovic Orlando, Terry O' Connor&Michael Hofreiter, 「Morphological and genetic evidence for early Holocene cattle management in northeastern China」, 『Nature Communications』 Online, 2013[8 Nov] http://www.nature.com/ncomms/2013/131108/ncomms3755/full/ncomms3755.html).

A. 고구려

가. 금석문자료

영락5년(395) 을미년으로 왕은 패려가 조공하지 않기 때문에 몸소 토벌에 나섰다. 부산을 넘어 산을 등지고 염수에 이르러 패려의 부락 6~7백영을 부수고 소와 말, 양떼를 헤아릴 수 없이 노획했다. 그곳에서 돌아오면서 양평도를 거쳐 동으로 왔다. □성, 역성, 북풍에 이르러 왕은 사냥준비를 시켰다. 순유와 사냥을 하며 돌아왔다. 백제와 신라는 옛 속국민이 되었다.

-「광개토왕비문」[276]

나. 국내문헌

-『三國史記』공통

① 유리왕 3년(서기 전17) 7월 왕은 그 말을 듣고 말을 채찍질하여 따라갔으나 치희는 성을 내고 돌아오지 않았다. …11년(서기 전9) 여름4월 부분노의 공을 생각하여 왕이 이에 황금 30근과 좋은 말 10필을 내려 주었다. …19년(서기전 1) 가을 8월에 제사지낼 돼지가 달아났다. …21년 봄 3월에 하늘에 제사지낼 돼지가 달아났다. …신이 돼지를 쫓아 국내 위나암에 이르니……28년 봄3월 [해명태자는] 礪津의 동쪽 들판으로 가서 창을 땅에 꽂고 말을 타고 달려 찔려 죽었다. …28년(9) 가을 8월 [금와왕이] 욕되게 말을 기르게 하였던 까닭에 [주몽이] 불안하여 도망해온 것이다.[277]

② 대무신왕 3년(20) 가을 9월 왕이 骨句川에서 사냥하다가 신마를 얻어 이

---

276 광개토대왕비釋文 1면, "永樂五年(395), 歲在乙未, 王以碑麗不歸□人, 躬率往討, 過富山負山, 至鹽水上, 破其三部(族), 六七百營, 牛馬群羊, 不可稱數, 于是旋駕, 因過襄平道, 東來□城, 力城, 北豊, 王備獵, 游觀土境, 田獵而還. 百殘, 新羅, 舊是屬民."

277 『三國史記』卷13,「高句麗本紀」第1 琉璃王條, "三年(서기전 17)七月 王聞之, 策馬追之, 雉姬怒不還. …十一年(서기전 9)夏四月…王乃賜黃金三十斤·良馬一十匹. …二十八年春三月…乃往礪津東原, 以槍揷地, 走馬觸之而死. …十九年(서기전 1)秋八月, 郊豕逸. …二十一年春三月, 郊豕逸. …臣逐豕至國內尉那巖…二十八年(9)秋八月…辱之以牧馬, 故不安而出."

름을 駏驉라고 하였다. …5년(22) 봄 2월 부여 왕은 온 나라를 동원하여
출전해서 방비하지 않는 사이에 엄습하려고 말을 몰아 전진해 왔다.…골
구천의 신마를 잃었다. …5년봄 3월 신마 거루가 부여 말 1백 필을 거느
리고 학반령 아래 車廻谷에까지 왔다. …15년(32) 봄 3월…남의 처첩·소
와 말·재화를 빼앗고 자기하고 싶은 대로 하여, 주지 않는 자가 있으면 그
를 매질하였으므로 사람들이 모두 분하고 원망스럽게 여겼다.[278]

③ 태조대왕 69년(121) 겨울 10월 숙신사신이 와서 자주색 여우가죽 옷과
흰 매, 흰 말을 바쳤다.[279]

④ 동천왕 왕이 다른 곳으로 나가 놀기를 기다려 사람을 시켜 왕이 타는 말
의 갈기를 자르게 하였다.[280]

⑤ 고국양왕 3년(386)겨울에 복숭아와 오얏 꽃이 피고, 소가 말을 낳아 다
리가 8개이고 꼬리가 2개다.[281]

⑥ 안장왕 5년(532)11월에 사신을 魏에 들여보내 좋은 말 10필을 바쳤다.[282]

⑦ 보장왕 4년(645)…획득한 말이 5만 필과 소가 5만 두와 명광개 1만 벌

---

278 『三國史記』卷14, 「高句麗本紀」 第2 大武神王條, "三年(20)秋九月, 王田骨句川得神馬,
名駏驉. …五年(22)春二月…扶餘王擧國出戰, 欲掩其不備, 策馬以前, 陷濘不能進退. …從
間道潛軍夜出, 失骨句川神馬. …五年春三月…神馬駏驉將扶餘馬百匹, 俱至鶴盤嶺下車廻
谷. …十五年(32)春三月 黜大臣仇都·逸苟·焚求等三人爲庶人. 此三人爲沸流部長, 資貪鄙,
奪人妻妾牛馬財貨, 恣其所欲, 有不與者卽鞭之, 人皆忿怨."

279 『三國史記』卷15, 「高句麗本紀」 第3 太祖大王條, "六十九年(121)春…擊殺穢貊渠帥, 盡獲
兵馬財物. …六十九年冬十月, 肅愼使來獻紫狐裘及白鷹白馬, 王宴勞以遣之."

280 『三國史記』卷17, 「高句麗本紀」 第5 東川王條, "候王出遊, 使人截王路馬鬣."

281 『三國史記』卷18, 「高句麗本紀」 第6 故國壤王條, "三年(386)冬十月 桃李華 牛生馬 八足
二尾."

282 『三國史記』卷19, 「高句麗本紀」 第7 安藏王條, "五年(532)冬十一月, 遣使朝魏進良馬
十匹."

이고 다른 기계도 그 정도였다.[283]

⑧ 농지와 집, 노비 및 소와 말 그리고 그릇붙이를 구입하여…처음 말을 살 적에 공주가 온달에게 "시장 사람들의 말을 사지 말고, 반드시 國馬 중에서 병들고 쇠약해 내놓은 말을 골라서 사 오세요."라고 하였다. 온달은 그 말대로 하였다. 공주가 매우 열심히 기르니 말은 날마다 살찌고 건장해졌다.…이때 온달도 그동안 기른 말을 가지고 따라갔다.[284]

다. 중국문헌

① 그 나라의 말은 모두 체구가 작아서 산에 오르기에 편리하다. …위궁은 용감하고 힘이 세었으며, 말을 잘 타고 사냥에서 활을 잘 쏘았다.

-『三國志』外[285]

---

283 『三國史記』卷21,「高句麗本紀」第9 寶臧王條 :『唐會要』卷95 高句麗, "貞觀十九年(645)四月, 獲馬五萬匹·牛五萬頭·明光鎧萬領, 它器械稱是."
이러한 내용과 유사한 사료로『新唐書』卷220,「東夷列傳」第145 高句麗, "소와 말을 죽인 자는 노비로 삼는다. …男建이 군사 5만으로 扶餘[城]을 습격하자, [李]勣은 薩賀水 위에서 그를 쳐부수어 5千級의 머리를 베고, 3만명을 포로로 사로잡았다. 器械와 소와 말도 이에 맞먹었다. 진격하여 大行城을 탈취하였다(殺牛馬者沒爲奴婢…男建以兵五萬襲扶餘, 勣破之薩賀水上, 斬首五千級, 俘口三萬, 器械牛馬稱之. 進拔大行城)";『通典』卷186,「邊防 東夷」第2-下 高句麗傳, "가축에는 소와 돼지가 있다. …노획물은 말이 5만필, 소가 5만두, 갑이 1만벌이다(畜有牛豕…獲馬五萬匹, 牛五萬頭, 甲一萬領)";『太平寰宇記』卷173,「四夷 東夷」第2-2 高勾驪國傳, "소와 말이 피했다. …가축에는 소와 돼지가 있다.…말갈인 3천인을 구덩이에 묻었다. 획득한 말은 5만필, 소는 5만두, 갑은 1만개이다(牛馬避之…畜有牛豕…獲五萬匹, 牛五萬頭, 甲一萬領)";『册府元龜』卷126,「帝王部」第126 納降條, "말갈인 3천3백인, 구덩이에 파묻어 죽였다. 말은 5만필 획득하고 소는 5만두, 광명갑은 1만개를 얻었다(收靺鞨三千三百人, 盡坑殺之, 獲馬五萬匹, 牛五萬頭, 光明甲一萬領)."

284 『三國史記』卷45,「列傳」第5 溫達條, "乃賣金釧, 買得田宅·奴婢·牛馬·器物·資用完具. …初買馬, 公主語溫達曰, 愼勿買市人馬, 湏擇國馬病瘦而見放者, 而後換之. 溫達如其言. 公主養飼甚勤. 馬日肥且壯. …溫達以所養之馬随行."

285 『三國志』卷30,「魏書 東夷傳」第30 高句麗傳 :『梁書』卷54,「東夷列傳」第48 高句驪傳 :『魏書』卷100,「列傳」第88 高句麗傳, "其馬皆小, 便登山. …位宮有力勇, 便鞍馬, 善獵射."

② (439)太祖가 北[魏]를 토벌하고자 [高]璉에게 말을 바치라 조서를 내리자, 璉이 말 8백필을 바쳤다.　　　　　　　　　　　　　　　　　-『宋書』[286]

③ 키가 석 자 쯤 되는 말이 나는데, 옛날 주몽이 탔던 말이라고 하며, 그 말의 종자가 바로 果下馬다.　　　　　　　　　　　　　　　-『魏書』外[287]

④ 매장이 끝나면 죽은 사람이 생존시에 썼던 의복·노리개·수레·말 등을 가져다가 무덤 옆에 놓아두는데, 장례에 참석한 사람들이 다투어 [그것을] 가져간다.　　　　　　　　　　　　　　　　　　-『北史』[288]

⑤ 소와 말을 죽인 자는 노비로 삼는다.…노획물은 말이 3만필, 소가 5만두, 명광갑이 5천벌이고, 기타의 器械들도 이에 맞먹었다.　　　-『舊唐書』外[289]

⑥ 불타 죽은 자가 만여 명이고 소, 말, 개, 돼지는 셀 수 없다.　-『册府元龜』[290]

⑦ 소방등(528~549, 南朝 梁)이 삼십국춘추에서 이르길, 고구려에서 천리마와 살아있는 말곰 가죽, 말다래를 보내자 남연의 왕이 크게 기뻐하며 물소, 말하는 새로 답했다.　　　　　　　　　　　　　　-『太平御覽』[291]

⑧ 태상 4년(408) 고려사신이 와서 미녀 10명과 천리마1필을 바쳤다.
　　　　　　　　　　　　　　　　　　　　　　　　-『太平御覽』[292]

---

286 『宋書』卷97,「夷蠻列傳」第57 高句麗傳, "元嘉 十六年(439), 太祖欲北討, 詔璉送馬, 璉獻馬八百匹."

287 『魏書』卷100,「列傳」第88 高句麗傳 :『太平寰宇記』卷173,「四夷 東夷」第2-2 高勾驪國傳, "出三尺馬, 云本朱蒙所乘, 馬種卽果下也."

288 『北史』卷94,「列傳」第82 高句麗傳, "取死者生時服玩車馬置墓側, 會葬者爭取而去."

289 『舊唐書』卷199,「東夷列傳」第149 高句麗傳 :『新唐書』卷220,「東夷列傳」第145 高句麗傳, "殺牛馬者, 沒身爲奴婢. …獲馬三萬疋·牛五萬頭·明光甲五千領, 他器械稱是."

290 『册府元龜』卷117,「帝王部 親征」第1-2, "燒死者萬餘人, 牛馬犬彘不可勝數."

291 『太平御覽』卷359,「兵部」第90 障泥, "蕭方等三十國春秋曰, 高句驪以千里馬生羆皮障泥, 獻于南燕, 燕王超大悅, 答以水牛·能言鳥."

292 『太平御覽』卷895,「獸部 馬」第7-3, "太上四年, 高麗使至, 獻美女十人·千里馬一疋."

⑨ 고려 중에서 이 산이 가장 크니, 30리 사이를 오직 네마리 말이 끄는 수레만이 지나다닌다. … 일찍이 [주몽이] 아직 말을 갖고 있지 않을 때, 이 산까지 가서, 갑자기 말떼가 굴에서 나오는 것을 보았다. 꼴은 작으나 튼튼하고 잘 달린다. 때문에 [이 산을] 馬多山이라 일컫는다.　　　　-『翰苑』[293]

B. 부여

① 좋은 말이 난다.　　　　　　　　　　　　　　　　　-『晉書』[294]

② 조선의 말은 갈기를 흐트러뜨리고 혀를 빼물고 달린다. 능히 준마로 이루기 위해서는 처음부터 그것을 배워야 한다.　　　　-『太平御覽』[295]

C. 옥저·예

c-1. 옥저

① 소나 말이 적다.　　　　　　　　　　　　　　　　-『三國志』外[296]

② 대가는 고려 관명으로 소위 마가, 우가, 구가와 같은 것이다.

-『太平寰宇記』外[297]

③ 동옥저에는 果下馬가 있다.　　　　　　　　　　　-『翰苑』[298]

293　『翰苑』,「蕃夷部」高麗, "高驪記曰, 馬多山在國北, 高驪之中, 此山最大. 卅里間, 唯通匹馬. …初未有馬, 行至此山, 忽見群馬出穴中, 形小向酸, 因號馬多山也."

294　『晉書』卷97,「東夷列傳」第67 夫餘傳, "出善馬."

295　『太平御覽』卷897,「獸部 馬」第9-5, "朝鮮之馬, 被鬣踞齧, 能使其成騏驥者, 習之故也."

296　『三國志』卷30,「魏書 東夷傳」第30 東沃沮傳 :『册府元龜』卷959,「外臣部 土風」第4-1 東沃沮傳 :『太平御覽』卷784,「四夷部 東夷」第5-5 沃沮傳, "少牛馬."

297　『太平寰宇記』卷175,「四夷 東夷」第4-4 東沃沮傳, "大加高麗官號, 所謂馬加·牛加·狗加." ;『通典』卷186,「邊防 東夷」第2-下 東沃沮傳, "또한 대가로 하여금 통치하게 하는데, [대가는 고구려 관호로 소위 마가, 우가, 양가 구가라고 부른다] 그 지역에 따라 크고 작음이 있다(又使大加統之, [大加, 句麗官號, 所謂有馬·牛·羊·狗加] 其所部有大小)."

298　『翰苑』,「蕃夷部」高麗, "東沃沮…有菓下馬."

c-2. 예

① 부락을 함부로 침범하면 벌로 生口와 소·말을 부과하는데, 이를 '責禍'라
  한다.   -『三國志』外[299]

② 예국에서는 과하마가 난다.   -『三國志』外[300]

③ 낙랑단궁이 그 땅에서 나오며 그 바다에서 반어피가 난다. 땅은 비옥하
  며 무늬있는 개가 있다. 또한 과하마가 난다.   -『太平御覽』[301]

  부여는 사료 B-①, ②에서 볼 수 있는 것과 같이 여러 문헌에서 명마, 좋은
말이 난다는 평가를 받았다. 부여의 선주민 문화인 서단산문화의 초기나 중
기 유적지[302] 및 農安 左家山 유적[303]에서도 말뼈가 발굴된 예가 있어 말과 친
연된 국가임을 동물 유체로도 짐작할 수 있다.

  고구려도 사료 A-다-⑨와 같이 말이 많이 나는 지역이었다. 그렇기 때문에
말을 많이 기를 수 있었고 우수한 품종의 말을 골라 사육할 수 있는 여건이
조성되어 있었다. 이것은 사료 A-다-②, ⑧에도 나타난다. 고구려에 중국이

---

299 『三國志』卷30,「魏書 東夷傳」第30 濊傳:『後漢書』卷85,「東夷列傳」第75 濊傳:『通
   典』卷185,「邊防 東夷」第1-上 濊傳:『太平寰宇記』卷172,「四夷 東夷」第1-1 濊國傳:
   『册府元龜』卷959,「外臣部 土風」第4-1 東沃沮傳:『太平御覽』卷780,「四夷部 東夷」
   第1-1 獩貊傳,"輒相罰責生口牛馬, 名之爲責禍."

300 『三國志』卷30,「魏書 東夷傳」第30 濊傳:『後漢書』卷85,「東夷列傳」第75 濊傳:『通典』
   卷185,「邊防 東夷」第1-上 濊傳:『太平御覽』卷780,「四夷部 東夷」第1-1 獩貊傳:『册府元
   龜』卷959,「外臣部 土風」第4-1 濊國傳:『太平寰宇記』卷172,「四夷 東夷」第1-1 濊國傳:
   『太平御覽』卷894,「獸部 馬」第6-2:『太平御覽』卷897,「獸部 馬」第9-5,"濊國出菓下馬."

301 『太平御覽』卷780,「四夷部 東夷」第1-1 獩貊傳,"樂浪檀弓出其地, 其海出班魚皮, 土饒文
   狗, 又出菓下馬."

302 董学增·翟立伟, 앞의 글, 2261쪽.

303 陈全家,「农安左家山遗址动物骨骼鉴定及痕迹研究」,『中國考古集成 - 東北卷5』新石器
   時代(二), 北京出版社, 1997, 1786쪽.

말을 요구하거나, 고구려에서 외교적 교류를 위한 방물로 보낼 정도로 좋은 말을 길러냈다는 내용이 사료에서 드러난다.

한편, 사료 A-나-②의 경우, '신마를 잃었던' 고구려 대무신왕의 부여 공격 실패와 飮至禮로 인한 수습 및 민심회복의 상황이 '신마가 부여에서 1백여 필의 말을 거느리고 돌아왔다'는 내용과 연관되어 흥미롭다. 신마의 得失이 부여와의 전쟁 및 대무신왕의 정치적 성패와 관련된 것이다. 부여와 고구려에서 말이 갖는 정치적 상징성이 주목된다.

고구려에서의 養馬는 국가적 사육과 개인적 사육으로 나눌 수 있다. 국가적 말 사육은 여러 정치적, 군사적 사업 등과 관련하여 필수적이었다. 그 가운데 우수한 군마 육성은 전쟁의 승패를 가늠케 하는 인소로 특별히 중시되었을 것이다. 군마 외에도 국가의전에서 쓸 말이 요구되었고, 사료 A-다-②, ⑧에서와 같이 외교 등에 소용되는 말도 많았다고 생각된다. 그렇기 때문에 고구려는 官에서 주도하고 관리하는 전문적인 말 사육이 이뤄졌을 것이다. 이와 같은 말의 존재는 사료 A-나-⑧의 '國馬'로 확인된다. 양질의 국마를 키우기 위해 많은 인력이나 국가 재정이 소요될 수밖에 없으므로 엄중히 관리·통제되었음을 짐작할 수 있다.

개인적인 말 사육도 고구려인들에게 많았을 것이다. 그들에게 말은 소와 더불어 대표적인 역축이고 재화였기 때문이다. 더욱이 고구려에서는 사냥·제사 및 제례·국가적 행사·군사훈련 등의 다양한 목적으로 말이 사용된다. 그래서 고구려인에게 말을 소유하고 사육하는 일이 필수적이었을 것으로 생각된다. 이러한 까닭으로 사료 A-나-⑧의 평강공주는 온달에게 패물을 팔아 養馬할 수 있는 기반을 마련해주었을 것이다. 이때, 온달이 사온 것은 국마였다. 고구려는 국마 가운데 불필요한 말을 내보내 매매되게 했음을 알 수 있다. 막대한 관리비용을 줄이려는 목적에서 비롯된 것으로 짐작된다. 아울러

그림27 쌍영총 기마인물과 모사도

"買市人馬"의 내용과 같이 개인이 기른 말 매매도 상당했음을 알 수 있다. 이를 통하여 고구려에서는 개인의 말이나 국마 가운데 방출된 말을 전문적으로 매매할 수 있는 말 시장이 있었던 것으로 생각된다.

그런데 말을 식량자원으로서 고구려에서 소비했다는 내용의 기록은 찾을 수 없다. 소나 돼지는 제사 및 점복의 희생제물로 활용되어 儀式이 끝난 후에 이들을 식용했음을 유추하는 것이 어렵지 않으나 고구려에서 말은 식용을 추론할 예가 없는 것이다.[304] 이것은 사료 A-다-④에서 확인된다. 고구려인들은 말을 소유한 자가 죽었을 때조차 말을 죽여 함께 묻거나 제사 지내지 않고 주변인이 나눠가졌다.

그렇다 하더라도 말이 식량자원으로 활용되었을 가능성을 전혀 배제할 수 없다. 말을 많이 길렀을 때 얻을 수 있는 말젖이 고구려에서 식량자원으로 활용되었을 가능성도 있기 때문이다. 말젖은 우유와 같이 '酪'으로 활용

---

304 북방종족들이 말을 죽여 제사를 지내는 것과는 구별되는 양상이다. 오환을 예로 들면, 그들은 죽은 자가 타던 말과 옷가지, 살았을 때의 복식을 취하여 모두 태워서 장송한다고 한다(『三國志』卷30,「魏書 烏丸鮮卑傳」第30 烏丸傳, "肥養犬, 以采繩嬰牽, 并取亡者所乘馬, 衣物, 生時服飾, 皆燒以送之").

그림28 삼실총 개마무사　　　　　　**그림29** 약수리고분 기마무사

그림30 안악3호분 마굿간　　　　　　**그림31** 덕흥리고분 마굿간

될 수 있고, 북방종족의 예에서 살필 수 있는 것과 같이 발효음료로도 만들어질 수 있다.

　한편, 말과 관련된 그림들이 고구려의 벽화무덤에 있다.[305] 쌍영총 널길 서벽의 기마인물(그림27)이나 삼실총 제1실 북벽 공성도 중 개마무사(그림28),[306] 약수리 고분 앞방 남벽 수렵도의 말 탄 고구려 무사(그림29), 안악3호분 동쪽

305　벽화무덤의 그림은 국립문화재연구소의 북한문화재자료관에서 검색(http://north. nricp.go.kr/nrth/kor/inx/index.jsp).

306　朝鮮畫報社出版部, 『高句麗古墳壁畵』, 朝鮮畫報社, 1985, 도판 210번 공성도.

곁방 서벽 왼쪽(그림30) 및 덕흥리 고분의 널방 남벽 서쪽 윗단에 위치한 마굿간(그림31) 등이 그것이다. 이러한 그림은 말 사육과 활용이 고구려인들의 생활에서 밀접하게 이뤄지고 있었음을 알게 한다.

(3) 고구려에서의 豕·猪^豬·彘[307]

고구려에서 돼지는 하늘에 제사를 지낼 때 쓸 제물로서 사료 A-나-①, ②와 같이 특별히 관리되었으며, 돼지로 인해 도읍을 옮기고, 왕이 후계를 얻는 등 중요한 사건에서 매개체로 기능했다. 사료 A-다-①에서 확인되는 것처럼 고구려인의 삶에 있어 중요한 혼인을 할 때도 유일하게 가져가는 聘財가 돼지고기였다. 이와 같이 고구려인의 삶에서 돼지는 실생활에서든 중요한 상징으로서든 고구려를 대표하는 가축이었다고 볼 수 있다.

A. 고구려

나. 국내문헌

- 『三國史記』 공통

① 유리왕 3년(서기 전17) 7월 왕은 그 말을 듣고 말을 채찍질하여 따라갔으나 치희는 성을 내고 돌아오지 않았다. …11년(서기 전9) 여름4월 부분노의 공을 생각하여 왕이 이에 황금 30근과 좋은 말 10필을 내려 주었다. …19년(서기전 1) 가을 8월에 제사지낼 돼지가 달아났다. …21년 봄 3월에 하늘에 제사지낼 돼지가 달아났다. …신이 돼지를 쫓아 국내 위나암에

---

307 돼지를 뜻하는 한자 가운데 시(豕)는 상고시대에 쓰인 가장 오래된 글자로 이후 豕와 者가 합쳐져 저(豬, 猪는 豬의 楷体)가 만들어졌는데 돼지를 수렵하는 것에서 사육하는 동물로 순화된 양상을 의미하는 글자이다. 즉, 豕가 사람(者)에 의해 길러지는 가축임을 의미한다. 彘는 돼지의 다른 이름 가운데 하나로 야생돼지를 의미한다(唐汉, 『唐汉解字』, 书海出版社, 2003, 29~33쪽).

이르니……28년 봄3월 [해명태자는] 礪津의 동쪽 들판으로 가서 창을 땅
에 꽂고 말을 타고 달려 찔려 죽었다. …28년(9) 가을 8월 [금와왕이] 욕
되게 말을 기르게 하였던 까닭에 [주몽이] 불안하여 도망해온 것이다.[308]

② 산상왕 12년(208) 겨울 11월에 하늘에 제사지낼 郊豕가 달아났다.…13
년(209) 가을 9월에 주통촌의 여자가 사내아이를 낳았다. 왕이 기뻐서
말하기를 "이는 하늘이 나에게 대를 이을 아들을 준 것이다."라 하였다.
하늘에 제사지낼 郊豕의 일로 시작하여 다행히 그 어미를 얻었으므로 그
아들의 이름을 교체라 하였다.[309]

다. 중국문헌

① 시집 장가드는 데도 남녀가 서로 사랑하면 바로 혼례를 치른다. 남자의 집
에서는 돼지고기와 술을 보낼 뿐 재물을 보내는 예는 없다.   -『北史』外[310]

② 포위된지 오랫동안 굴뚝에 검은 연기가 나지 않았었다. 이제 닭·돼지의
울음소리가 들리니, [이는] 반드시 [그것들을] 죽여 군사를 犒饋하는 것
이다.   -『新唐書』外[311]

③ 가축으로는 소와 돼지가 있다. 돼지는 흰색이 많다   -『通典』外[312]

---

308 『三國史記』卷13,「高句麗本紀」第1 琉璃王條, "三年(서기 전 17)七月 王聞之, 策馬追之, 雉
姬怒不還. …十一年(서기전 9)夏四月…王乃賜黃金三十斤·良馬一匹…二十八年春三
月…乃往礪津東原, 以槍揷地, 走馬觸之而死. …十九年(서기 전 1)秋八月, 郊豕逸. …二十一
年春三月, 郊豕逸. …臣逐至國內尉那巖…二十八年(9)秋八月…辱之以牧馬, 故不安而出."

309 『三國史記』卷16,「高句麗本紀」第4 山上王條, "十二年(208)冬十一月, 郊豕逸. …十三年(209)
秋九月, 酒桶女生男. 王喜曰, 此天賚子嗣胤也. 始自郊豕之事, 得以幸其母. 乃名其子曰郊彘."

310 『北史』卷94,「列傳」第82 高句麗傳:『隋書』卷81,「東夷列傳」第46 高句麗傳:『冊府元
龜』卷959,「外臣部 土風」第4-1 高句驪傳:『太平御覽』卷783,「四夷部 東夷」第4-4 高
句驪條, "有婚嫁, 取男女相悅卽爲之. 男家送豬酒而已, 無財聘之禮."

311 『新唐書』卷220,「東夷列傳」第145 高句麗傳:『冊府元龜』卷125,「帝王部」第125, "帝聞
城中鷄彘聲, 曰圍久, 突無黔煙. 今鷄彘鳴, 必殺以饗士, 虜且夜出."

312 『通典』卷186,「邊防 東夷」第2-下 高句麗傳:『太平寰宇記』卷173,「四夷 東夷」第2-2 高

④ 불타 죽은 자가 만여명이고 소, 말, 개, 돼지는 셀 수 없다.   -『册府元龜』[313]

B. 부여

六畜의 이름으로 官名을 지어 馬加·牛加·豬加·狗加 등이 있다…친정집에서 [그 부인의 시체를] 가져가려면 소와 말을 바쳐야 내어준다…전쟁을 하게 되면 그 때에도 하늘에 제사를 지내고, 소를 잡아서 그 발굽을 가지고 吉·凶을 점친다.   -『三國志』外[314]

사실, 돼지 사육은 소나 말과는 달리 식용이 주된 목적이다. 그 털로 모직물[315]을 만들 수는 있지만 농경이나 운반, 교통수단 등의 역축으로 쓰일 수 없다.

부여에서도 일찍부터 돼지를 사육하였고 중요 가축으로 취급하였기 때문에 관직명 가운데 '豬加'를 두었을 것이다. 이렇게 고구려인 및 부여인에게 주요한 가축이었던 돼지는 신석기시대부터 가축으로 길러졌을 것이라 추정된다. 한반도를 비롯해 만주지역에서 발견되는 돼지의 뼈 및 돼지조소품으로 이를 짐작해볼 수 있다. 이미 신석기시대부터 요녕성 瀋陽의 新樂 유적[316]이나

勾驪國傳, "畜有牛豕, 豕多白色."

[313] 『册府元龜』卷117, 「帝王部 親征」第1-2, "燒死者萬餘人, 牛馬犬彘不可勝數."

[314] 『三國志』卷30, 「魏書 東夷傳」第30 夫餘傳 : 『後漢書』卷85, 「東夷列傳」第75 夫餘傳 : 『晉書』卷97, 「東夷列傳」第67 夫餘傳 : 『通典』卷185, 「邊防 東夷」第1-上 夫餘傳 : 『册府元龜』卷959, 「外臣部 土風」第4-1 : 『册府元龜』卷962, 「外臣部 官號」第7 : 『太平御覽』卷726, 「方術部 牛蹄卜」第7 : 『太平御覽』卷781, 「四夷部 東夷」第2-2 夫餘傳 : 『翰苑』, 「蕃夷部」夫餘, "有馬加·牛加·豬加·狗加·大使·大使者·使者…女家欲得, 輸牛馬乃與之…有軍事亦祭天, 殺牛觀蹄以占吉凶."

[315] 『翰苑』, 「蕃夷部」高麗, "又造靮曰華言接籬, 其毛卽靺鞨豬髮也" ; 박선희, 『한국고대복식』, 지식산업사, 2002, 46쪽.

[316] 黎家芳, 「新乐文化的科学价值和历史地位」, 『中國考古集成－東北卷5』新石器時代(二), 北京出版社, 1997, 1076쪽.

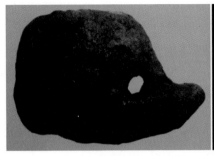

그림32 범의구석유적(좌)과 대련 곽가촌 유적(우) 돼지조소품

大連 郭家村 유적,[317] 農安 左家山 유적,[318] 길림 通化 王八脖子 유적[319]에서의
발굴되는 돼지뼈 등을 비롯하여 범의구석 유적의 돼지조소품[320]이나 곽가촌
유적 및 長海縣 廣鹿島 吳家村 유적[321] 등에서 나타나는 돼지조소품 등은 고구
려 이전부터 각 지역에서 돼지와 관련된 역사가 깊었음을 의미한다(그림32).[322]

한편, 최근 고구려의 영토였던 길림 지역에서 야생돼지가 집돼지로의 순

---

317 傅仁义, 「大连郭家村遗址的动物遗骨」, 『中國考古集成 – 東北卷5』 新石器時代(二), 北京
    出版社, 1997, 1436쪽.

318 陈全家, 앞의 글, 1786쪽.

319 D. M. Suratissa·汤卓炜·高秀华, 「吉林通化王八脖子聚落遗址区古生态概观」, 『边疆考古
    研究』 5, 吉林大学边疆考古研究, 2006.
    왕팔발자 유적은 万发拨子, 또는 万宝拔子라고도 불린다(汤卓炜·金旭东·杨立新, 「吉
    林通化万发拨子遗址地学环境考古研究」, 『边疆考古研究』 2, 吉林大学边疆考古研究,
    2003, 384쪽).

320 범의구석유적의 25호 집자리에서는 집돼지 유골이 나왔으며, 49호 집자리 유적에서는
    돼지조소품이 여러개 나왔는데 집돼지를 형상화한 것이라고 보인다. 그 중에 안면부가
    곧은 것과 많이 굽은 것 등으로 모양별로 다른 양상이 보인다(김신규, 「무산 범의구석
    원시 유적에서 나온 짐승뼈에 대하여」, 『고고민속』 4, 과학원출판사, 1963, 19~20쪽).

321 许明纲, 「从出土文物看大连地区汉代以前养猪业」, 『中國考古集成-東北卷10』 秦汉至三
    國(二), 北京出版社, 1997, 1162~1163쪽.

322 좌 - 조선유적유물도감 편찬위원회a, 앞의 책, 204쪽 도판 451번.
    우 - 孙志茹·刘娣, 「东北地区养猪史与民猪的发展演化分析」, 『农业考古』 2013-1, 江西
    省社会科学院, 2013, 236쪽 圖2 참조.

화되는 과정을 추적한 길림대 고고 DNA실험실은 길림 통화 王八脖子유적에서 돼지가 가축으로서 순화되는 과정에서 주목할 연구성과를 냈다.[323] 왕팔발자 유적이 위치한 길림 통화지역은 고구려의 초기시대 영토인 집안지역과 근접한 곳이므로 이 지역의 동물 유체 상황은 고구려의 상황과도 유사할 것이다(그림33).[324] 이 지역 돼지의 독립적 순화가 이뤄졌다는 것은 사람들이

그림33 길림 통화 王八脖子 유적 위치

돼지를 순화시키기 위한 작업 가운데 가장 중요한 먹이 문제를 해결했다는 뜻이다. 이렇게 순화된 집돼지 사육에 쓰는 사료는 곡물이다. 곡물, 특히 콩 및 껍질과 줄기 등의 부산물은 돼지를 사육하는데 있어 사료로 중요하게 작용한다. 농업생산량이 증대될수록 돼지의 사육도 증가하는 이유가 여기에 있다.

---

323 왕팔발자(만발발자) 유적에서 신석기시대 후기부터 춘추전국시대까지 발굴된 고대 집돼지 유체의 古DNA를 분석한 결과, 같지 않은 시기의 고대 집돼지 DNA 서열상에서 mtDNA(미토콘트리아 DNA)모계유전상의 연결성이 존재하기 때문에 신석기 후기 돼지의 순화가 지역에서 독립적으로 전개되었다는 것을 나타낸다(蔡大伟·孙洋, 「中國家养动物起源的古DNA研究进展」, 『边疆考古研究』 12, 吉林大学边疆考古研究中心, 2013, 450~451쪽).
324 구글 map 왕팔발자 지도.

표7 吉林 王八脖子 취락유적 동물유존체 개체수 비교[325]

동물종류	신석기		상/주		춘추전국		양한		위진	
	NISPs	MNIs	NISPs	MNIs	NISPs	MNIs	NISPs	MNIs	NISPs	MNIs
고슴도치刺猬	0	0	1	1	0	0	0	0	0	0
야생토끼野兔	0	0	0	0	2	2	10	5	1	1
개家犬	3	1	6	3	5	3	4	3	2	1
이리 狼	0	0	1	1	0	0	0	0	0	0
너구리貉	1	1	1	1	5	4	2	2	0	0
여우 狐	0	0	2	1	2	2	1	1	0	0
승냥이豺	1	1	0	0	0	0	0	0	0	0
곰 熊	0	0	3	1	4	2	2	2	0	0
검은담비紫貂	0	0	3	2	0	0	1	1	0	0
족제비黃鼬	1	1	0	0	9	5	3	2	1	1
오소리狗獾	5	3	12	6	21	14	15	8	6	4
수달水獺	0	0	0	0	2	1	0	0	0	0
스라소니猞猁	0	0	0	0	1	1	0	0	0	0
호랑이虎	1	1	1	1	1	1	1	1	2	1
말馬	0	0	0	0	0	0	2	1	1	1
멧돼지野猪	130	4	317	8	694	17	348	7	176	6
MNI백분율(%)		14.28		9.87		13.38		8.64		15
집돼지家猪	26	3	366	16	545	19	343	15	172	8
MNI백분율(%)		10.71		19.75		14.96		18.51		20
사향노루原麝	2	1	4	1	3	1	4	1	5	1
문착麂	0	0	1	1	0	0	0	0	0	0
붉은사슴馬鹿[326]	103	6	239	16	440	28	211	11	19	6
MNI백분율(%)		21.42		19.75		22.04		13.58		15
반록斑鹿	1	1	5	1	5	2	2	1	2	1

---

325 D. M. Suratissa·汤卓炜·高秀华, 앞의 글, [表1] 王八脖子聚落遺址各时代动物组合及 NISPs和MNIs 재편집.

326 마록을 붉은 사슴으로 번역한 이유는 학명에 있다. 학명이 Cervus Elaphus이며 red deer, 또는 소목(偶蹄目) 사슴과의 포유류이다.

동물종류	신석기		상/주		춘추전국		양한		위진	
	NISPs	MNIs	NISPs	MNIs	NISPs	MNIs	NISPs	MNIs	NISPs	MNIs
노루狍	109	5	233	14	432	20	255	18	116	7
MNI백분율(%)		17.85		17.28		15.74		22.22		17.5
물소水牛	0	0	1	1	0	0	0	0	0	0
소牛	0	0	3	1	2	1	0	0	1	1
닭鷄	0	0	1	1	1	1	1	1	0	0
자라鱉	0	0	3	1	2	1	1	1	0	0
경골어류 硬骨鱼类	0	0	7	3	3	2	1	1	1	1
합계	383	28	1210	81	2179	127	1207	81	505	40

표7에 나타난 NISP와 MNI는 각각 동정가능표본수와 최소마리수를 의미한다. 동정가능표본수Number of Identified Specimens란 유적에서 출토된 전체 동물화석 가운데 생물의 분류학상의 소속이나 명칭을 바르게 정하는 일, 즉 同定[327]할 수 없는 뼈를 제외한, 동정된 파편의 총수다. 최소마리수Minmum Number of Individuals는 어떤 동물종의 파편수에서 중복되는 동일부위의 최대치를 사용하거나, 좌우나 근·원위단부의 짝이루기pairing에 의해 동일개체의 파편은 1로 산정하는 등, NISP에 조작을 가한 수치다.[328] 이러한 NISP와 MNI는 상호보완적[329]인 계측지수이므로 양자를 병기하여 고찰하면 각 종별 동물 유존체가 유적 전체에 차지하는 비율을 산출해 낼 수 있다.[330] 표7에서 볼 수 있듯이 야생동물의 NISP

---

327 생물 분류학상의 소속이나 명칭을 바르게 정하는 일
328 김한상·정태진·丸山眞史, 「동물유존체 출토 유적 및 유구 조사방법론 : 패총유적 및 가축매납수혈유구 관련 척추동물유존체를 중심으로」, 『야외고고학』 9, 한국문화재조사연구기관협회, 2010, 30쪽.
329 NISP는 분석자에 의해 의도적으로 수치가 변할 수 없는 가장 객관적인 방법이지만 동일개체의 파편을 복수로서 산출해 버릴 가능성이 있다. MNI는 동일개체의 파편을 중복하여 세지 않는다는 이점이 있지만 파편 수가 적을 것을 과대평가해 버릴 가능성이 있다. 따라서 각각의 오류를 줄이려면 양자를 병기하여 고찰할 필요가 있다(위의 글, 32~33쪽).
330 위의 글, 33쪽.

가운데 타 동물유체보다 야생 돼지인 멧돼지와 사슴류가 가장 많이 발굴된다. 사슴류와 멧돼지는 유라시아 반도 전역에 분포되어 있으므로 이들을 사냥하여 식량자원으로 썼을 것이다. 그로 인하여 잔존 유체가 많이 남게 된 것으로 생각된다. 수렵채집사회 단계부터 많은 고기를 얻을 수 있고, 가죽 및 뼈 등을 다양하게 사용할 수 있게 해주던 주요한 사냥감인 사슴류와 멧돼지는 고대에도 여전히 유효했다.

가축은 노동력을 제공하지만 이를 기르기 위해서는 사료와 같은 사육비용이 든다. 그래서 어떤 것을 가축화하고 어떤 것을 하지 않을지에 대한 효율성을 생각하게 된다. 붉은 사슴의 경우 선사시대부터 쓰임새가 많은 경제적인 동물로 꾸준히 사육이 시도되었지만 결국 완전한 가축화를 이루지는 못했다.[331]

그러나 멧돼지는 일정한 개체가 가축화되어 집돼지가 되었다. 길림 통화 왕팔발자 유적에서 집돼지 유체도 상당한 수량이 출토되었지만 NISP에 나타나는 멧돼지의 유체에 비해 적은 수이다. 그러나 MNI에 나타난 수량으로 본다면 집돼지의 개체수는 멧돼지의 그것을 상회한다. 특히, 이 지역의 집돼지에서 나타나는 古DNA가 야생돼지와 관련있는 것에서 양자간의 관계성은 분명하다. 지역민들이 순화과정을 통해 야생돼지를 가축화시키는데 성공하여 사육한 것이다.

또한 농업이 발전되는 서기를 전후하여, 3세기에서 4세기 사이에 이르는 기간에 집돼지의 비율이 늘어난다는 사실을 주목할 필요가 있다.[332] 3세기에

---

331 붉은 사슴의 경우 스코틀랜드의 애버딘에 있는 로웻 조사 연구소(Rowett Research Institute)가 붉은 사슴의 사육을 위한 실험적인 농장을 시작했는데 야생상태의 새끼를 인공사육하여 번식시키는 과정에서 특유의 세력권을 지키는 습성과 발정기의 통제 어려움, 뿔 갈이 및 암사슴 행동예측의 어려움이나 공격성 등이 문제로 작용되었다(J. C. 블록, 『인간과 가축의 역사』, 새날, 1996, 324~326쪽).

332 D. M. Suratissa·汤卓炜·高秀华, 앞의 글.

서 4세기 사이는 고구려가 여러 지역으로 영토를 확장했던 시기였다. 이 시기는 넓어진 농지를 활용하고 기온의 한랭화를 극복하기 위해 농업기술이나 도구 등을 개발하고 농업생산량을 높이려 노력한 시기이기도 했다. 이와 동시에 가축의 사육기술도 비교적 크게 진보한 것으로 추정된다. 즉, 농업의 발달시기에 돼지사육도 늘어났다는 것은 농업과 목축의 유관한 면모를 보여준다고도 할 수 있다.

그렇지만 위와 같은 까닭으로 야생동물에 의존한 부분이 감소되었다고 결론짓기는 어렵다. 표7에서 확인되듯이 야생동물에의 의존도도 여전히 일정한 비율을 보이고 있기 때문이다.

(4) 고구려에서의 狗·犬[333]

부여의 관직명에는 狗加란 명칭이 있다. 부여에서 개를 관직명으로 할 만큼 주요한 가축으로 취급했음을 알 수 있다. 개는 가축의 역사에서 가장 빨리 순화된 동물이며, 이렇게 가축화된 개는 때론 수렵활동에서, 때로는 식량자원으로 활용된 존재였을 것이다.

A. 고구려
다. 중국문헌

불타 죽은 자가 만여명이고 소, 말, 개, 돼지는 셀 수 없다.　　　　-『册府元龜』[334]

---

333 벽화무덤의 그림은 국립문화재연구소의 북한문화재자료관에서 검색(http://north.nricp.go.kr/nrth/kor/inx/index.jsp).

334 『册府元龜』卷117, 「帝王部 親征」第1-2, "燒死者萬餘人, 牛馬犬彘不可勝數."

B. 부여

六畜의 이름으로 官名을 지어 馬加·牛加·豬加·狗加 등이 있다. -『三國志』外[335]

고구려에서는 일반적 가축으로서, 또는 사냥개나 파수견 등으로 활용하기 위해 개를 많이 사육하였을 것이다. 서울시 노원구 수락산보루에서 출토된 개모양의 陶제품은 고구려인들의 개 사육을 짐작케하는 유물이라고 볼 수 있다(그림34).[336] 보루의 특성상 목적성이 있는 사육이라고 여겨지는데, 파

그림34 개모양 陶제품

수견 및 사냥개의 역할을 수행했을 것으로 여겨진다.

고구려의 여러 고분벽화에도 개 사육에 대한 정황이 나타난다. 고구려인들의 사냥에 따라나선 개의 모습이 그려져 있는 것이다. 대표적 사냥개의 그림은 무용총 널방 오른쪽 벽(그림35-左)[337]에 그려져 있으며, 기마궁사 옆으로 함께 달리면서 호랑이를 좇고 있다.

또한 사료 A-다에 나타나듯이 고당전쟁으로 불타죽은 가축 가운데 개를 확인할 수 있어 민간에서의 개 사육이 활발했음을 알 수 있다. 민간에서의 개 사육에 대하여 확인할 수 있는 그림은 안악3호분 동측실 동벽에 위치한다(그림

335 『三國志』卷30,「魏書 東夷傳」第30 夫餘傳 : 『後漢書』卷85,「東夷列傳」第75 夫餘傳 : 『晉書』卷97,「東夷列傳」第67 夫餘傳 : 『通典』卷185,「邊防 東夷」第1-上 夫餘傳 : 『册府元龜』卷959,「外臣部 土風」第4-1 : 『册府元龜』卷962,「外臣部 官號」第7 : 『太平御覽』卷726,「方術部 牛蹄卜」第7 : 『太平御覽』卷781,「四夷部 東夷」第2-2 夫餘傳 : 『翰苑』,「蕃夷部」夫餘, "有馬加·牛加·豬加·狗加·大使·大使者·使者."

336 백종오·신영문a, 앞의 책, 136쪽 개모양 도제품.

337 국립문화재연구소 북한문화재자료관 무용총 웹서비스.

그림35 고분 벽화에 등장하는 개

35 -右).[338] 부엌그림 하단에 두 마리의 개가 있는 것을 볼 수 있는 것이다. 집안 내에서 자유로이 개를 키웠음을 엿볼 수 있다. 더불어 고구려인들은 개를 통해 털가죽을 얻을 수 있으며, 위급시에는 개를 식육화할 수도 있었을 것이다.

(5) 고구려에서의 鷄·雞

고구려에서 언제 어떤 종류의 닭을 길렀는지는 알 수 없지만 사료 A-다에는 당군에 포위된 고구려의 성중에서 닭 울음소리가 들린다는 기록이 있다. 고구려인들이 닭을 길렀다는 것을 증명하는 문헌자료라고 할 수 있다.

A. 고구려

다. 중국문헌

포위된지 오랫동안 굴뚝에 검은 연기가 나지 않았다. 이제 닭·돼지의 울음소리가 들리니, [이는] 반드시 [그것들을] 죽여 군사를 犒饋하는 것이다.

-『新唐書』外[339]

---

338 국립문화재연구소 북한문화재자료관 안악3호분 웹서비스.
339 『新唐書』卷220,「東夷列傳」第145 高句麗傳 : 『册府元龜』卷125「帝王部」第125, "帝聞

닭은 육축 가운데 하나지만 관련 기록은 잘 나타나지 않는다. 요녕성 마성자 유적 및 창무시 평안보 유적,[340] 길림 왕팔발자 유적에서 닭의 뼈가 발굴된 바[341]가 있지만 다른 개체의 유물에 비해 그 수가 적었다. 마한에도 세미계[342]라는 고유한 닭이 있는 것으로 보아 고구려에서도 세미계 또는 다른 종류의 닭을 길렀다고 생각된다.

(6) 고구려에서의 羊

고구려와 관련된 양의 기록은 사료 A-가-①, ②에서 볼 수 있다. 사료 A-가-①의 경우, 광개토왕의 거란 정벌 내용이므로 목축을 통해 양을 사육하는 것이 아니라 전리품으로서 일시적으로 획득한 것이다. 사료 A-가-②는 양을 식량 자원으로 사용하였다는 내용이다. 그러나 사료 A-가-②는 양을 사육했다는 증거가 아니며, 소와 마찬가지로 묘주의 부유함을 과시하는 내용이라고 판단된다. 왜냐하면 고구려에 양이 아주 없는 것은 아니지만 소나 말, 돼지와 같은 보편적인 가축으로서 기능하지는 못했기 때문이다.

A. 고구려

가. 금석문자료

① 영락5년(395) 을미년으로 왕은 패려가 조공하지 않기 때문에 몸소 토벌

城中鷄豶聲, 日圍久, 突無黔煙. 今鷄豶鳴, 必殺以饗士, 虜且夜出."

340 邓惠·袁靖·宋国定·王昌燧·江田真毅,「中国古代家鸡的再探讨」,『考古』2013-6, 中国社会科学院, 2013, 84쪽.

341 D. M. Suratissa·汤卓炜·高秀华, 앞의 글, [표1] 王八脖子聚落遗址各时代动物组合及NISPs和MNIs 참조.

342 『三國志』卷30,「魏書 東夷傳」第30 韓傳, "又出細尾鷄, 其尾皆長五尺餘."

에 나섰다. 부산을 넘어 산을 등지고 염수에 이르러 패려의 부락 6~7백
영을 부수고 소와 말, 양떼를 헤아릴 수 없이 노획했다. 그곳에서 돌아오
면서 양평도를 거쳐 동으로 왔다. □성, 역성, 북풍에 이르러 왕은 사냥준
비를 시켰다. 순유와 사냥을 하며 돌아왔다. 백제와 신라는 옛 속국민이
되었다.　　　　　　　　　　　　　　　　　　　　－「광개토왕비문」[343]

　② (408)무덤을 만드는데 만명의 공력이 들었고, 날마다 소와 양을 잡아서
　술과 고기, 쌀은 먹지 못할 정도이다.　　　　　　　　　－「덕흥리 묘지명」[344]

　고구려인은 북방종족과 같이 초원을 찾아 이동하는 삶을 살지 않았고 정
주하여 농사를 짓는데 노력을 하였다. 그래서 양보다는 소와 돼지를 기르고,
전쟁이나 정치 등의 나라에 필요한 國馬를 기르는데 주력하였을 것이다. 그
러나 양이 식육재로 사용되었음을 사료 A-가-②를 통해 알 수 있다. 돼지, 닭
등과 같이 일반적이지는 않지만 양이 음식재료로 활용되는 예가 있기 때문에
양고기도 고구려에서 식육화했다고 생각된다. 이때의 양고기는 양을 사육했
거나, 양을 기르는 북방종족과의 매매 등을 통해 얻었을 가능성도 있다.

　한편, 야생동물은 주로 수렵활동과 관계가 있다. 수렵활동은 선사시대부터 이
어져 내려오는 식량획득 방법이었다. 국초부터 田地의 부족으로 양식이 충족되
지 못했던 고구려인들에게 야생동물은 '구할 수 있는' 식량자원으로 기능하였
다. 기록에서도 확인되는 사슴이나 노루, 멧돼지는 고구려 산하에서 흔히 볼 수
있는 동물로서 덕흥리, 무용총, 송죽리 벽화무덤 등의 수렵도에서도 볼 수 있다.

343　광개토대왕비釋文 1면, "永樂五年(395), 歲在乙未, 王以碑麗不歸□人, 躬率往討, 過富山
　　負山, 至鹽水上, 破其三部(族), 六七百營, 牛馬群羊, 不可稱數, 于是旋駕, 因過襄平道, 東
　　來□城, 力城, 北豊, 王備獵, 游觀土境, 田獵而還. 百殘, 新羅, 舊是屬民."
344　덕흥리벽화고분 묘지명(408), "造欑萬功日煞牛羊酒 米粲不可盡掃旦食鹽豉食一椋記."

(7) 고구려의 야생동물

다음과 같은 사료에서 살필 수 있었던 야생동물은 ① 麞(獐), ② 麋, ③ 鹿, ④ 兔, ⑤ 豹, ⑥ 狐, ⑦ 鷹, ⑧ 狼, ⑨ 貂, ⑩ 豽, ⑪ 狸, ⑫ 虎, ⑬ 羆(熊) ⑭ 멧돼지, ⑮ 꿩, ⑯ 狄 등이다.

가. 벽화자료　　　　　　　　　　　　　　　　　　　　- 표8 참조[345]

a. 약수리 고분 수렵도의 ③사슴, ⑫호랑이, ⑬곰

b. 감신총 고분 수렵도의 ⑫호랑이, ⑭멧돼지

c. 동암리벽화 수렵도의 ③사슴, ①노루, ⑬곰

d. 덕흥리벽화 수렵도의 ⑫호랑이, ⑭멧돼지, ⑮꿩,

e. 수렵총 수렵도의 ③사슴

f. 안악3호분 육고도의 ⑭멧돼지, ①노루

g. 송죽리벽화무덤 수렵도의 ⑫호랑이, ③사슴

h. 무용총 수렵도의 ⑫호랑이, ③사슴

i. 마선구1호분 수렵도의 ③사슴

j. 장천1호분의 수렵도의 ⑭멧돼지

k. 팔청리벽화 푸줏간의 ⑮꿩 등의 날짐승, 작은짐승

나. 국내문헌　　　　　　　　　　　　　　　　　　　- 『三國史記』 공통

a. 유리왕 2년(서기 전 18) 9월 서쪽으로 사냥을 나가 흰 ①노루를 잡았다…21년(2) ②고라니와 ③사슴과 물고기와 자라 등 산물이 많은 것을 보았다.[346]

345　국립문화재연구소 북한문화재자료관 웹서비스 고구려벽화무덤 설명 참조(http://portal.nrich.go.kr/kor/resource/flash/t02/main.html)
　　　위의 웹에서 찾을 수 없는 벽화그림은 개별 각주로 설명한다.

346　『三國史記』卷13, 「高句麗本紀」第1 琉璃王條, "二年 九月, 西狩獲白 ① 獐. …二十一年

b. 민중왕 3년(46) 가을 7월에 왕이 동쪽으로 사냥을 나가 흰 ①노루를 잡았다.[347]

c. 태조왕 10년(62) 가을 8월에 동쪽으로 사냥을 나가 흰 사슴을 잡았다. …25년(77) 겨울 10월에 부여 사신이 와서 뿔이 셋 달린 ③사슴과 꼬리가 긴 ④토끼를 바쳤다. 왕이 좋은 징조가 있는 물건으로 여겨 크게 사면하였다. …55년(107) 가을9월 왕이 질산 남쪽에서 사냥을 하여 자줏빛 ①노루를 잡았다. 같은 해 겨울 10월에 東海谷守가 붉은 ⑤표범을 바쳤는데 꼬리의 길이가 9尺이었다. …69년(121) 겨울 10월 숙신 사자가 와서 보라색 ⑥여우가죽과 흰 ⑦매, 흰 말을 바쳤다.[348]

d. 차대왕 3년(148) 가을7월 왕이 평유원에서 사냥을 하는데 흰 ⑥여우가 따라오면서 울었다.[349]

e. 중천왕 15년(262) 가을 7월 왕이 기구에서 사냥해 흰 ①노루를 잡았다.[350]

f. 서천왕 7년(276) 여름 4월에 왕이 신성에 가서 사냥해 흰 ③사슴을 잡았다…19년(288) 가을 8월에 왕이 동쪽으로 사냥을 갔다가 흰 ③사슴을 잡았다[351]

g. 장수왕 2년(414) 겨울 10월에 왕이 사천의 언덕에서 사냥해 흰 ①노루를 잡았다.[352]

春三月, 郊豕逸. …又多 ② 麋 ③ 鹿魚鼈之産."

347 『三國史記』卷14,「高句麗本紀」第2 閔中王條, "三年秋七月, 王東狩獲白 ① 獐."

348 『三國史記』卷15,「高句麗本紀」第3 太祖大王條, "十年 秋八月, 東獵, 得白 ③ 鹿. …二十五年 冬十月 扶餘使來, 獻三角 ③ 鹿長尾 ④ 兎, 王以爲瑞物大赦. …五十五年 秋九月, 王獵質山陽, 獲紫 ① 獐. 冬十月 東海谷守, 獻朱 ⑤ 豹, 尾長九尺. …六十九年冬十月, 肅愼使來獻紫 ⑥ 狐裘及白 ⑦ 鷹白馬."

349 『三國史記』卷15,「高句麗本紀」第3 次大王條, "三年 秋七月, 王田于平儒原, 白 ⑥ 狐隨而鳴, 王射之不中."

350 『三國史記』卷17,「高句麗本紀」第5 中川王條, "十五年 秋七月, 王獵箕丘, 獲白 ① 獐."

351 『三國史記』卷17,「高句麗本紀」第5 西川王條, "七年 夏四月, 王如新城, 獵獲白 ③ 鹿. …十九年 秋八月, 王東狩, 獲白 ③ 鹿."

352 『三國史記』卷18,「高句麗本紀」第6 長壽王條, "二年 冬十月, 王畋于蛇川之原, 獲白 ① 獐."

h. 보장왕 7년(648) 9월 평양에서 ①노루와 ⑧이리 떼가 서쪽으로 이동하다.[353]

다. 중국문헌

a. 管仲이 말하기를, 發朝鮮에서 나는 文皮를 이용하는 것이 한 방책입니다. … 발조선이 조공을 오지 않으면, 청컨대 거기서 나는 문피와 갓옷을 화폐로 만듭니다. -『管子』[354]

b. 부여에서는 ⑨담비와 ⑩살쾡이가 난다…그 위에다 ⑤여우·⑪삵쾡이·⑯원숭이·희거나 검은 ⑨담비 가죽으로 만든 갓옷을 입는다. -『三國志』[355]

c. 濊는 토지가 비옥하고, 무늬 있는 ⑤표범이 있다. …또 제사에서 ⑫호랑이를 신으로 삼는다. -『後漢書』外[356]

d. 발해의 풍속에서 귀하게 여기는 것은 夫餘의 ③사슴이다. -『新唐書』[357]

e. 소방등 삼십국춘추에서 이르길, 고구려에서 천리마와 살아있는 ⑬말곰 가죽, 말다래를 보내자 남연의 왕이 크게 기뻐하며 물소, 말하는 새로 답했다. -『太平御覽』[358]

f. 또 高麗의 사신이 ⑬羆皮 1장을 가지왔다. -『日本書紀』[359]

---

353 『三國史記』卷22,「高句麗本紀」第10 寶臧王條, "七年 秋九月羣 ① 獐渡河西走羣 ⑧ 狼向西行三日不絶."

354 『管子』卷23,「揆度」第78, "管仲曰, …發朝鮮之文皮, 一筴也";『管子』卷23,「輕重甲」第80, "管仲曰, …發朝鮮不朝, 請文皮毤服而以爲幣乎."

355 『三國志』卷30,「魏書 東夷傳」第30 夫餘傳, "夫餘國出 ⑨ 貂 ⑩ 豽…大人加 ⑤ 狐 ⑪ 狸 ⑯狖白黑 ⑨ 貂之裘."

356 『三國志』卷30,「魏書 東夷傳」第30 濊傳 :『後漢書』卷85,「東夷列傳」第75 濊傳, "又祭 ⑫ 虎以爲神. …土地饒文 ⑤ 豹."

357 『新唐書』卷219,「北狄列傳」第144 渤海傳, "渤海俗所貴者. 夫餘之 ③ 鹿."

358 『太平御覽』卷359,「兵部」第90 障泥, "蕭方等三十國春秋曰, 高句驪以千里馬生 ⑬ 羆皮障泥, 獻于南燕, 燕王超大悅, 答以水牛·能言鳥."

359 『日本書紀』卷26,「天豊財重日足姬天皇 齊明天皇」, "(659)又高麗使人 持 ⑬ 羆皮一枚."

고구려에서는 사료 Ⅱ-1, 2와 같이 산지와 깊은 계곡이 많았기 때문에 많은 야생동물이 살았다. 이들을 수렵하여 여러 용도로 활용했다. 야생동물을 수렵하는 것은 식용을 목적으로, 가죽이나 뼈를 얻기 위해서, 또는 '제사'의 제물을 획득하기 위함이기도 하다. 때론 '수렵'자체가 목적이 되는 경우도 있다. 고구려에서는 초창기 농지가 부족하여 음식을 아껴먹을 수밖에 없을 때, 야생동물을 사냥함으로써 부족한 식량자원을 보충하였을 것이다.

그러나 영역확장을 통해 영토를 늘리고 농경을 확대하여 소출을 증대시키면서, 수렵은 점차 제사 등에서 특별한 용도로 쓸 동물을 잡거나 무예증진 및 군사훈련을 목적으로 하는 수단으로 바뀌어 갔을 것이다. 특히, 앞의 사료에서 나타나듯 아름다운 무늬가 있는 털이나 깃털 짐승을 사냥하여 그 가죽과 털을 외교적 예물로 활용하거나 생포하여 살아있는 채로 주고받기도 했다.

표8 식별되는 벽화무덤의 수렵도 및 야생동물 그림[360]

출 처	이미지	야생동물
약수리고분벽화 수렵도		사슴, 호랑이, 곰

---

360 감신총, 수렵총, 마선구1호분을 제외한 이미지는 국립문화재연구소 북한문화재자료관 웹서비스 고구려벽화무덤 이미지와 설명 참조(http://portal.nrich.go.kr/kor/page.do?menuIdx=667).

출 처	이미지	야생동물
감신총벽화 수렵도(모사도)[361]		호랑이, 멧돼지
덕흥리고분벽화 수렵도		멧돼지, 꿩, 호랑이
수렵총벽화 수렵도[362]		사슴
안악1호분벽화 수렵도		
안악3호분벽화 육고도		멧돼지, 노루

---

361 국립중앙박물관, 『고구려벽화무덤』, 국립중앙박물관, 2006, 54쪽 도판 34번.
362 한민족유적유물박물관(舊『조선유적유물도감』) 고구려편 수렵총, 동방미디어 웹서비스.

출 처	이미지	야생동물
무용총벽화 수렵도		호랑이, 사슴
마선구1호분 수렵도(모사도)[363]		사슴
장천1호분벽화 수렵도		멧돼지
팔청리벽화 푸줏간(모사도)		꿩 등의 날짐승, 작은 짐승

---

363 한민족유적유물박물관(舊『조선유적유물도감』) 고구려편 마선구1호분, 동방미디어 웹
서비스.

이상에서 살펴본 고구려 식육류의 종류는 당시 얻을 수 있는 모든 동물의 고기였다. 가축은 고구려인의 필요성에 따라 목축되는 수량이 결정되었는데, 소와 말, 돼지나 개 등은 각각 역축, 국마, 식료, 수렵보조나 파수견 등의 목적으로 많이 길러졌다. 다만, 국마나 사육환경의 제약이 있는 양은 다른 가축에 비해 식량자원화 되는 경우가 적었을 것이다.

야생동물도 식육재가 되었는데 모두 식량자원을 얻기 위해 사냥한 것은 아니었다. 그렇지만 가죽이나 털을 얻기 위해 사냥한 경우에도 고기를 버릴 수는 없었을 것이다. 어떤 목적으로든 잡은 동물은 결국 식육재로 사용되었기 때문에 고구려의 식육재는 고구려인들이 기른 가축과 사냥으로 잡는 모든 야생동물이었다고 할 수 있다.

2) 육류 취득 방법

식육재를 얻는 방법 가운데 하나는 목축이다. 목축은 가축을 사육함으로써 식용 육류를 비롯해 유용한 생산물을 만들어내는 생업 형태다. 고구려에서의 주요한 가축은 소와 말, 돼지와 개, 닭이라고 할 수 있다. 양은 소택지 및 산림이 많은 지역에서는 초원지대를 찾기가 어려워 사육에 제한이 있다. 또한 목초지를 따라 이동하며 양을 키워야 하는데 고구려인들은 정주민족이었으므로 양을 따라 이동하는 삶을 살 수는 없었을 것이다.

고구려인들이 사육한 가축 가운데 식육류로 잘 사용되지 않은 가축은 소와 말이다. 소는 일부계층을 제외하고는 식육재로 사용할 수 없었다고 생각된다. 앞서 설명했듯이 소는 농업 발전에 필수적인 농기구를 끄는 역축으로

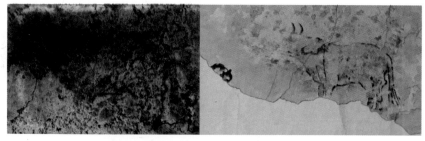

그림36 개마총 소 그림 1916년 유리건판 사진과 모사도

기능하였다. 제사의 제물(그림36)[364]로도 사용되었을 뿐만 아니라 우교차를 끄는 교통수단으로서도 사용되었다. 여러 목적으로 사용 가능한 소는 일부 고위 귀족층에게는 식육재로 사용되었을지라도 일반 서민들에게는 식육재로 사용되기 어렵고 귀한 가축이었다. 이와 유사하게 말도 식육재로 드물게 이용되었을 것이다. 사료에 의하면 고구려인들은 장례를 치를 때에도 생전에 타던 말을 죽이거나 제물로 희생시키지 않았다. 그러한 고구려인들이 식용을 목적으로 말을 이용했다고는 생각되지 않는다.

목축 외에 식육재를 얻는 방법에는 수렵이 있다. 수렵은 인류 역사상 가장 오래된 식량자원 획득 방법이다. 고구려에서 수렵은 일상적인 삶의 모습이자 군사 훈련이었다. 시조인 주몽을 시작으로 『三國史記』 고구려관련 기록에는 고수·고당전쟁이 발발하기 전까지 수렵이 빠지지 않고 등장하는 것을 볼 수 있다(표9).

---

364 평양시 삼석구역 노산동 대성산 기슭에 위치한 개마총 널방 천장 동측 1층 평행고임 측면의 그림에는 뿔이 날카롭게 선 황소 한 마리가 서 있고 그 앞으로 사람의 머리라고 생각되는 것이 일부 남겨져 있는데 황소 코뚜레와 연결된 외줄이 앞의 인물 쪽으로 늘어져 있어 앞의 인물이 소를 끌고 가는 모습을 표현한 것으로 보인다. 널방 천장고임 1층에 그려진 장송행렬과 같은 공간에 그려졌음을 감안할 때 장송의례에 사용될 희생용 소일 가능성이 높다(국립중앙박물관, 앞의 책, 2006, 158쪽 도판 99번).

표9 『三國史記』 사냥관련 기사

출처	인물	내용
『三國史記』 卷13, 「高句麗本紀」第1	東明聖王條	後, 獵于野, 以朱蒙善射, 與其矢小, 而朱蒙殪獸甚多. 그 뒤 들에서 수렵을 하는데 주몽은 활을 잘 쏜다고 하여 그에게 화살을 적게 주었는데도 주몽이 잡은 짐승이 매우 많았다. 王見沸流水中有菜葉逐流下, 知有人在上流者, 因以獵往尋, 至沸流國. 왕이 비류수 가운데 채소잎이 떠내려오는 것을 보고 그 상류에 사람이 살고 있는 줄을 알았다. 이윽고 수렵하면서 찾아올라가 비류국에 이르게 되었다.
『三國史記』 卷13, 「高句麗本紀」第1	瑠璃明王條	二年 九月, 西狩獲白獐. 2년(서기전18) 9월 서쪽으로 수렵을 나가 흰 노루를 잡았다. 三年 王田於箕山, 七日不返. 3년(서기전17) 왕이 기산에 수렵을 가서 7일 동안 돌아오지 않다. 二十一年 夏四月, 王田于尉中林. 21년(2) 여름4월 왕이 위중림에서 수렵을 하였다. 二十二年 十二月, 王田于質山陰, 五日不返. 22년(3) 12월 왕이 질산 북쪽에서 수렵을 하면서 닷새 동안 돌아오지 않다. 二十四年 秋九月, 王田于箕山之野, 得異人. 24년(4) 가을9월 왕이 기산의 들에서 수렵을 하다가 기이한 사람을 만났다.
『三國史記』 卷14, 「高句麗本紀」第2	大武神王條	三年 秋九月, 王田骨句川得神馬, 名駏驤. 3년(20) 가을9월 골구천에서 수렵을 하다 신마를 얻다. 五年 至利勿林, 兵飢不興, 得野獸以給食. 5년(22) 이물림에 이르러 군사들이 굶주려 일어나지 못하자 들짐승을 잡아먹었다.
『三國史記』 卷14, 「高句麗本紀」第2	閔中王條	三年 秋七月, 王東狩獲白獐. 3년(46) 가을 7월에 왕이 동쪽으로 사냥을 나가 흰 노루를 잡았다. 四年 夏四月, 王田於閔中原. 秋七月, 又田. 4년(47) 여름 4월에 왕이 민중원에서 사냥을 하였다. 가을 7월에 또 그곳(민중원)으로 사냥을 하였다.
『三國史記』 卷15, 「高句麗本紀」第3	太祖大王條	十年 秋八月, 東獵, 得白鹿. 10년(62) 가을 8월에 동쪽으로 사냥을 나가 흰 사슴을 잡았다. 四十六年 春三月, 王東巡柵城, 至柵城西罽山, 獲白鹿. 46년(98) 봄 3월 왕이 동쪽 책성으로 순행을 하다가 책성의 서쪽 계산에 이르러 흰사슴을 잡았다. 五十五年 秋九月, 王獵質山陽, 獲紫獐. 55년(107) 가을 9월 왕이 질산 남쪽에서 사냥을 하여 자줏빛 노루를 잡았다. 八十年 秋七月, 遂成獵於倭山, 與左右宴. 80년(132) 가을7월에 수성(나중차대왕)이 왜산에서 사냥을 하였다. 八十六年 春三月, 遂成獵於質陽, 七日不歸, 戱樂無度. 秋七月, 又獵箕丘, 五日乃反. 86년(138) 봄3월 수성이 질양에서 사냥을 했다. 가을 7월 또 기구에서 사냥을 하여 5일이 지나서야 돌아왔다. 九十四年 秋七月, 遂成獵於倭山之下. 94년(146) 가을7월에 수성이 왜산 아래에서 사냥을 하였다.
『三國史記』 卷15, 「高句麗本紀」第3	次大王條	三年 秋七月, 王田于平儒原, 白狐隨而鳴, 王射之不中. 3년(148)가을7월 왕이 평유원에서 사냥을 하는데 흰여우가 따라오면서 울었다.

출처	인물	내 용
『三國史記』 卷16, 「高句麗本紀」第4	故國川王條	十六年 冬十月, 王畋于質陽. 16년(194) 겨울10월 왕이 질양에서 사냥을 하였다.
『三國史記』 卷16, 「高句麗本紀」第4	山上王條	三年 秋九月, 王畋于質陽. 3년(199) 가을9월 왕이 질양에서 사냥을 하였다.
『三國史記』 卷17, 「高句麗本紀」第5	東川王條	元年 王性寬仁, 王后欲試王心, 候王出遊, 使人截王路馬鬣. (원년 227) 왕후가 왕의 마음을 시험해 보고자하여 왕이 사냥 나가는 것을 기다렸다가 사람을 시켜 왕의 수레 끄는 말의 갈기를 잘랐다.
『三國史記』 卷17, 「高句麗本紀」第5	中川王條	四年 後王獵于箕丘而還. 4년(251)왕이 기구에서 사냥하고 돌아오다. 十二年 冬十二月, 王畋于杜訥之谷. 12년(259) 겨울12월에 왕이 두눌곡에서 사냥하였다. 十五年 秋七月, 王獵箕丘, 獲白獐. 15년(262) 가을7월 왕이 기구에서 사냥해 흰 노루를 잡았다.
『三國史記』 卷17, 「高句麗本紀」第5	西川王條	七年 夏四月, 王如新城, 獵獲白鹿. 7년(276) 여름 4월에 왕이 신성에 가서 사냥해 흰 사슴을 잡았다. 十九年 秋八月, 王東狩, 獲白鹿. 19년(288) 가을8월에 왕이 동쪽으로 사냥을 갔다가 흰 사슴을 잡았다.
『三國史記』 卷17, 「高句麗本紀」第5	美川王條	元年 秋九月, 王獵於侯山之陰. 원년(300) 가을9월 왕이 후산 북쪽에서 사냥하였다.
※「광개토왕비문」 사냥관련 내용	廣開土王	永樂五年歲在乙未王以碑麗不歸△人躬率往討過富山負山至鹽水上破其三部洛六七百營 牛馬群羊不可稱數于是旋駕, 因過襄平道東來口城, 力城, 北豊, 王備獵, 游觀土境 田獵而還 영락5년(395) 을미년으로 왕은 패려가 고구려에 조공하지 않기 때문에 몸소 토벌에 나섰다. 부산을 넘어 산을 등지고 염수에 이르러 패려의 부락6~7백영을 부수고 소와 말, 양떼를 헤아릴 수 없이 노획했다. 그곳에서 돌아오면서 양평도를 거쳐 동으로 왔다. 口성, 역성, 북풍에 이르러 왕은 사냥준비를 시켰다. 순유와 사냥을 하며 돌아왔다.
『三國史記』卷18, 「高句麗本紀」第6	長壽王條	二年 冬十月, 王畋于蛇川之原, 獲白獐. 2년(414) 겨울10월에 왕이 사천의 언덕에서 사냥해 흰 노루를 잡았다.
『三國史記』卷19, 「高句麗本紀」第7	文容明王條	十五年 秋八月, 王獵於龍山之陽, 五日而還. 15년(506) 가을8월에 왕이 용산 남쪽에서 사냥을 하여 5일만에 돌아왔다.
『三國史記』卷19, 「高句麗本紀」第7	安臧王條	十一年 春三月, 王畋於黃城之東. 11년(529) 봄3월에 왕이 황성 동쪽에서 사냥하였다.
『三國史記』卷19, 「高句麗本紀」第7	平原王條	十三年 秋七月, 王畋於浿河之原, 五旬而返. 13년(571)가을7월에 왕이 패하의 들에서 사냥하다가 50일 만에 돌아왔다

출처	인물	내 용
『三國史記』卷45, 「列傳」第5	溫達條	高句麗常以春三月三日, 會獵樂浪之丘. 以所獲猪鹿, 祭天及山川神. 至其日, 王出獵, 群臣及五部兵士皆從. 於是, 溫達以所養之馬隨行, 其馳騁常在前, 所獲亦多, 他無若者. 고구려에서는 항상 봄철 3월 3일이면 낙랑의 벌판에 모여 사냥해서 그때 잡은 돼지와 사슴으로 하늘과 산천의 신에게 제사하였다. 그날이 되어 왕이 사냥을 나가매 여러 신하와 5부의 병사들이 모두 따라갔다.

　표9에서 알 수 있듯이 고수전쟁과 고당전쟁이 발발했던 고구려 후기를 제외하곤 거의 빠짐없이 왕의 사냥을 기록하고 있다. 또한 온달과 관련한 기록에는 봄철 3월 3일이면 항상 낙랑의 벌판에 모여 사냥을 해 제사를 지낸다는 내용이 있다. 이를 통해 국가가 개최하는 정기적인 수렵대회가 열렸음을 알 수 있다.[365] 이러한 수렵은 군사훈련이나 정치적 활동[366] 등 다목적으로 진행되지만, 잡은 사냥감들은 제사에 쓰이거나 식용으로 사용되었을 것이다. 더욱이 대무신왕 5년의 기록은 식량수급이 원활하지 않을 때 수렵이 그 대안이될 수 있음을 보여준다고 하겠다.

　기록에는 나타나지 않지만 민간에서도 작은 규모의 수렵을 빈번하게 행했을 것이다. 꿩이나 토끼 등의 몸집이 작은 동물은 민간에서 잡기 어렵지 않지

365　『北史』卷94 「列傳」 第82 高句麗傳, "봄·가을에는 사냥대회를 여는데, 王이 직접 참석한다(及春秋校獵, 王親臨之)"；『隋書』 卷81, 「東夷列傳」 第46 高句麗傳, "매년 봄·가을에 사냥 대회를 여는데, 王이 몸소 참가한다(每春秋校獵, 王親臨之)."

366　고국천왕은 수렵길에 굶주린 백성을 만나 진대법을 실시하도록 했으며(『三國史記』卷16, 「高句麗本紀」 第4 故國川王條, "十六年冬十月, 王畋于質陽, 路見坐而哭者, 問何以哭爲. 對曰, 臣貧窮, 常以傭力養母. 今歲不登, 無所傭作, 不能得升斗之食, 是以哭耳. 王曰, 嗟乎! 孤爲民父母, 使民至於此極, 孤之罪也. 給衣食以存撫之. 仍命內外所司, 博問鰥寡孤獨老病貧乏不能自存者, 救恤之. 命有司, 每年自春三月至秋七月, 出官穀, 以百姓家口多小, 賑貸有差, 至冬十月還納, 以爲恒式, 內外大悅"), 미천왕은 수렵터에서 국상 창조리 등에 의해 왕으로 추대되었다(『三國史記』卷17, 「高句麗本紀」 第5 美川王條, "秋九月, 王獵於侯山 之陰, 國相 助利 從之. 謂衆人曰, 與我同心者, 効我. 乃以蘆葉揷冠, 衆人皆揷之. 助利知衆心皆同, 遂共廢王, 幽之別室, 以兵周衛. 遂迎王孫, 上璽綬, 卽王位").

만, 사료에서 볼 수 있는 사슴류나 멧돼지를 비롯해서 곰이나 호랑이 등의 야생동물은 대대적인 규모와 장비를 갖추고 잡을 수 있었으리라 추측된다. 이러한 고구려인들의 수렵모습은 표10으로도 확인된다. 이를 통해 고구려 고분벽화에 나타난 고구려인들의 삶 속에 수렵이 일정한 비중을 차지하고 있으며 그 수렵대상 또한 매우 다양함을 알 수 있다(표8 참조).

대표적인 수렵도인 무용총 수렵도에는 기마궁수가 사슴과 호랑이 등을 사냥하는 장면이 그려져 있다. 기마 궁수 옆에는 개가 따라가는 모습도 보여 고구려인들이 사냥할 때 개가 옆에서 조력한 것을 알 수 있다. 안악1호분과 장천1호분의 벽화에는 기마궁수나 도보 창수가 사냥감들을 몰면서 수렵하는 일반적인 장면 외에도, 매를 이용하여 수렵하는 매사냥(그림37)[367]이 그려져 있어 고구려에서의 수렵은 다양한 모습으로 진행되었다고 이해된다.

그림37 장천1호분 매사냥

이렇게 국가 최고 권력자부터 일반 백성에 이르기까지 수렵을 행한 고구려에서는 야생동물의 획득과 그 식육재의 쓰임이 많았음은 당연하다고 하겠다.

---

367 朝鮮畵報社出版部, 앞의 책, 도판 205번 장천제1호분 야유·사냥도.

표10 고구려 고분벽화에 나타난 수렵도[368]

지 역	고분벽화명	편 년	위 치
평양	약수리	5세기초	앞방 앞벽, 오른벽
	감신총	5세기 전반	널방 오른벽
	동암리	5세기초	앞방 왼벽,앞벽,오른벽,안벽
	덕흥리	408	앞방 고임
	용강대묘	5세기 전반	널방 왼벽
	대안리1호분	5세기 중	앞방 앞벽
	수렵총[369]	5세기 말~6세기초	널방 서벽 백호도 윗편
황해도	안악1호분	4세기 말	널방 오른벽
	송죽리[370]	4~5세기	앞칸 서벽
집안	통구12호	5세기 중	남분-널길
			북분-널방 오른벽
	무용총	5세기 중	널방 오른벽
	마선구1호분	5세기 중	앞방 오른벽, 안벽
	장천1호분	5세기 중	앞방 오른벽
	우산하41호분(?)[371]	5세기 중	널방 오른벽
	삼실총	5세기 중	1실-널방 왼벽

368 전호태,『고구려 고분벽화연구』, 사계절, 2000, 21~26쪽, [표] 1-1, 1-2 재편집.
369 국립중앙박물관, 앞의 책, 2006, 78쪽 도판 49번 : 한민족유적유물박물관(舊『조선유적유물도감』) 고구려편 수렵총, 동방미디어 웹서비스.
370 송죽리벽화무덤은 2002년 북한 사회과학원과 일본 고구려회가 합동으로 발굴한 무덤으로 황해북도 연탄군 송죽리에 자리잡고 있다(김광철, 「송죽리벽화무덤의 수렵도」, 『조선고고연구』 158, 사회과학원 고고학연구소, 2011, 45~46쪽).
371 수렵도로 추정되지만 확실하지 않은 것으로 전호태도 (?)로 표시하였다.

4. 고구려에서 생산되는 수산물의 종류와 양상

1) 어염과 해중식물의 종류

고구려는 서해안과 동해안을 접하고 수많은 강과 하천이 있는 지형이다. 그러므로 담수어업이나 해수어업이 매우 많았을 것인데 어떤 것들을 주로 잡았는지에 대해 기록에 나타나는 내용을 살펴보기로 한다.

(1) 魚의 종류

Ⅲ-a. **鯛魚**

물고기명이다. 가죽에 무늬가 있으며, 낙랑 동이에서 난다.   - 『說文解字』外[372]

鯛魚은 바다표범으로 이와 관련하여 濊傳에 나타난 "班魚의 껍질"이라는 기록을 주목할 필요가 있다. 반어는 바다표범으로 생각되며 그렇기 때문에 樂浪 東暆縣 特産인 鯛皮도 이것의 다른 명칭이라 추측되고 있다.[373]

---

372 『說文解字』卷12,「魚部」, "鯛皮有文. 出樂浪東暆(魚名. 皮有文 , 出樂浪東暆)" ; 한치윤, 『海東繹史』卷27,「物産志」第2 魚類, "옹어의 가죽은 무늬가 있으며, 낙랑(樂浪) 동이(東暆)에서 난다."
373 국사편찬위원회, 『三國志』濊傳, 중국정사 조선전 웹서비스 주15 참조.
(http://db.history.go.kr/front2010/dirservice/dirFrameSet.jsp)

Ⅲ-b. 魵魚

魵은 새우다. -『爾雅』[374]

살펴보건대, 예야두국은 『漢志』에 나오는 樂浪郡의 邪頭味다.[375]

Ⅲ-c. 鮅魚

鮅. 물고기 이름으로 예야두국에서 나온다. -『說文解字』[376]

鮅魚는 민어다. 민어과에 속하는 바닷물고기로 鱉魚·鮸魚라고도 한다. 우리나라 서·남해에 분포하며 동해안에는 없다.[377] 사료 Ⅲ-c에 의하면 예야두국에서 난다고 했는데 민어는 동해안에서 잡히지 않으므로 예야두국은 동해안이 아니라 서해안에 위치한 곳임을 짐작할 수 있다.

---

374 『爾雅注疏』卷10, 「釋魚」第16, "魵, 蝦. 예야국에서 난다. 여씨자림 疏에서 볼 수 있으며 곽박이 이르길 작은 새우의 별칭이다(出穢邪國. 見疏呂氏字林, 郭云 小蝦別名)" 그러나 한치윤의 『海東繹史』에서는 《字典》에 의하면 하(蝦)는 강과 바다가 있는 곳이면 어느 곳에나 있다고 하였기 때문에 예야두국(薉邪頭國)에서만 나는 것이 아니므로, 《說文》에서 말한 것은 틀린 것이다. 지금의 대하(大蝦)의 종류이다(字典曰, 蝦江海所在. 皆有之. 非必出薉邪頭國. 說文誤. 然卽今大蝦之類)"라고 논하였다.

375 『三國志』(卷30, 「魏書 東夷傳」第30) 濊傳의 "其海出班魚皮"에 달린 해석 또한 예야두국(薉邪頭國/穢邪頭國)의 예(薉·穢)는 예(濊)라고 하여 예(동예)와 관련 있는 것으로 보았다("說文, 魵, 魚也. 出薉邪頭國. 爾雅 釋魚, 魵, 蝦. 郭注, 出穢邪頭國. 薉·穢, 皆卽濊也") ; 한치윤, 앞의 책, 魚類, "按薉邪頭國, 漢志樂浪郡之邪頭味也." ; 『漢書』卷29下, 「地理志」第28下, "낙랑군에는…동이, 불이, 동부도위치가 있으며 잠태, 화려, 야두미, 전막, 부조가 있다(樂浪郡…東暆, 不而, 東部都尉治. 蠶台, 華麗, 邪頭味, 前莫, 夫租)" 낙랑군을 어디에 비정하느냐에 따라 예야두국의 위치는 달라지지만 대체로 서해에 위치한 것으로 생각된다.

376 『說文解字』卷12, 「魚部」, "鮅, 魚名, 出薉邪頭國."

377 한국학중앙연구원, 한국민족문화대백과 웹검색.
   (http://encykorea.aks.ac.kr/Contents/Index)

Ⅲ-d. 鯔魚

당나라 開元 17년(729, 무왕11)에 발해에서 치어를 바쳤다.   -『册府元龜』[378]

살펴보건대, 지금의 숭어다.[379]

　鯔魚는 발해사신이 중국에 공물로 보낸 바 있다. 숭어는 전 온대 연안에 분포하는 어종으로 연안에 서식하지만 강 하구나 민물에도 들어간다.[380] 조선시대에도 전 지역에서 잡혀 공물로 진상되었으며 중국에도 외교 물품으로 보내졌다.[381] 이때 숭어를 秀魚라고 기록했다. 그 이유에 대해 『芝峯類說』[382] 에는 맛이 '빼어난' 어종이었기 때문이라고 기록되었다. 이런 평가를 받은 숭어는 분포도가 넓었으므로 많이 잡혔을 것이다. 발해와 조선에서도 중국에 방물로 보낸 숭어는 그 뛰어난 풍미와 쓰임이 오래 전부터 공인되었다고 할 수 있다. 고구려에서도 발해와 같이 이러한 숭어를 식량자원으로 사용했다고 생각된다.

378　『册府元龜』卷971,「外臣部 朝貢」第16-4, "당 현종 개원 17년 2월 발해말갈 사신이 매를 바쳤으며, 이달 발해말갈 사신이 파견되어 치어를 바쳤다(唐玄宗 開元十六年七年(728) 二月, 渤海靺鞨遣使獻鷹. 是月, 渤海靺鞨遣使獻鯔魚)."

379　한치윤, 앞의 책, 魚類, "唐開元十七年. 渤海獻鯔魚. 『册府元龜』按今俗名 '슈어.'

380　국립수산과학연구원 숭어 웹검색(http://search.nfrdi.re.kr/RSA/front/Search.jsp).

381　『世宗實錄』卷45, 11年(1429) 7月 19日, "배신(陪臣) 좌군 동지총제 권도(權蹈)를 보내어 싸가지고 북경에 가서 진헌하게 하나이다. …숭어[秀魚] 4백 40마리, …소주 5병입니다(差陪臣左軍同知摠制權蹈, 齎領赴京進獻. …秀魚四百四十尾…燒酒五壜)."

382　『芝峯類說』卷20,「禽蟲部」, "치어는 속칭 수어라고 불리는데 과거 중국 사신이 숭어를 먹어보고 그 이름을 묻자 역관이 수어라고 답했다. 그 사신이 웃었고 역관 이화종(李和宗)이 숭어는 물고기 중에서 빼어난 것이므로 그 이름이 수어(水魚)가 아니고 수어(秀魚)라고 말하자 사신이 이를 납득하였다고 한다(鯔魚卽俗所謂秀魚. …昔天使食鯔魚. 問其俗名. 譯官以水魚對. 天使笑之. 譯官李和宗進曰. 此名秀魚. 非水魚. 以魚中之秀故名. 天使以爲然)."

Ⅲ-e. 八梢魚

당 현종 개원 26년(738) 발해에서 말린 문어를 100구 보냈다.　　-『册府元龜』[383]

발해에서 인삼, 곤포, 매 등과 더불어 외교적 물품으로 건넨 방물에는 문어도 있다. 사료 Ⅲ-e는 당 현종 때 발해 사신이 보낸 말린 문어가 100구에 달한다는 기록이다. 발해와 같은 바다를 영역화한 고구려에서도 문어를 식량자원으로 활용했으며, 외교적 물품으로 중국에 보냈을 가능성이 있다.

Ⅲ-f. 螃蟹

渤海의 방게는 홍색이며, 크기가 사발만하다. 집게발은 크고 살졌으며, 부드럽기가 중국 게의 집게발과 같다.　　-『遼志』外[384]

『遼志』에서는 발해에서 방게가 잡힌다고 전한다. 발해가 접하는 바다는 동해이고 고구려 또한 동해를 접했으므로 이러한 방게가 잡혔을 것이다. 사료 Ⅲ-f에서는 발해에서 잡히는 붉은 게의 특징으로 집게가 특히 컸음을 알 수 있다.

Ⅲ-g. 鯨魚

민중왕 4년(47) 9월 동해 사람 고주리가 고래 눈을 바쳤는데 밤에 광채가났다.　　-『三國史記』[385]

---

383 『册府元龜』卷971,「外臣部 朝貢」第16-4, "(唐玄宗 開元二年十六年(738)) 閏八月, 渤海靺鞨遣使獻豹鼠皮一千張·乾文魚一白口."
384 『遼志』卷1,「澤蒲」, "渤海螃蟹. 紅色大如碗. 螯巨而厚. 其脆如中國蠏螯(渤海螃蟹, 紅色,大如碗, 螯巨而厚, 其脆如中國蟹螯)": 한치윤, 앞의 책,「物産志」第2 蟲類.
385 『三國史記』卷14,「高句麗本紀」第2 閔中王條, "四年(47) 九月, 東海人高朱利獻鯨魚, 目夜有光"

서천왕 19년(288) 여름 4월에 왕이 신성에 행차하자 해곡의 태수가 고래의 눈을 바쳤는데 밤에 광채가 있었다.　　　　　　　　　　　　-『三國史記』[386]

사료 Ⅲ-g에 따르면 당시 고구려에는 '高朱利'와 같은 고래잡이 사냥꾼이 있었고, '海谷太守'가 왕의 행차에 고래를 바칠 정도로 포경활동이 행해지고 있었음을 알 수 있다. 포경활동은 울산 반구대 암각화에 나왔을 정도로 그 연원이 오래되었는데, 고구려는 이러한 포경활동을 계승했으며 그 활동을 활발히 진행했다고 보인다.

Ⅲ-h. 鯉
연못의 잉어를 잡아 수초에 싸서 맛있는 술 약간과 함께 한의 군대에 보내어 군사를 위로하십시오.　　　　　　　　　　　　-『三國史記』[387]

Ⅲ-i. 鯽
발해의 풍속에서 귀하게 여기는 것은 湄沱湖의 붕어이다.　　　-『新唐書』外[388]

사료 Ⅲ-h와 Ⅲ-i인 잉어와 붕어는 고구려 관련 기록에서 확인되는 대표적인 담수어종이다. 모두 잉어과 어류로서 크고 작은 하천에 분포하기 때문에 일찍부터 활용된 수산물 재료였을 것이다.

---

386 『三國史記』卷17,「高句麗本紀」第5 西川王條, "十九年夏四月, 王幸新城, 海谷太守獻鯨魚目, 夜有光."
387 『三國史記』卷14,「高句麗本紀」第2 大武神王條, "大武神王 宜取池中鯉魚, 包以水草, 兼旨酒若干, 致犒漢軍."
388 『新唐書』卷219,「北狄列傳」第144, "湄沱湖之鯽" : 한치윤, 앞의 책 魚類.

Ⅲ-j. 기타

태조왕 7년(59) 여름 4월 왕이 고안연에 가서 물고기 구경하고 붉은 날개
의 흰 물고기를 낚았다.   -『三國史記』[389]

사료 Ⅲ-j는 고구려 태조왕이 고안연에 행차하여 낚시를 했다는 기록이다.
붉은 날개의 흰 물고기가 어떤 종류의 물고기인지 알 수 없지만 왕도 어렵을
했다는 점에서 때로는 유희적인 목적에서 낚시를 했음을 알 수 있다.

(2) 鹽의 생산과 소비

소금은 짠맛을 내는 재료로 개인의 생존은 물론, 국가적 민생안정을 위해서
반드시 필요한 물자였다. 고구려에서는 소금의 고정적 수급을 위해 태조왕
때 동옥저와 동예를 정벌하여 공납을 받았다. 이어서 미천왕 때에 낙랑군·현
도군 등의 한 군현을 밀어내면서 확보한 지역들의 해안가에서 소금을 생산했
을 가능성이 크다.[390] 또한 요동반도와 접하고 있는 발해 연안의 염전은 중국
한나라 때에도 유명한 소금생산지로서 꼽혔다.[391] 그러므로 고구려가 요동반

---

389 『三國史記』卷15, 「高句麗本紀」第3 太祖大王條, "太祖大王 七年夏四月, 王如孤岸淵, 觀
   魚, 釣得赤翅白魚."
390 고구려가 얻는 소금의 대부분은 바닷물을 졸여 만드는 자염(煮鹽)이라 볼 수 있다. 신
   라의 소금도 자염이라 할 수 있는데, 『三國史記』卷45, 「列傳」第5 昔于老편의 "소금 굽
   는 종(早晚以汝王爲鹽奴, 王妃爲爨婦)"이라는 내용에서 이를 알 수 있다.
   사실 자염을 생산하는데 막대한 자원이 든다. 바닷물을 졸일 때 많은 화력자원을 사용
   하게 되고 그것을 관리해줄 인원이 필요하다. 소금을 얻는 방법 중 바닷물을 가둬 햇
   볕에 수분만 증가시켜 소금을 얻는 천일염을 생각하기 쉬우나, 이와 같은 방법은 구한
   말에 도입된 방법으로 우리나라의 전통적인 소금 생산 방법은 아니었다(유승훈, 『우리
   나라 제염업과 소금민속』, 민속원, 2008).
391 새뮤얼 애드셰드 저, 『소금과 문명』, 지호, 2001, 23쪽 ; 郭正忠 主編, 『中國鹽業史 - 古
   代編』, 北京 : 人民出版社, 1997, 34~35쪽 사이 西漢主要鹽産地分布圖 참조.

도를 획득 후 들여오는 소금은 상당했을 것으로 짐작된다. 미천왕 이후 광개
토왕과 장수왕의 남하정책으로 서해 중부를 확보한 고구려는 서한만 일대에
서 생산되는 소금도 사용했을 것이다.[392]

Ⅲ-k. 소금

① 동촌사람 재모와 함께 소금 장사를 하였다. 배를 타고 압록에 이르러 소
   금을 내려놓고 강 동쪽 思收村 사람의 집에 머물렀다. 그 집의 할멈이 소
   금을 달라고 하므로 한 말 정도 주었다. 다시 달라고 하여 주지 않았더
   니, 그 할멈이 원망스럽고 성이 나서 소금 속에 몰래 신을 넣어 두었다.
   을불이 알지 못하고 짐을 지고 길을 떠났는데, 할멈이 쫓아와 신을 찾아
   내고는 신을 숨겼다고 鴨淥 宰에게 고소하였다. 압록 재는 신 값으로 소
   금을 빼앗아 할멈에게 주고 笞刑을 가하고 놓아주었다.   - 『三國史記』[393]

② 그 나라의 大家들은 농사를 짓지 않으므로, 坐食者가 만여명이나 되는
   데, 下戶들이 먼 곳에서 양식·물고기·소금을 운반해다가 그들에게 공급
   한다.   - 『三國志』[394]

③ 요동군 평곽에는 철관과 염관이 있다.   - 『漢書』[395]

---

392 소금의 산지는 주로 해안가이다. 간혹 암염이나 鹽井, 鹽湖에서 소금을 얻을 수 있지만
   고구려에는 이와 같은 산지가 드물다. 그러므로 고구려에서 생산된 소금의 다수는 海
   鹽이라고 볼 수 있다.

393 『三國史記』卷17, 「高句麗本紀」第5 烽上王條, "與東村人再牟 販鹽.乘舟抵鴨淥, 將鹽下寄
   江東思收村人家. 其家老嫗請鹽, 許之斗許, 再請不與. 其嫗恨恚, 潛以屨置之鹽中. 乙弗不
   知, 負而上道. 嫗追索之, 誣以庚屨, 告鴨淥宰. 宰以屨直, 取鹽與嫗, 決笞放之."

394 『三國志』卷30, 「魏書 東夷傳」第30 高句麗傳, "其國中大家不佃作, 坐食者萬餘口, 下戶
   遠擔米糧魚鹽供給之."

395 『漢書』卷82, 「地理志」第8, "遼東郡 平郭 有鐵官 鹽官."

사료 Ⅲ-k-①은 고구려 미천왕이 아직 왕위에 오르지 않았을 때의 상황이다. 미천왕은 잠시나마 소금상인으로 활동한 특이한 이력을 갖고 있었다. 일반적으로 고대에는 소금이 귀한 물품이었고 생산지가 제한되기 때문에, 다수의 소금은 官鹽이었을 것이다. 이를 공급하는 鹽商도 존재했다고 짐작된다. 고구려에서도 이와 같은 관염의 생산과 염상의 활동이 있었다고 할 때, 미천왕을 압록 지역 담당의 염상이라고 볼 수 있을 것이다. 이것은 "배를 타고 압록에 이르러" 라는 내용에서 짐작할 수 있다. 백제의 소금 교역망이 남한강 등의 하천 수계를 중심으로 발달되었다는 점을 고려할 때,[396] 고구려 또한 압록강 수계를 비롯한 여러 수계에서 염상들의 활발한 활동이 있었다고 추정된다.

아울러 사료 Ⅲ-k-①을 통해 소금이 고구려에서 지불 수단으로 역할했음을 알 수 있다. 염상으로 활동하던 미천왕은 思收村의 할멈 집에 소금을 내려놓고 머물렀는데, 이때 소금을 달라고 해서 주었다는 내용이 있다. 이 내용은 미천왕이 사수촌 할멈 집에서 숙박을 했으며, 숙박료로 소금을 지급했다고 볼 수 있다. 또한 할멈이 더 요구한 소금을 주지 않자, 무고되어 그 벌로 다른 물품이나 금전이 아니라 '소금'을 빼앗겼다는 것은 소금이 고구려에서 돈과 같은 재화로 기능했음을 시사하는 것이다. 소금의 중요성과 생산의 제한성은 앞서 살펴봤기 때문에 고구려에서 소금을 재화로 쓰는 것은 그리 드문 일이 아니었다고 생각된다.

사료 Ⅲ-k-②에서 고구려의 '좌식자'는 읍락 내에서 경제적으로 부유한 생활을 하면서, 군공을 세우면 관직으로 나갈 수 있는 상층민[397]으로 이해된다. 이들이 거느리는 傭作民인 하호는 좌식자에게 일종의 소작료를 지불하는데,

---

396 이도학, 「백제국의 성장과 소금교역망의 확보」, 『백제연구』 23, 충남대학교 백제연구소, 1992.
397 문창로, 「삼국시대 초기의 호민」, 『역사학보』 125집, 역사학회, 1990, 64~68쪽.

이때 소금이 포함된다는 것이다. 좌식자에게 낼 소금을 하호가 직접 생산했
는지, 타 지역에서 생산된 소금을 그들의 재화로 얻어서 납부했는지는 알 수
없다. 그러나 "下戶遠擔米糧魚鹽供給之"라는 내용을 고려한다면, 납부하는
물품들을 생산지에서 얻어와 좌식자에게 주었음을 짐작할 수 있다. 소금도
이에 해당한다고 보인다.

사료 Ⅲ-k-③은 고구려가 점령했던 지역인 요동군 평곽에 鹽官이 있다는
내용이다. 평곽은 전한시대부터 유명한 소금 생산지였다.[398] 이 지역을 점령
했던 고구려에서는 평곽에서 생산된 소금을 공납받아 활용했을 것이다.

(3) 고구려의 해중식물

고구려의 대표적인 해중식물에는 곤포가 있다. 일명 윤포라고도 한다. 『爾
雅』[399]에서는 綸이라는 것은 낚시줄과 비슷하며 동해에 자라는 것으로, 곧 昆
布라고 하였다. 곤포는 다시마의 일종으로 여겨지며, 약재로 쓰이기도 하고
식량자원으로 쓰이기도 했던 것으로 생각된다.

Ⅲ-l. 昆布[400]

① 곤포는 지금 오로지 고려에서만 난다. 麻을 꼬듯이 새끼줄을 꼬고, 황흑
　　색이며, 부드럽고 졸깃해서 먹을 수가 있다.　　　　　　-『本草經集注』外[401]

---

398 郭正忠 主編, 앞의 책, 34쪽.
399 『爾雅注疏』卷8,「釋草」第13, "綸似綸, 組似組, 東海有之."
400 한치윤, 앞의 책, 菜類, "곤포는 지금 오로지 고려에서만 난다. 삼[麻]을 꼬듯이 새끼줄
　　을 꼬고, 황흑색이며, 부드럽고 졸깃해서 먹을 수가 있다. …발해의 풍속에서 귀하게
　　여기는 것은 남해(南海)의 곤포이다(『新唐書』). …조선의 곤포는 종려나무 잎처럼 생겼
　　으며, 자줏빛이 난다(『朝鮮賦 注』)…."
401 陶弘景,『本草經集注』卷4 :『太平御覽』卷992,「藥部」第9, "本草經曰, 綸布, 一名昆布,

② 발해의 풍속에서 귀하게 여기는 것은 南海의 곤포이다.　　　-『新唐書』[402]

③ 후당 명종 天成 원년(926), 사신으로 大陳林등 160인이 파견되어 조공하
　러 왔다. 남녀 각 3인과 인삼, 곤포, 백부자 등을 바쳤다.　　-『五代會要』[403]

곤포는 발해에서 중국에 사신을 파견할 때 인삼과 함께 외교적 선물로 보
낼 정도의 특산물이었다. 발해 이후에도 곤포의 쓰임은 많았다. 고려시대 서
긍은 고려인의 먹거리를 논할 때, 곤포를 귀천의 구분 없이 잘 먹는다고 기록
하였다.[404] 조선시대에도 함길도지역 공동 토산물에 곤포[405]가 포함되어 있어
그 쓰임은 어느 시대나 많았던 것으로 생각된다. 고구려에서도 이와 같은 상
황으로 곤포를 식량자원으로 활용했으리라 짐작된다.

이상으로 고구려의 수산물과 관련하여 문헌상으로 얻을 수 있는 자료를
살펴보았다. 고구려 및 발해와 관련이 있는 지역에는 많은 하천 수계가 존재

味酸寒, 無毒, 主十二種死曝, 癭瘤聚結, 氣瘺瘡, 生東海" ; 『本草綱目』 草之八, 「名醫別錄
中品」, "別錄曰, 昆布生東海. 弘景曰, 今惟出高麗. 繩把索之如卷麻, 作黃黑色, 柔韌可食."
402 『新唐書』 卷219, 「北狄列傳」 第144 渤海傳, "渤海俗所貴者. 南海之昆布."
403 『五代會要』 卷30, 渤海傳, "天成元年四月, 遣使大陳林等一百十六人來朝貢, 進男·女口
各三人, 并人蔘·昆布·白附子等."
404 『高麗圖經』 卷23, 「雜俗」 第2, "가난한 백성은 해산물을 많이 먹는다. 미꾸라지(鰌)·전
복(鰒)·조개(蚌)·진주조개(珠母)·왕새우(蝦王)·문합(文蛤)·붉은게(紫蟹)·굴(蠣房)·거
북이다리(龜脚)·해조(海藻)·다시마(昆布)는 귀천 없이 잘 먹는다(細民. 多食海品. 故有
鰌, 鰒, 蚌, 珠母, 蝦王, 文蛤, 紫蟹, 蠣房, 龜脚. 以至海藻, 昆布. 貴賤通嗜)."
405 『世宗實錄地理志』 卷155, 「咸吉道」, "공물(貢物)은 표범가죽·금·곰가죽·아양사슴가죽
[阿羊鹿皮]·노루가죽·삵괭이가죽·여우가죽·표범가죽·여우꼬리·사슴뿔·아양사슴뿔·소
유(酥油)·밀[黃蠟]·말린돼지고기[乾猪]·대구·연어·고등어·전복·미역·다시마[多絲]·곤
포(昆布)·해태(海帶)·녹반(綠礬)·잇·지초·벚나무껍질이다(厥貢, 豹皮, 金熊皮, 阿羊鹿皮,
獐皮, 狸皮, 狐皮, 豹尾, 狐尾, 鹿角, 阿羊鹿角, 酥油, 黃蠟, 乾猪, 大口魚, 年魚, 古道魚, 全
鮑, 藿, 多絲尓, 昆布, 海帶, 綠礬, 紅花, 芝草, 樺皮)."

한다. 생태환경적으로 담수어업의 발달조건이 충분한 것이다. 또한 압록강 하류의 서한만 일대나 요동반도의 해안가, 책성을 비롯하여 옥저와 예를 정복한 이후 얻게 된 동해안의 어족자원은 고구려의 식량자원을 풍부하게 했을 것이다. 비록 후대의 기록이긴 하지만, 『高麗圖經』에는 "가난한 백성은 해산물을 많이 먹는다"[406]는 기록이 있다. 바다에서 얻는 수산물자원이 예로부터 우리 민족의 음식생활에서 큰 비중을 차지하고 있음을 뜻했다.

이와 같은 사정은 고구려에도 있었으리라 생각된다. 여러 이유로 작물 소출량이 적을 때, 이를 보완해줄 것은 육류나 수산물이기 때문이다. 특히, 영토 내에 분포하는 하천 수계와 바다에서 얻을 수 있는 다양한 수산물은 고구려인들의 허기를 해소시키는 식량자원으로 활용되었을 것이다. 나아가 고구려인들이 생산한 소금은 생리적으로 고구려인들의 생존을 도와줄 뿐만 아니라 고구려인들의 음식생활에 큰 영향을 주었다. 즉, 고구려인들이 식량을 더 많이 저장하고, 더 오래 맛 좋은 음식을 먹을 수 있도록 도와주는 역할을 수행한 것이다. 고구려인들의 '善藏釀'에는 소금의 역할이 상당했기 때문에 고구려인들은 이와 같은 자원을 많이 얻도록 여러 노력을 기울였다고 생각된다.

2) 수산물 획득의 방법

강을 중심으로 한 어로활동은 초기 고구려의 중심지였던 渾江, 鴨綠江을 중심으로 이루어졌을 것이다. 그 후 서쪽으로는 太子河·遼河·富爾江, 북쪽에 松花江·輝發河, 동쪽에 禿魯江·長津江, 남쪽으로는 淸川江·大同江·普通江·한강 등

---

406 『高麗圖經』卷23,「雜俗」第2 漁, "細民. 多食海品."

과 같은 크고 작은 강에서 어로 활동이
진행되었다고 짐작된다.

환인과 집안지역에서는 일찍부터 물
고기잡이 도구와 흙그물추와 같은 어로
장비들이 발굴되었고 연어·붕어·초어·
흑어·메기·쏘가리·두덩허리·馬口·重
唇·버들치·川丁·秋生·게·자라·새우 등
이 확인되었다.[407] 그 밖에도 혼강 중류
에 발굴된 어망추를 비롯하여 집안 長
岡 유적에서 채집된 돌어망추 11건, 南

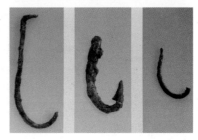

그림38 오녀산성 4기문화층 출토 낚시바늘

台子 유적에서 발굴된 채집어망추 7건 등은 고구려 초기 상황에서 어렵이 활
발했음을 짐작하게 한다. 이후 集安 洞沟古墓群이나 禹山墓区 출토 어업관
련 공구는 어망추가 250건, 철제 낚시바늘釣鉤은 41건 등으로 증가되었다.

이러한 철제 낚시바늘(그림38)[408]의 등장 및 여러 어구 출토(그림39)[409]는 고
구려 어렵활동의 생산과 규모를 알려준다. 즉, 수산물이 주요한 식량자원으
로 쓰였음을 알 수 있는 것이다.[410] 한편, 특이한 어렵방법도 등장하는데 魚鷹
가마우지 또는 물수리 통칭을 이용하여 잡는 것이라고 한다.[411]

이렇게 건국 초기부터 강을 중심으로 하는 어로 활동은 고구려 영토 확장

---

407 耿铁华, 『중국인이 쓴 고구려사』 下, 고구려연구재단, 2004, 568쪽.
408 辽宁城文物考古研究所 編着, 앞의 책, 2004, 도판 37 6~9번 魚鉤.
409 좌 - 위의 책, 도판 18 1~8번 2기 문화층 출토 陶網墜.
      우 - 위의 책, 도판 32 5번 4기 문화층 출토 陶網墜.
410 黃嵐, 앞의 글, 51~52쪽.
411 牛金娥, 「高句丽民族对东北开发的贡献」, 『北方文物』 2004-02, 北方文物杂志社, 2004,
      96쪽.

그림39 오녀산성 2기문화층(좌), 4기문화층(우) 어망추

과 함께 해양 어로활동으로 확장되어 나갔을 것이다. 그리하여 고구려는 태조왕 때에 동해안으로 진출하였고, 예와 옥저에서 "貊布魚鹽海草類" 등을 확보함으로써 다양한 식량자원을 얻게 되었다. 이후 고구려의 요동지역, 한강 유역으로의 진출은 발해 연안과 서해에서의 어로활동으로 이어져, 더욱 풍부한 수산물을 얻을 수 있는 계기가 되었을 것이다.

이상으로 Ⅲ장에서 살펴본 고구려의 식량자원 가운데 곡물은 조와 기장, 보리, 콩 등과 같은 잡곡류가 많았다. 그러나 6세기를 전후해서는 만주 및 한반도 북부에서 쌀을 생산할 수 있었던 것으로 판단된다. 이러한 곡물의 재배에서 선행되어야 할 것은 田地의 확보였다. 고구려인들은 국초부터 실행되었던 정복전쟁을 통해 田地의 확대를 이뤄내는 동시에 농기구 및 농사기술의 발달을 이뤄 생산량을 증가시켰을 것이다. 채소류 및 과실류는 재배도 했지만 채집을 통해서도 획득했으리라 생각된다.

육류의 경우는 사육과 수렵으로 얻을 수 있었는데, 고구려가 사육한 가축에서 농경에 특정되는 것은 소와 돼지다. 소는 농사와도 관련되는 역축으로 고구려에서 쓰임이 많았고, 돼지는 주로 식육재로서 활용되는 가축이었다.

이러한 돼지는 일찍부터 가축화되어 고구려 지역에서 길러졌던 것이 왕팔발자 유적 동물 유존체 古DNA분석으로도 확인되었다. 또한 농업의 발달과 함께 돼지사육도 증가되었다는 것을 알 수 있었다. 즉, 고구려의 농업발달과 돼지사육은 별개의 산업이 아닌 유기적 구조를 갖고 있었던 것이다.

수산물의 획득은 담수어업과 해수어업으로 나눌 수 있는데 포경활동과 같은 원해어업까지 가능할 정도로 발달하였음을 알 수 있다. 문헌에서 확인할 수 있는 해중식물인 곤포는 외교용으로 중국에 보내지기도 하였다. 소금의 생산도 상당하였는데 고구려는 영토 내 연근해에서의 염전에서 소금을 얻어 여러 용도로 소비하였다.

고구려의 식량자원은 역사적 추이와 함께 생산량이 증가하고 종류가 늘어났다. 다양한 식량자원은 고구려인들이 국초부터 불리한 여건을 극복하여 얻은 결과물이었다. 확장된 공간에서 더 많은 자원을 얻도록 노력한 고구려인들은 이를 통해 국가와 사회를 발전시키고, 문화를 융성하게 하는 물적 기반을 형성했음을 알 수 있다.

IV.
고구려인의
식량자원 가공법

식량자원을 소비하는 방법은 다양하다. 식량자원의 종류에 따라 비슷하거나 각기 다른 방법으로 소비된다. 기본적으로 불을 이용한 소비방법은 끓이기^羹, 찌기^蒸, 굽기^{燔·炮·炙}다. 불을 이용하지 않는 방법은 날 것의 상태로 먹거나 발효 및 염장, 건조 등을 하는 것이다. 다양한 식량자원에 따라 각기 다른 방법을 사용하여 소비하게 된다.

날것으로 먹는 방법 가운데 고구려를 대표하는 가공법으로 주목받고 있는 것은 藏釀이다. 藏釀은 식량자원을 발효시키는 것이다. 곡물, 채소, 육류, 어류 등 모든 식량자원으로 만들 수 있다. 고구려 장양 가운데 대표적인 것이 豉와 醬인데, 醬에는 肉醬과 魚醬도 포함된다. 이 때, 채소로 만드는 藏釀인 菹와 漬는 겨우내 먹을 채소를 담가 저장하는 것이다. 현재 김장문화의 시원이라고도 볼 수 있다. 음료 또한 藏釀을 통해 만들 수 있으며 술과 단술^醴, 酪이 대표적이다.

중국 문헌에는 고구려인들이 '善藏釀'한다고도 기록되었다. 이는 고구려의 음식 가공법 가운데 장양이 고구려 음식문화의 고유성과 보편성을 대표하는 음식풍습이었음을 짐작케 한다. 한편, 새롭게 도입된 차문화는 고구려 귀족층에게 다양한 문화적 소양을 충족시키는 음료문화로 향유되었다고 여겨진다.

1. 生食과 火食

生食은 익히지 않은 상태로 먹는 것 또는 그런 음식이다.[412] 흔히 火食의 상대
말로 쓰인다. 음식의 가장 기본적인 섭취 방법이기도 하다. 생식을 할 때 주
로 사용되는 요리 방법은 날 것 그대로를 분절하여 먹거나 건조를 통해 맛이
나 형태를 변화시키는 것이다.[413]

1) 生食의 종류와 양상

생식은 식량자원을 날 것 상태로 음식을 만들어 먹는다.[414] 곡물은 날 것 상태

---

412 이희승, 『국어대사전』, 민중서관, 1975, 1549쪽.
413 생식에는 염장(鹽藏)을 통한 장양(醬釀)도 포함되지만 장양은 '발효'라는 과정을 거치
   므로 생식으로 분류하기보다 독자적인 소비방법으로 살펴보도록 한다.
414 중국 문헌에서는 화식하지 않은 음식습관에 대해 다양하게 기록되었다. 동이족의 음
   식문화적 경향은 백제나 신라에서도 보인다[『禮記』 卷4, 「王制」 第5, "동방에 사는 민
   족을 이(夷)라고 하는데 머리를 풀어 헤치고 몸에 문신을 새겼으며 화식을 하지 않는
   이도 있다(東方日夷 , 被髮文身 , 有不火食者矣)"; 『隋書』 卷81, 「列傳」 第46 百濟傳,
   "衣服는 高(句)麗와 대략 같다…喪制는 高[句]麗와 같다. 五穀과 소·돼지·닭이 있으나
   대개 火食을 하지 않는다(其衣服與高麗略同…喪制如高麗. 五穀, 牛, 豬, 雞, 多不火食)";
   『册府元龜』 卷959, 「外臣部 土風」 第4-1 ; 『新唐書』 卷220, 「東夷列傳」 第145 新羅傳,
   "長人은 그 키가 거의 세 길이나 되고, 톱니 이빨에 갈퀴 손톱에다 검은 털이 온 몸을
   덮고 있다. 火食을 하지 아니한다. 새나 짐승을 날로 물어뜯는다(長人者, 人類長三丈,
   鋸牙鉤爪, 黑毛覆身, 不火食, 噬禽獸)" : 『太平廣記』 卷481, 「蠻夷」 第2 新羅傳].
   남쪽지역 종족들도 화식을 하지 않는 이가 있다는(『禮記』 卷4, 「王制」 第5, "南方日蠻,
   有不火食者矣") 기록도 있으므로 종합하면 중국의 동·남쪽 거주 종족, 백제와 신라의
   어떤 이들은 화식을 하지 않는다는 것이다. 고구려도 백제와 풍습이 비슷하므로 이러
   한 불화식의 예가 고구려인에서도 상당수 나타났을 것이다. 그렇다면 이러한 '불화식'
   을 여러 지역에서 공통으로 보일 수 있는 음식풍속이 어떤 것인지 알아내는 것이 중요

로 먹기 어려우므로 주로 수산물을 포함한 육류 및 채소류나 과일류를 주로 날것으로 소비하게 된다.[415] 육류의 경우 갓 도살한 신선한 육류를 膾의 상태로 먹는다. 소[牛膾]나 돼지[豚膾], 사슴[鹿膾], 고라니[麋腥] 등의 육류 및 여러 생선들[魚膾]이 회의 재료가 된다.[416] 이러한 회는 『釋名』에서 설명하길 "회는 모으는 것인데 고기를 잘게 썬다"[417]라고 하였다. 즉, 신선한 고기를 잘게 분절하여 먹는 것이 회였다. 중국에서도 생선회에 겨자장[418]을 곁들어 먹었던 것으로 보아 장양을 잘 만든다[419]고 평가받은 고구려에서도 비린 맛을 감춰줄 수 있는 장류를 곁들여 먹었을 것이라 짐작할 수 있다.

이와 같은 문헌적인 내용이 고구려에서도 모두 나타났는지는 명확하지 않

하다. 아마도 불로 익히지 않은 상태에서 재료 본연의 맛을 볼 수 있는 회나 발효의 과정을 거쳐 새로운 맛이 나는 장양이 유력할 듯하다.

415 『禮記』卷8, 「內則」第12, "날고기를 잘게 썬 것은 회(膾)를 만들고 큰 덩이는 헌(軒)을 만드는데 혹자가 말하길 고라니와 사슴고기, 물고기는 저(菹)를 만들고, 노루고기는 벽계(辟雞)를 만들고 멧돼지 고기는 헌(軒)을 만든다. 토끼고기는 완비(宛脾)를 만드는데 이런 음식을 만들 때에 파나 부추를 썰어서 고기와 함께 식초에 담가 부드럽게 해서 먹는다(肉腥細者爲膾, 大者爲軒. 或曰麋鹿魚爲菹, 麋爲辟雞, 野豕爲軒, 兔爲宛脾, 切蔥若薤, 實諸醯以柔之)" 이때의 '저'·'벽계'·'완비'·'헌'에 대해 자세히 알 수는 없지만 『太平御覽』(卷856, 「飮食部十四」菹條)에 설명되기는 "헌, 벽계, 완비는 모두 저류이다. 그것을 담가 만드는 것은 훈채와 함께 식초에 절여 고기의 누린내를 없애는 것이다(此軒, 辟雞, 宛脾, 皆菹類也. 其作之狀, 以醯與薰菜淹之, 殺肉及腥氣也)"라고 하였다.

416 『太平御覽』卷862, 「飮食部二十」膾條 : 『禮記』卷8, 「內則」第12, "牛膾, 羊炙, 魚膾, 芥醬."

417 『釋名』卷4, 「釋飮食」第13, "膾, 會也. 細切肉, 令散分其赤白, 異切之, 已乃會合和之也."

418 『禮記』卷8, 「內則」第12, "단수(股脩-생강과 계피를 섞어 만든 육포)를 먹을 때는 지해(蚔醢 - 왕개미 알로 만든 젓)를 곁들이고, 포갱(脯羹 - 포로 끓인 국)을 먹을 때는 토해(兔醢 - 토끼고기 젓)를, 미부(麋膚 - 고라니 피부 바로 밑의 고기)를 먹을 때는 어해(魚醢)를, 어회(魚膾)를 먹을 때는 개장(芥醬)을, 미성(麋腥 - 고라니 날고기)을 먹을 때는 해(醢 - 젓갈)나 장(醬)을 곁들여 먹는다(股脩, 蚔醢, 脯羹, 兔醢, 麋膚, 魚醢, 魚膾, 芥醬, 麋腥, 醢, 醬)."

419 『三國志』卷30, 「魏書 東夷傳」第30 高句麗傳, "그 사람들은 깨끗한 것을 좋아하며 장양을 잘한다(其人絜淸自喜, 善藏釀)."

다. 그러나 대체로 날 것 상태로 먹는 방법이란 비슷하기 때문에 유사한 양상을 보일 것으로 생각된다. 채소나 과일은 씻어 그대로 먹거나 여러 양념과 함께 먹는다.[420]

건조는 곡물류나 육류 및 어류, 식물류 등의 수분을 제거하는 행위다. 일반적으로 태양열로 건조시키는 방법이나 자연통풍 또는 목재를 연소시켜 얻은 열로 식량자원을 건조시키는 방법 등이 사용된다. 이렇게 건조시키는 방법은 식량자원을 장기간 보존할 수 있을 뿐만 아니라 부피와 중량을 감소시켜 저장하는 장소를 적게 차지하게 한다. 식량자원을 이동시킬 때도 간편하다는 장점이 있다.[421]

곡물을 건조시키는 것은 주로 장기간 보관하기 위한 것이다. 고구려에서는 일반적으로 햇빛을 이용하거나 구들을 이용[422]하여 건조시켜 부경에 저장했을 것이다. 특히 고구려의 주거양식의 특징이 '長坑'[423]이라고 하는 구들이었

---

420 『禮記』卷8,「內則」第12, "'도저(桃諸 - 저장 복숭아)나 매저(梅諸 - 저장 매실)를 먹을 때는 난염(卵鹽 - 소금)을 곁들여 먹는다(桃諸, 梅諸, 卵鹽)."
　* 도저(桃諸)에 대해서『釋名』(卷4,「釋飮食」第13)에서는 "도저는 복숭아를 저장한 것이다. 저(諸)는 쌓아두는 것이기도 하다(桃諸, 藏桃也。諸, 儲也)"라고 하여 겨우내 저장한 복숭아를 의미한다고 볼 수 있다. 마찬가지로 매저 또한 저장된 매실이라고 해석할 수 있다.

421 전재근,「식품의 건조기술」,『식품과학과산업』12-2, 한국식품과학회, 1979, 15쪽.

422 서기 전 4~3세기 경까지 상한하여 볼 수 있는 구들(정찬영,「초기 고구려 문화의 몇 가지 측면」,『고고민속』4, 과학원출판사, 1965, 30~31쪽)을 사용했고 고구려나 백제, 가야 등에서도 구들을 사용한 집터가 발견되고 있다. 고려시대에도 한겨울 산골마을에서 팥을 구들방에 깔아 말리고 있었던 것으로 보아 삼국시대에도 햇빛이나 온돌에 곡물을 일정 정도 말려 수분을 없앤 후에 보관하는 방법이 일반적이었을 것으로 보인다(윤성재,『고려시대 식품의 생산과 소비』, 숙명여대 박사학위논문, 2009, 36쪽).

423 『舊唐書』卷199,「東夷列傳」第149 高句麗傳, "겨울철에는 모두 구덩이를 길게 파서 밑에다 숯불을 지펴 방을 덮힌다(冬月皆作長坑, 下燃熅火以取暖)";『新唐書』卷220,「東夷列傳」第145 高句麗傳, "가난한 백성들은 한겨울에 긴 구덩이를 파고 불을 지피어 방을 덮힌다(竆民盛冬作長坑, 熅火以取煖)":한치윤,『海東繹史』卷28,「風俗志」雜俗條.

으므로 이것을 이용한 건조 방법이 많이 사용되었으리라 짐작된다.

육류의 건조는 脯[424]인데 육류뿐만 아니라 채소류나 과일류를 건조한 것도 '포'라고 한다.[425] 이러한 포는 자연 건조시키는 방법이다. 이때 소금이나 장즙 등을 첨가하여[426] 말린다면 부패를 막는데 도움이 될 뿐만 아니라 풍미를 더하는 음식이 된다. 그렇기 때문에 포는 제사를 비롯한 다양한 상황에서 대표적인 음식으로 쓰였을 것이다. 채소류나 과일류 같은 경우는 건조시켜 보관하였다가 수분을 더해 연성화시켜 먹거나 또는 분쇄해 감미료로 사용했을 것이다. 한편, 연기나 열에 그을려 말리는 건조방법도 있다. 훈연음식이 그것인데 수산물을 포함한 육류가 모두 포의 재료가 될 수 있다.

고구려의 음식 소비에서 이러한 내용을 짐작할 수 있게 하는 자료는 안악3호분의 '육고도'다(그림

그림40 안악3호분 육고도

---

424 『說文解字』卷5,「肉部」, "포는 고기를 말리는 것이다(脯, 乾肉也)."
　　한편, 말린 고기를 뜻하는 또 하나의 자는 석(腊)이다. 『說文解字』(卷5,「肉部」, "臘[腊] 冬至後三戌, 臘祭百神. 从肉巤聲")에서는 腊에 대해 동지 이후 三戌에 모든 신에게 제사를 지낼 때 사용된 고기로 『釋名』(卷4,「釋飮食」第13, "腊, 乾昔也")에는 말린 고기라고 설명되었다.
425 『釋名』卷4,「釋飮食」第13, "능금 말린 것은 능금을 잘라 포와 같이 말린 것이다(柰脯, 切柰暴乾之如脯也)."
426 『釋名』卷4,「釋飮食」第13, "포는 엿이나 꿀, 시즙에 담가 구워 말린 것이다(脯, 炙以餳密豉汁淹之, 脯脯然也)."

40).[427] 육고도 안쪽에는 '京屋'이라는 한자가 쓰여져 있어 고구려 특유의 다락창고인 桴京의 일종임을 알 수 있다.[428] 수렵을 통해 잡은 사슴이나 노루, (멧)돼지 및 몇몇 고기덩이 등이 이곳에 걸렸다. 소금을 뿌려 건조시킨 것이거나 훈연 및 자연건조를 거친 고기덩이들을 걸어 보관하였을 가능성도 있다. 평안남도 대동군 팔청리에 위치한 팔청리 고분의 사잇길 동벽에도 肉庫 그림이 그려져 있다. 여러 마리의 꿩 및 작은 동물이 안악 3호분 육고의 육류와 유사하게 걸려 있다(표8 참조).

이러한 육류는 전체 또는 부분적으로 말려지거나 훈연되어 건조되었다고 생각된다. 특히, 훈제된 고기는 특유의 향과 함께 다른 食物과 곁들여져 먹어도 풍미가 좋았을 것이다. 장기간 보관하기도 좋으며, 부피가 작아서 장소도 적게 차지하는 저장음식이라고 보인다. 기름기가 적은 육류의 부위를 깨끗이 씻어 소금에 절인 후 훈연한 육류는 지금의 베이컨처럼 된다. 베이컨과 같이 소금에 절인 후 훈제로 만드는 수조육류는 별다른 식재료를 첨가하지 않아도 훌륭한 음식이 될 수 있다.

2) 火食의 종류와 양상

火食은 불에 식량자원을 익히거나 삶은 음식을 먹는 것이다.[429] 굽는 방법은 여러 가지이나 대표적인 것은 직접 굽기燔, 싸서 굽기炮, 나뭇가지 등에 꿰어

427 박선희, 앞의 책, 36쪽.
428 국립문화재연구소 북한문화재자료관, 고구려고분벽화 웹서비스.
    http://north.nricp.go.kr/nrth/kor/cul/cul_view.jsp
429 이희승, 앞의 책, 3245쪽.

굽기炙다.[430]

여러 방법 가운데 고구려에서는 꿰어 굽는 적법이 유명했다. 炙은 본래 불 위에 식량자원을 놓고 굽는 것[431]으로 긴 막대에 고기를 꿰어 불에 돌리면서 굽는 형태를 취한다.[432] 식량자원을 절단하여 굽는데 육류나 어류를 비롯하여 채소류까지 모두 재료가 될 수 있다. 특히, 적은 미리 양념을 해서 굽기 때문에 찍어먹는 장이 별도로 필요하지 않았다.[433]

우리 민족 고유의 적은 貊炙[434]이라고 불리며 고구려의 대표 음식으로 자리매김했다. 이 맥적의 특징은 일반적인 적과는 달리 잘게 자르지 않고 육류를 통째로 양념하여 굽는 것이다. 현재 맥적에 관해 간혹 고구려의 음식이 아니라는 주장이 제기되고 있지만[435] 맥적이란 음식명은 '맥족'의 구이 음식이기 때문에 이름 붙여졌다. 맥족 계열에 고구려가 포함되고 있으므로 맥적은 고구려 고유의 구이 음식이다.[436]

또한 직접 불에 익히지 않아도 물이나 증기를 통해 식량자원을 익혀서 음

---

430 篠田統(시노다 오사무), 『중국음식문화사』, 민음사, 1995, 30쪽.

431 『說文解字』 卷11, 「炙部」, "炙, 炮肉也. 从肉在火上. 凡炙之屬皆从炙"；『釋名』 卷4, 「釋飮食」 第13, "炙, 炙也, 炙於火上也."

432 敖桂华, 「"炙"漫谈」, 『井冈山师范学院学报』 22, 井冈山师范学院, 2001；张凤, 「汉代的炙与炙炉」, 『四川文物』 2011-2, 四川省文物局, 2011, 58~60쪽.

433 『儀禮』 卷9, 「公食大夫禮」 第9, "凡炙無醬."

434 『釋名』 卷4, 「釋飮食」 第13, "貊炙, 全體炙之, 各自以刀割出於胡貊之爲也."

435 王仁湘, 「羌煮貊炙话 "胡食"」, 『中国典籍与文化』 1995-1, 国典籍与文化杂志编辑部, 1995；王仁湘, 「天子爱胡食」, 『中华文化画报』 2008-10, 中国艺术研究院, 2008；姜維恭, 「貊炙与韓國烤肉」, 『高句丽歷史研究初編』, 吉林大學出版社, 2005；王玲, 「《齐民要术》与北朝胡汉饮食文化的融合」, 『中国农史』 24, 中国农业历史学会, 2005；徐成文, 「汉唐时期胡, 汉民族饮食文化交流」, 『东方食疗与保健』 2008-10, 湖南省药膳食疗研究会, 2008；海峰, 「"胡食"胡话」, 『科学大观园』 2008-14, 科学普及出版社, 2008.

436 박유미, 「맥적의 요리법과 연원」, 『선사와 고대』 38, 한국고대학회, 2013, 43~46쪽.

식으로 만드는 방법이 있다. 대표적인 방법이 煮와 蒸이다. 煮는 烹이라고도 한다. 곡물이나 수조어육류, 채소류와 같은 식량자원을 물에 넣어서 익히는 방법이다. 곡물을 솥에 넣고 끓여 호화시키는 방법은 금속 솥이 보급된 이후 보편적이 되었을 것으로 추정된다. 토제 솥의 경우 솥의 질에 따라 흙냄새가 나기도 하기 때문에 그다지 선호되지 않을 것이다. 중국에서도 금속 솥이 아닌 토제 솥에 식량자원을 넣고 끓인 음식을 하품으로 여겼기 때문에[437] 고구려도 이와 비슷한 상황이 있었을 것으로 추정된다.

蒸은 찌는 것이다.[438] 고구려 관련 유적에서 발굴되는 시루甑[439]는 곡물의 호화 및 채소류나 육류 등을 익힐 때 사용되었다. 특히 물에 직접 넣고 끓이지 않으면서도 수분을 보충시켜 곡물을 익힘으로써 곡물을 주식으로 자리매김하는데 큰 역할을 하였다. 고구려인들도 철 가마솥이 보편화되기 전까지 주식인 밥이나 떡 등을 시루에 쪄서 먹었을 것이다.

2. 藏釀의 종류와 양상

장양은 발효 음식이다. 고구려는 善藏釀[440]한다고 하여, 발효 음식에 특화된 음

---

437 篠田統, 앞의 책, 31쪽.
438 『說文解字』卷2,「艸部」,"蒸, 折麻中榦也."
439 고구려에서 출토된 유물에 대한 근거자료는 Ⅴ장에서 제시한다.
440 『三國志』卷30,「魏書 東夷傳」第30 高句麗傳,"其人絜淸自喜, 善藏釀";『梁書』卷54,
    「東夷列傳」第48 高句麗傳,"其俗喜歌儛, 國中邑落男女, 每夜羣聚歌戲. 其人潔淸自喜,
    善藏釀";『南史』卷79,「東夷列傳」第69 高句麗傳,"俗喜歌儛, 國中邑落, 男女每夜羣聚
    歌戲. 其人潔淨自喜, 善藏釀, 跪拜申一脚, 行步皆走."

식문화를 갖고 있었다. 고구려의 대표적인 발효음식은 豉·醬이다. 또한 여기에는 여러 육류를 식량자원으로 한 肉醬·醢, 수산물을 재료로 담근 魚醬·魚醢, 채소류를 절인 菹와 漬가 포함된다. 발효로 만든 음료에는 酒, 醴, 酪이 있다.

1) 곡물의 藏釀

(1) 豉·醬 만드는 법

고구려 시대의 대표적인 곡물장은 '豉'다. 표11은 고려시대 이전까지 시와 장이 언급된 문헌의 내용으로, 문헌상으로는 삼국시대에 시와 관련된 내용만 나타났다. 그런데 삼국시대 통일전쟁 이후 '장'이 등장하는 것을 볼 수 있다. 이러한 문헌을 통해 시와 장이 시대별로 쓰임의 차이가 있는지, 혹은 양자가 함께 쓰였는지에 대한 내용을 유추하기는 어렵다.

한편, 표11 덕흥리 벽화고분의 묘주인 鎭은 묵서명에 "…아침에 먹을 鹽豉를 한 창고분이나 두었다." 라고 기록하였다. 이를 통해 시가 '한 창고분이나' 보관할 가치가 있거나, 타인에게 과시할 수 있는 음식이란 것을 짐작할 수 있다. 이때의 시는 집에서 만든 것일 수도 있지만, 묘주인의 위치나 신분으로 봤을 때 조세나 공납 등으로 납부 받은 것일 수도 있다.[441]

이러한 시는 표11의 『三國遺事』에 기록된 '흥륜사의 장'과 같이 큰 사찰에서 제조하는 경우도 가능할 것이다. 그렇기 때문에 고구려의 정릉사나 금강사 등의 사찰에서 만든 것을 묘주인이 구매하여 가져온 것일 수도 있다. 어느

일반적으로 '술을 잘 빚는다'고 풀이되는 장양은 발효의 과정을 거치는 음식을 통칭해야 옳다.

441 김지원, 「민족발효음식 - 장의 발생에 대한 고찰」, 『조선고고연구』 116, 사회과학원고고학연구소, 2000, 48쪽.

경우에서나 특별하게 만든 것을 제공받은 시를 '한 창고분'이나 확보할 수 있는 것은 그만큼의 지위가 있지 않으면 어려운 일이기 때문에 鎭은 표11에서와 같은 묵서명을 남겼다고 생각된다.

표11 삼국시대부터 남북국시대까지의 시와 장 관련된 기록[442]

시기	명칭	출처
삼국	豉	《덕흥리벽화무덤》 묵서명 "造欌萬功日煞牛羊酒 米粲不可盡掃旦食鹽豉食一椋記"
	豉	『册府元龜』卷126,「帝王部 納降」태종 정관19년(645) 6월 정유, "蕪荑豉等"
	豉	『三國史記』卷7,「新羅本紀」第7 문무왕 11년(671), "因卽熊津道斷, 絶於鹽豉"
남북국시대 (신라, 발해)	豉	『新唐書』卷219,「渤海傳」"柵城之豉"
	醬, 豉	『三國史記』卷8,「新羅本紀」第8 신문왕 3년(683), "納采幣帛十五轝米酒油蜜醬豉脯醢"
	醬	『三國遺事』卷5,「感通」第7 김현감호, "興輪寺 醬"

콩으로 장양을 하는 가장 쉬운 방법은 삶은 콩을 그대로 띄워서 소금을 쳐서 먹는 것이다. 이후 과도적 방법 및 발전된 양상은 삶은 콩을 부스러뜨려 띄워서 말린 가루상태의 메주를 만들어 담그는 방법, 삶은 콩으로 덩어리 상태의 메주를 만들어 띄워 담그는 방법이라 할 수 있다. 삶은 콩을 부스러뜨려서 띄운 것을 말리면 가루상태가 되므로 이것을 '가루 말' 자를 써서 末醬이라고 하였을 것이다. 여기서 주목되는 것은 메주단계와 장 담그는 과정이 분리된 것이다. 말장은 메주를 따로 만드는 과도적인 형태의 장이라고 볼 수 있

---

442 김지원,「장의 종류와 제조법에 대한 몇가지 고찰」,『조선고고연구』120, 사회과학 고
     고학연구소, 2001, 45쪽.

다. 고구려의 장을 말장이라고 한 사실로 보아 현재의 醬은 가루메주로부터 덩이메주로 전환된 후 담가진 장이라고 볼 수 있다.[443]

이러한 고구려의 말장은 일본의 장인 '미소'에 영향을 주었다고 기록되었다. 일본의 「大寶律令」(701년)에 기록이 나타난다. 「和名抄」(937년)에서 말장을 고려장이라고 표기하고 "미소"라 부르고 있으며, 고려시대 『鷄林類事』에 의하면 "醬曰密祖"라고 하였다.[444] 음운학자인 시미즈 키요시는 '메주 micu[soybean malt]'를 음운학적으로 분석하면, 만주어 형태는 같은 의미를 가진 misu-n이며, 일본어 형태는 '味みそ mis-o[soybean paste]'라고 했다. 이것은 일본인 승려 요시다 겐코[吉田兼好]가 쓴 수필 「徒然草」에 최초로 기록돼 있다고 했다. 메주의 만주어와 일본어 형태는 현대 한국어 형태보다 초·중기 한국어 형태인 '密祖[mico]'에 더 가깝다고 평가하였다.[445]

한편, 장을 만든 초기에는 된장과 醬油가 분리되지 않은 상태였다. 그러나 점차 장 제조기술이 발전되면서 된장과 醬油를 따로 만들게 되었을 것이다.

콩 등의 곡물로 장양할 때 필요한 도구는 구들이다. 구들이 놓여 진 집에서는 일정한 온도를 맞추기가 용이하다. 특히, 겨울철 온도 맞출 때에 구들이 없는 곳보다 훨씬 쉽다. 게다가 구들이 놓인 따뜻한 아랫목에서 콩을 띄우는

---

443 김지원, 앞의 글, 2001, 47쪽.

444 이성우, 「고대 동아시아 속의 두장에 관한 발상과 교류에 관한 연구」, 『한국식문화학회지』 5, 한국식문화학회, 1990, 314쪽.

445 시미즈 키요시는 농업분야에서 일본이 고구려에서 차용한 3개의 분명한 용어들이 있다고 했다. 첫 번째는 '뿌리ppur-i'다. 중기 한국어 '불휘pur-hui'는 만주어 ful-ehe에서 찾아볼 수 있으며, 이 만주어는 고대 한국어 '*pul-eke(root)'에서 기원한 것이다. 두 번째는 '무(根菜) mu-u'다. 중기 한국어 '무 muzu(radish)'는 여진어 'niaju -z-'보다는 오히려 고조선어 형태인 *bur를 보존하고 있는 것이다. 3번째는 위의 내용에 있는 메주이다(시미즈 키요시, 「고구려는 동아시아 '지중해 제국'」, 『위클리경향』, 경향신문사, 2007. 10. 16 : 『아나타는 한국인』, 정신세계사, 2004, 176쪽).

그림41 영변 세죽리 유적 1호 집자리 구들

일은 우리 민족에게 그다지 낯설지 않은 일이다. 우리 민족의 구들은 이미 서기 전부터 존재했다. 로남리 및 토성리 유적, 세죽리 유적(그림41)[446] 등에서 구들의 유적을 확인할 수 있다.[447] 고구려에는 구들과 관련하여 유적뿐만 아니라 "겨울철에는 모두 구덩이를 길게 파서 밑에다 숯불을 지펴 방을 덥힌다."[448]란 문헌기록이 나온다(그림42).[449] 이를 통해 구들이 고구려에 일반적으로 보급된 것임을 알 수 있다.[450] 구들이 난방 및 취사 외에도 조리나 건조 등

---

446 조선유적유물도감 편찬위원회b, 앞의 책, 92쪽 도판 175번.

447 정찬영, 앞의 글, 30~31쪽.

448 『舊唐書』卷199,「東夷列傳」第149 高句麗傳, "겨울철에는 모두 구덩이를 길게 파서 밑에다 숯불을 지펴 방을 덮힌다(冬月皆作長坑, 下燃熅火以取暖)";『新唐書』卷220,「東夷列傳」第145 高句麗傳, "가난한 백성들은 한겨울에 긴 구덩이를 파고 불을 지피어 방을 덮힌다(竆民盛冬作長坑, 熅火以取煖)":한치윤,『海東繹史』卷28,「風俗志」雜俗條.

449 한민족유적유물박물관(舊『조선유적유물도감』고구려편), 건물터 중 동대자 유적, 동방미디어 웹서비스.

450 고구려에서 구들이 놓인 유적으로 길림성 집안현 동대자(東臺子)유적을 들 수 있다. 동대자유적의 동쪽방에는 한고래짜리 'ㄱ'모양의 구들이 있고 서쪽방에는 두고래짜리 'ㄱ'모양의 구들이 놓였다. 매 방의 'ㄱ'모양 구들은 각각 북쪽의 큰 굴뚝으로 이어졌다. 이러한 양상은 평양 부근 무진리 왕릉동에 위치한 정릉사터에서도 볼 수 있다(위

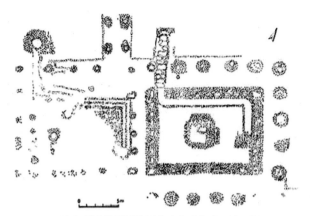

그림42 길림성 집안현 동대자 유적 〈ㄱ〉 모양 구들

의 목적으로 활용되는 것은 고구려인들에게 이상한 일은 아니었다.

또한 시와 장에 대해 살펴봐야 할 것은 그것들을 설명한 내용이다. 특히 시에 대한 설명은 매우 독특하다. 조선 중종 때에 편찬된 『訓蒙字會』[451]에는 醬을 '쟝 쟝'이라 하며 민간에서는 '청장'을 된장, '장유'를 간장이라고 했고, 豉를 '젼국 시', 민간에서는 '두시'라 한다고 기술되었다.[452] 그러나 시에 붙여진 '戰國'이란 이름, 즉 두시가 전쟁과 관련 있다고 평가되는 것에 대해 19세기 백과사전류인 『五洲衍文長箋散稿』에서는 다음과 같이 비판하고 있다.

Ⅳ-1.
시는 지금 戰國醬이라고 불린다. 이것은 전쟁 때에 하룻밤 사이에 만들어지
는 것으로 군중에서 쉽게 만들어 먹었기 때문에 이렇게 이름 지었다고 하는

의 웹서비스 동대자 유적 참조).
451 조선 중종 22년(1527)에 간행된 최세진(崔世珍)의 어린이 한자 학습서다.
452 최세진 저, 동양학연구소 편,『訓蒙字會』, 단국대학교 출판부, 1995, 84·261쪽.

데 모두 터무니없는 말이다. 농촌에서는 싱거운 음식을 먹으며 이것도 또한 구하기 어렵다. 그런고로 譏記를 처음 봐서 (비)웃으면서 무료해 하는 장삼이사들의 품위가 낮고 외설스런 말과 닮았다. 낭자하고 떠들썩한 소리로, 누가 있어 그 의견을 칭찬할 것인가. [453]

사료 Ⅳ-1을 지은 이규경(1788~1863)은 정조 때의 실학자인 李德懋의 손자이자, 역시 규장각 검서관이었던 李光葵의 아들이다. 실학자로서 유명한 집안의 전통은 이 책의 저술에 큰 영향을 주었다고 볼 수 있다.[454] 이규경은 특히 名物度數를 중시하였다. 이는 명물도수의 학문에서 가장 기초가 되는 것이 사물의 정확한 이름을 규명하는 것이다.[455] 이러한 견지에서 이규경이 시에 대한 명칭인 '戰國'이란 별칭은 맞지 않으며 사물에 대한 정확한 이해 없이 이러한 내용이 회자되는 것도 옳지 않다고 비판하고 있다. 실제로 『齊民要術』의 '作豉法'에서 "여름에는 10일, 봄가을에는 12일~13일, 겨울에는 15일이면 두시가 익는다."고 기록되었다.[456] 같은 문헌에서 醬을 계절에 따라 21일에서 35일 사이에 익혀 먹는다고 한 것[457]에 비하면 짧은 기간이지만 본래 알려진대로 하룻밤 안에 만들어 먹을 수 있는 음식은 아니었다. 다만, 고대 국가간 전쟁에서 시가 軍用으로 활용[458]되었으므로, 이를 고려하면 '戰國'

---

453 李圭景, 『五洲衍文長箋散稿』, 「人事篇-配鹽幽菽辨證說」, "豉者. 今俗所謂戰國醬也. 此物成於一夜之間. 而戰國時. 軍中以易制而食. 名之云. 蓋無稽之說也. 鄕居淡食者. 此亦難得. 故譏記素嘗見者. 自笑無聊而然. 似勝於與張三李四鄙諺褻語. 狼藉哄噎. 有誰賞其意趣也."

454 김채식, 「이규경의 《오주연문장전산고》 연구」, 성균관대학교 박사학위논문, 2009, 20~26쪽.

455 위의 글, 39~42쪽.

456 『齊民要術』卷8, 「作豉法」第72, "夏停十日, 春秋十二三日, 冬十五日, 便熟."

457 『齊民要術』卷8, 「作醬等法」第70, "熟便開之, 臘月五七日, 正月, 二月四七日, 三月三七日."

458 『三國史記』卷7, 「新羅本紀」第7 文武王條, "11년[671]…이 때문에 웅진은 길이 끊겨서

이란 명칭을 다소간 이해할 수는 있다.

게다가 별칭에 대한 시시비비만이 아니라 시가 어떤 것인지 알 수 있게 하
는 단서도 『五洲衍文長箋散稿』에 나타난다.

Ⅳ-2.

살펴보건대 『楚辭』[459]에서 메주, 소금, 식초 그리고 신 것, 단 것이 어우러져
갖가지 맛을 낼 것이라고 했다. 메주는 豉로, 시즙도 얻는다고 설명했다. 염
분, 식초, 산초, 생강, 엿당, 꿀로 조화롭게 만든다. 즉 맵고 단 맛을 모두 드
러나게 한다. 그런고로 옛날에는 시란 글자가 없었다. 약간 드러난 바는 史
游가 지은 『急就章』과 『史記 貨殖傳』에서 볼 수 있다. 즉 모든 시는 한나라
이래로 살펴볼 수 있었다.[460]

이규경은 시에 대해서, 옛날에는 시란 글자가 없었다고 했다. 또한 전한시
대의 『史記』와 『急就章』[461]에 실린 시의 기록이 가장 이른 시기의 기록임을

염시가 떨어지게 되었다(十一年…因卽熊津道斷, 絕於鹽豉).”
문무왕이 당의 설인귀에게 보낸 글에서 '염시'를 확인할 수 있다. 이때의 염시는 군량
으로서 식생활에서 필수적인 물품이었는데 이후의 글에 '소금을 보내 곤경에서 구하
였다(偸道送鹽, 救其乏困)'라고 한 내용에서 소금과 염시가 대칭되며, 군중에서 쓰이는
필수 식량자원이었음을 알 수 있다. 아마도 염시가 염분을 제공하면서 음식의 맛이나
영양을 높이는 음식이었기 때문이라고 짐작된다.

459 『楚辭』卷9,「招䰟」, “메주, 소금, 식초 그리고 매운 것, 단 것이 어우러져 갖가지 맛을
낼 것이다(大苦鹹酸 , 辛甘行些).”

460 李圭景, 앞의 글, “按楚辭曰. 大苦鹹酸. 辛甘行. 說者曰. 大苦. 豉也. 言取豉汁. 調以鹹酸椒
薑飴蜜. 則辛甘之味皆發而行. 然古無豉字. 菫見 史游 急就章 及 史記·貨殖傳 則蓋自漢
以來.”

461 중국 전한 원제(서기 전 49 ~ 서기 전 33)때에 황문령을 역임한 史游가 지은 字書다. 한
자의 학습을 위한 것으로 『急就篇』이라고도 한다(서한용,「《急就篇》異文에 대한 고

밝혔다. 그가 언급한 『史記』[462]에 의하면, 사마 천(서기 전 145?~서기 전 86?)이 생존할 당시에 이미 큰 도회의 장에서는 한해에 천 동이 분량千瓮의 시가 판매되었다고 한다. 최소한 漢代 초기나 그 이전시기에 시가 중국에 나타나지 않으면 널리 유행할 수 없다. 음식문화는 보수적인 문화로 새로운 음식이 도입되어 사람들이 선호하게 되려면 일정 정도의 시간이 필요하기 때문이다. 이를 통해 시는 적어도 한무제 이전시기에 중국에 도입되었다고 볼 수 있다.

『急就章』에는 "蕪荑鹽豉醯酢醬"[463]라는 기록이 있는데, 이 때 시가 나타난다. 시는 콩을 어두운 곳에서 발효시키는 것이고, 장은 밀가루를 첨가한 것이

찰」, 『한자한문연구』, 고려대 부설 한자한문연구소, 2012).

462 『史記』 卷129, 「貨殖列傳」 第69, "교통이 발달한 큰 도회에서는…천 답의 누룩·소금·메주, 천 근의 복어·갈치, 천 석의 잡어, 천 균의 절인 어물, 삼천 석의 대추·밤, 천 피의 여우와 담비 가죽, 천 석의 새끼양과 양가죽, 천 구의 털자리, 그 외의 천 종의 과일과 채소 천 관의 이자를 놓는 돈, 중개하는 상인은 탐가는 3/10을 얻을 수 있고 염가는 5/10을 얻을 수 있다. 이 또한 천승의 가와 비교하여 대체로 비슷하다(通邑大都, … 糵麴鹽豉千荅, 鮐鮆千斤, 鮿千石, 鮑千鈞, 棗栗千石者三之, 狐貂裘千皮, 羔羊裘千石, 旃席千具, 佗果菜千鍾, 子貸金錢千貫, 節駔會, 貪賈三之, 廉賈五之, 此亦比千乘之家, 其大率也)."

463 『急就章』 卷2, "무이염시, 초와 장은 맛이 시다. 무이는 무고의 열매다. 무고는 일명 고유(橭楡)인데, 산중에서 꼬투리가 둥글게 영글어 떨어지는 것을 취하고 나무껍질을 합하여 담근다. 그리고 그것을 말리면 매운 맛이 난다. 이아에서는 무고의 열매를 이(夷)가 옛날 무이라고 말한 것에서 연유한다고 말한다. 소금은 짠물에서 생긴다. 옛날 숙사씨(夙沙氏)가 처음 바닷물을 끓여 소금을 만든 후 하동에서는 소금이 많이 났으며 장차 언덕의 화정[천연가스 나오는 곳]에 이르렀다. 시는 콩을 어두운 곳에 두어 (발효)되도록 하고, 초(醯, 酢)는 역시 하나의 사물에 2개의 이름이 붙여졌다. 장은 콩으로써 밀가루를 합하여 [발효]되도록 한다. 고기로써 담가지는 것을 해라고 하고 뼈가 붙어 있으면 니[뼈 섞인 젓]라고 하는데 장차 장이 된다. 식사에 장이 있으면 모름지기 장수가 군대에서 인솔하고 지도하는 것이다(蕪荑鹽豉醯酢醬. 蕪荑, 無姑之實也. 無姑一名橭楡, 生於山中. 其莢圓厚, 剝取樹皮, 合漬而乾之, 成其辛味也. 爾雅日, 無姑, 其實夷. 故謂之蕪荑也. 鹽, 生於鹹水者也. 古者夙沙氏初煑海爲鹽, 其後出河東大鹵, 臨卭火井焉. 今則處處有之矣. 豉者, 幽豆而爲之也. 醯, 酢, 亦一物二名也. 醬, 以豆合麪而爲之也. 以肉日醢, 以骨日臡. 醬之爲言將也. 食之有醬, 如軍之須將, 取其率傾進導之也)."

라고 설명하였다. 즉, 시는 콩만 발효시키는 것이고, 장은 콩에 밀가루와 같은 다른 종류의 곡물 첨가제를 넣는 것이었다. 또한 장의 종류에는 穀醬만 있는 것이 아니라 여러 고기류를 발효한 것까지 포함된다고 하였다. 이렇게 보자면, 漢代의 기록에 나타난 시는 여러 재료가 혼합되는 장에 비해 단일 재료로 만들어지는 것이었다. 당시로선 갑자기 등장한 새로운 개념의 장양이었던 것이다.[464]

또한 위진시대 장화가 지은 『博物志』에는 "외국에 시를 만드는 법이 있다."[465]고 기록되었다. 이 기록에 의하면 시는 외국에서 전래된 장양이다. 北魏의 『齊民要術』에서도 作豉法을 전하면서 "豆豉는 만들기 어렵고 잘 상하기 때문에 반드시 세심한 마음씀씀이가 필요하다.", "온도가 적당해야 하기 때문에 술을 담그는 것보다 더 어렵다."고 전하고 있다.[466] 반복하여 시 만들기의 까다로움을 전하고 있어 중국인들이 오랫동안 만들어온, 익숙한 방식의 장양이 아니라는 인상을 주고 있다.

결과적으로 시는 중국이 아닌 곳에서 들어온 것이며, 적어도 前漢 이전 시기의 문헌에 나타난 바 없다. 그러나 사마천이 생존했을 무렵, '시'가 한 해에 천 동이 분량千苦이 매매된다고 전하므로, 서기 전 1~2세기 무렵이나 그 이전 시기에 이미 시가 중국에 전래되었다고 볼 수 있다. 이러한 시기에 시가 '외국'에서 중국에 전래되었다면, 가장 유력한 지역은 콩의 원산지인 만주지역

---

464 송대의 백과사전류인 『太平御覽』(卷855, 「飮食部十三」 豉)에서 기록하고 있는 시의 가장 이른 출처 또한 전한대 기록인데 반해, 장(『太平御覽』 卷865, 「飮食部二十三」 醬)은 『論語』 등으로 시보다 이른 시기의 기록에 나타난다.

465 『北堂書鈔』 卷146, 「豉三十四」, "博物志曰, 外國有豉法…."

466 『齊民要術』 卷8, 「作豉法」 第72, "豉法難好易壞, 必須細意人,…是以又須留意, 冷暖宜適, 難於調酒."

일 것이다. 만주의 여러 종족 가운데 농사에 익숙하고 정주생활을 해야 한다는 조건에 맞는 종족이나 나라에서 시를 만들어 중국에 전했다고 볼 수 있기 때문이다. 아마도 이 조건을 前漢 무렵 및 그 이전부터 충족시킬 수 있는 유력한 나라는 고조선이라고 생각된다.

선사시대부터 고조선의 영역에서 콩과 관련한 식물 유체가 출토되고 있으며,[467] 농사와 관련된 다양한 농기구가 발굴되고 있다.[468] 고조선의 것으로 여겨지는 많은 농기구[469]와 토기류[470]도 고조선에서 콩을 활용한 시 제작의 가능성을 높여주고 있다. 아울러 고조선 이후 그의 옛 땅에[471] 들어선 고구려는 高麗豆와 藏釀, 長坑으로 유명하였고, 부여는 이미 선주민 문화인 서단산문화 때부터 콩을 재배하여 활용했다. 부여 및 고구려 이후에도 발해에서 시가 귀하게 여겨진다고 『新唐書』에 기록(표11 참조)된 것을 통해 오랜 콩 재배의 전통과 그 활용이 같은 민족에게 계승되고 있음을 알 수 있다. 이와 같은 내용을 통해 고조선에서 시가 만들어졌을 가능성이 크고, 그것이 중국에 전래되었을 수 있다고 추측된다.

한편, 고구려를 비롯한 고대 국가 관련 기록에서 시에 관한 내용을 보면 장보다 시가 더 특별하게 활용된 음식으로 생각된다. 문헌에서의 시는 각각 묘지명, 당태종에게 바친 물품, 군용 식량, 國人들이 귀하게 여긴 것, 왕의 폐백 물품 등에 나타난다(표11 참조). 묘지명이나 당태종 관련한 내용, 왕의 폐

---

467 Ⅲ장의 표 관련 내용 참조.
468 장국종, 앞의 책, 10~16쪽.
469 위의 책, 20~21쪽·26쪽.
470 리병선, 앞의 글, 5쪽.
471 『後漢書』卷85「東夷列傳」第75 濊傳, "예 및 옥저·고구려는 본디 모두가 [옛]朝鮮의 지역이다(濊及沃沮·句驪, 本皆朝鮮之地也)."

백 물품에서 나타나는 시는 귀한 것이기 때문에 기록되었다고 짐작할 수 있다. 군용 식량으로서의 시나 국인들이 귀하게 여기는 시는 일상생활에서의 필수품이기 때문에 전쟁 때에도 필요하고 국인들이 그것을 귀하게 여긴다고 추측가능하다. 이렇게 보자면 시는 고구려인 및 고대인들의 음식생활에서 장보다 특별한 위치를 점하고 있었다고 짐작해 볼 수 있을 것이다. 또한 시는 豆豉 뿐만 아니라 '蕪荑豉'[472]라는 내용도 문헌에 나타나므로 콩뿐만 아니라 다른 식량자원을 첨가하여 기존의 맛과 다른 각종 시를 만들었음도 짐작할 수 있다.[473]

(2) 酒·醴·酢의 제조와 쓰임

곡물 장양 가운데 음용할 수 있는 발효음료는 酒, 醴이며 액체류 조미료로는 酢가 있다. 고구려에서 음용된 음료에 대해 구체적인 명칭이 밝혀진 바는 없지만, 과일이나 곡물을 이용해 발효하여 만들었을 것으로 추정된다. 특히 고구려는 곡물 생산이 주요 경제 기반이었으므로 기장이나 좁쌀 등을 이용하여 만들었을 것이다. 고구려 유적에서 발굴되는 많은 동이와 항아리, 병 등을 비롯해서 耳杯, 盅 등의 잔은 고구려에서 음용되는 술이나 음료가 상당했음을 짐작케 한다.

　고구려의 술과 관련하여 고려시대 이규보의 「東明王篇」에서 시조인 주몽

472　무이시(蕪荑豉)는『册府元龜』(卷126, 「帝王部」第126 納降, "城中父老·僧尼貢夷酪·昆布·米餠·蕪荑豉等, 帝悉爲少受, 而賜之以帛")에서 확인된다.

473　그런데, 무이와 관련된 장양의 명칭은 고구려와 관련된『册府元龜』에는 무이시라고 기록되었으며, 그 외에는 유장, 무이장 등의 '醬'으로 표현되었다(『齊民要術』卷5, 「種楡, 白楊」第46, "楡醬").

탄생 이전 해모수와 유화부인의 만남, 하백과 해모수의 상견례[474]에 등장하는 술을 확인할 수 있다. 고구려 건국 이전의 음주의 문화를 엿볼 수 있는 내용이다. 또한 고구려가 그 별종으로 칭해지는 부여 및 예에서도 술과 관련한 내용[475]이 있어, 이를 통해 고구려 술과 음주의 양상을 짐작할 수 있다.

고구려의 술은 주로 과실을 발효시킨 과실주나, 곡물을 발효시킨 곡물주가 주를 이뤘을 것이나 그 제조법을 기록한 문헌은 없다. 그렇지만 술 제조와 관련하여 『三國史記』 산상왕조에 '酒桶村'이라는 명칭이 주목된다. 이 마을의 이름이 술을 전문적으로 제조하는 마을이기 때문에 붙여진 이름이라는 주장도 있기 때문이다.[476]

제조법이 명확히 기록되지 않은 고구려 술과 관련한 酒名이 확인 되는 것은 '旨酒'[477]뿐이다. 그러나 이것은 고구려 술의 고유 명칭이 아니라 보통명사로서 쓰이는 '좋은 술'이란 뜻이다. 『三國史記』의 「新羅本紀」에는 '美醞'이라고 표현되었는데, 지주와 마찬가지로 '맛 좋은 술'이다. 이러한 '좋은 술'인 지주가 어떤 재료로 만들어지는 지 확실하지는 않다. 앞서 밝혔듯, 과실주뿐만 아니라 곡물주로 소비되는 양이 상당했을 것으로 생각된다. 일본의 경우,

---

474 李奎報, 『東國李相國集』 卷3, 「東明王篇」, "금술잔에 맛있는 술 차려 놓았다(金罇置淳旨)…술자리 벌이고 서로 기뻐하였다(置酒相燕喜)."

475 『三國志』 卷30, 「魏書 東夷傳」 第30 夫餘傳, "會合을 할 때에는 술잔을 주고(拜爵) 술잔을 닦는(洗爵) 禮가 있다(會同拜爵洗爵)" ; 『三國志』 卷30, 「魏書 東夷傳」 第30 濊傳, "해마다 10월이면 하늘에 제사를 지내는데, 주야로 술 마시며 노래 부르고 춤추니 이를 '舞天'이라 한다(常用十月節祭天, 晝夜飮酒歌舞, 名之爲舞天, 又祭虎以爲神)."

476 李淑英·孫金花, 앞의 글, 1999, 11쪽.

477 『三國史記』 卷14, 「高句麗本紀」 第2 大武神王條, "연못의 잉어를 잡아 수초에 싸서 맛있는 술 약간과 함께 한 의 군대에 보내어 군사를 위로하십시오(宜取池中鯉魚, 包以水草, 兼旨酒若干, 致犒漢軍)."

곡류나 과실 뿐만 아니라 'ヤマイモ'[478]로도 빚은 술도 있었다고 한다.[479]

이러한 고구려의 술과 관련하여 중국과 일본의 문헌을 살펴볼 필요가 있다. 먼저 중국의 『太平御覽』에는 고구려의 술이라고 추측되는 '曲阿酒'에 대한 기록이 확인된다. 곡아주의 '曲阿'는 지역명으로 현재 중국 동부 양자강 하류에 위치한 강소성 단양을 일컬으며, 실제로 양무제(464~549)에게 헌납된 술이기도 하다.[480]

『太平御覽』의 《梁武興駕東行記》에 기록된 곡아주에 대한 이야기는 동해신이 고려국의 여인에게 술로 禮聘하면서부터 시작된다. 이것을 고려국의 여인이 들어주지 않자 동해의 신이 배를 전복시켰다. 그 바람에 술이 쏟아졌고 그것이 曲河(또는 曲阿湖)로 흘러들어 맛 좋은 곡아주가 되었다는 내용이다.[481] 이야기를 자세히 살펴보면 곡아주와 고려국 및 고려국의 술이 연관되었다고 여길 근거는 없다. 곡하로 흘러 들어간 술은 고려국의 여인이 빚거나 가져온 술이 아니다. 동해신이 고려국의 여인에게 예빙하면서 건넨 것이다. 그렇기 때문에 곡아주를 고구려의 술과 관련이 있거나 고구려의 술이라고 보는 견해는 오류라고 판단된다.

일본의 경우, 「正倉院文書」에 淸酒·濁酒·糟酒·粉酒와 같은 고대 일본의

---

478 산토란, 참마, 감자류와 같은 뿌리 식물
479 渡邊實(와타나베 미노루), 『日本食生活史』, 吉川弘文館, 2007, 43쪽.
480 『南史』卷53, 「列傳」第43, "梁武帝諸子…獻曲阿酒百器."
481 『太平御覽』卷46, 「地部」第11 江東諸山 覆舡山條, "梁武興駕東行記曰, 有覆船山, 酒罌山, 南次高驪山. 傳云, 昔高驪國女來, 東海神乘船致酒, 禮聘之, 女不肯. 海神撥船覆, 酒流入曲河, 故曲阿酒美也"; 『太平寰宇記』卷89, 「江南東道」第1, "梁武帝興駕東行記…傳云, 昔高驪國女來, 此東海神乘船致酒, 醴聘之, 女不肯. 海神撥船覆, 酒流入曲阿湖, 故曲阿酒美"; 『全梁文』卷6, "傳云, 昔有高驪國女來東海, 神乘船致酒, 禮聘之, 女不肯. 海神撥船覆酒, 流入曲阿, 故曲阿酒美也."

술이 기록되었다. 일본 식문화를 연구한 와타나베 미노루[482]나 요다 치요코[483]는 고대 일본 술 제조에 "朝鮮"의 양조기술이 큰 영향을 끼쳤다고 평가하였다. 이때의 조선은 고구려를 비롯한 백제, 신라의 양조술을 통칭한 것이다. 이를 통해 맑은 술을 비롯한 다양한 술이 고구려에서도 만들어졌음을 짐작할 수 있다.

또한 고구려인의 양조술을 짐작할 수 있는 내용은 『古事記』에도 나타난다. 백제인 仁番^{또는 須須許理}은 기록[484]에서 고구려인의 양조술을 짐작할 수 있다. 고구려와 백제는 의복과 음식이 같으므로[485] 백제인과 고구려인의 양조술에 큰 차이가 없었다고 보이기 때문이다. 백제인과 고구려인은 맛 좋은 술을 빚는 양조술을 일본에 전래했고 이것이 淸酒·濁酒·糟酒·粉酒의 제조에 영향을 주었다고 생각된다.

단술을 의미하는 醴는 『說文解字』에서 "酒一宿孰也."[486]라고 설명되었다. 즉, 하루만에 만들어진다는 뜻이다. 『釋名』에도 "醴齊, 醴, 禮也. 釀之一宿而成, 禮有酒味而已也."[487] 즉, 단술은 절로 얻어지는 것이며 하룻밤 새에 익어 저절로 술맛이 결정되어진다는 것이다. 발효시키는 과정에서 당화효소에 의해 전분이 분해되어 단맛이 나오기 때문에 甘酒라고도 불린다.[488] 이러한 예는 고구려에도 있었을 것으로 추정되지만 실체와 관련된 기록은 없다. 그러

---

482 渡邊實, 앞의 책, 63쪽.

483 依田千百子(요다 치요코), 『朝鮮の祭儀と食文化』, 勉誠出版, 2007, 158쪽.

484 『古事記』卷中, 「應神」, "及知釀酒人. 名仁番. 亦名須須許理等. 參渡來也. 故是須須許理. 釀大御酒以獻."

485 『魏書』卷100, 「列傳」第88 百濟傳, "其衣服飮食與高句麗同."

486 『說文解字』卷15, 「酉部」.

487 『釋名』卷4, 「釋飮食」第13.

488 김상보, 『한국의 음식생활문화사』, 광문각, 1999, 223쪽.

나 백제와 가야에는 醴와 관련된 언급이 나온다.[489] 백제인들이 醴를 음료로서 음용하였거나 제사에 활용했음을 알 수 있다. 가야에서도 제사에서 醴가 활용되는데,[490] 특히 가야의 醴는 신라의 뜻을 받들어 모신 수로왕 제사에서 사용된 것이다. 신라에서도 醴의 활용이 가야 및 백제와 유사했음을 짐작할 수 있다. 이처럼 의미가 큰 醴를 고구려에서 음용하거나 활용하지 않을 까닭이 없다. 고구려와 백제는 음식도 비슷했으므로 고구려에서도 醴를 음용하고 제사 때에 올리는 제물로서 중요하게 여겼을 가능성이 크다.

酢는 신맛을 내는 대표적 식재료다. 여러 재료로 만들어질 수 있는 식초는 그 기원이 술의 산패에 있다고 볼 수 있는 만큼 술과 관련이 깊다. 『釋名』에서도 식초에 관해 "맛이 쓴 술, 독한 술이 오래되면 맛이 시어진다."[491]라고 설명한 바 있으므로 식초가 술의 제조 및 보관과 밀접하게 연관되어 있음을 알 수 있다. 특히 고구려는 "善藏釀"이라 하여 발효시키는 음식을 잘 만듦으로써 술로 만드는 식초도 많이 제조했을 것이다. 술 외에도 술지게미 및 보리 등으로써 식초를 만드는 방법[492] 등도 있으므로 맥류나 기장 등을 재배했던 고구려에서 식초 제조 및 활용은 많았다고 생각된다.

---

489 『周書』卷49, 「異域列傳」第41 百濟傳, "술·단술·반찬 및 의약품은 거의 중국과 같다(酒醴餚饌藥品之屬, 多同於內地)"; 『北史』卷94, 「列傳」第82 百濟傳, "굵은 밤이 생산되며, 五穀·雜果·채소 및 술 및 음료·안주 등은 대체로 중국과 같다(有巨栗, 其五穀·雜果·菜蔬及酒醴肴饌之屬, 多同於內地)".

490 『三國遺事』卷2, 「駕洛國記」第2, "수로왕의 17대손 갱세(賡世) 급간(級干)이 조정의 뜻을 받들어 그 밭을 주관하여 매해 때마다 술과 단술을 빚고 떡·밥·차·과실 등 여러 맛있는 음식을 진설하고 제사를 지내어 해마다 끊이지 않게 하였다(王之十七代, 孫賡世級干, 祗禀朝旨, 主掌厥田, 每歲時釀醪醴)."

491 『釋名』卷4, 「釋飲食」第13, "苦酒, 淳毒甚者酢苦也."

492 『齊民要術』卷8, 「作酢法」第71.

2) 육류와 어류의 藏釀

(1) 肉醬^{醢·醯·酪}의 제조와 쓰임

肉醬은 고대에 상당히 많이 소비되었으며 그 종류도 다양했다. 漢代『急就章』에도 나타나지만 곡장뿐만 아니라 육장, 니장 등 다양한 장이 있었다.[493] 이러한 육장을 특별히 '醢'라고 칭했다. 또한 서늘하게 먹는 음식[494]이기 때문에 火食과도 거리가 있었다.

『說文解字』[495]에서 "장은 醢[496]인데, 고기를 항아리에 넣고 장이 섞인 술로서 담근다."라고 설명했다. 즉, 장의 종류는 여러 가지이지만 본래 곡장이 아닌 육장을 '장'이라 불렀음을 알 수 있다. 이러한 장을 설명한 '醢'를 『釋名』에서는 "해는 크고 넓으며 그윽하다. 진흙을 빽빽하게 발라 봉하여 어둡게 해 숙성시킨다. 많은 즙이 있는 해를 醢라고 하며, 혜는 즙을 내는 것이다. 宋人과 魯人 모두 즙을 潘이라 말한다. 해에 뼈가 잇는 것을 臡라고 하는데 니는 살찐 것이다. 뼈에 붙은 모양이 살찐 어깨로 즙이 없다."[497]라고 설명하고 있다.

이렇듯 장은 본래 고기류를 항아리에 넣고 소금이나 술 및 술과 관련된 양념류 등으로 절여 발효시키는 음식이라 할 수 있다. 처음 장이 어떻게 만들어졌는지를 추정해보면, 수렵을 통해 잡은 야생 동물과 조류 등의 사냥감을 저

---

493 『急就章』卷2, "장은 콩으로써 밀가루를 합하여 (발효)되도록 한다. 고기로써 담가지는 것을 해라고 하고 뼈가 붙어있으면 니(뼈 섞인 젓)라고 하는데 장차 장이 된다(醬, 以豆合麪而爲之也. 以肉曰醢, 以骨曰臡. 醬之爲言將也)."
494 『禮記』卷8,「內則」第12, "장은 가을철에 견주어 서늘해야 한다(醬齊視秋時)."
495 『說文解字』卷15,「酉部」醬, "醢也. 从肉酉. 酒以龢醬也."
496 『說文解字』卷15,「酉部」醢, "醢, 肉醬也."
497 『釋名』卷4,「釋飮食」第13 醢, "醢, 海也, 冥也, 封塗使密冥乃成也. 醢多汁者曰醯; 醯, 潘也. 宋魯人皆謂汁爲潘. 醢有骨者曰臡, 如吮反臡肬也, 骨肉相搏肬無汁也."

장하기 위해서였을 것이다. 사냥감을 손쉽게, 오래 저장하기 위해 건조시키거나, 고기를 항아리에 담고 거기에 소금이나 술 등을 넣어 절이는 방법으로 만들어졌다고 생각된다. 이와 같이 절이는 과정에서 발효[498]된 고기류는 발효되기 전과 다른, 새로운 풍미를 자아내게 되었을 것이다. 어떤 재료와 양념을 사용하여 얼마나 보관하는지에 따라 다른 맛을 내는 장류는 글자의 뜻에서부터 알 수 있듯이, 고기류를 담금으로서 시작되어 점차 魚醬과 穀醬 등으로 범위를 넓혔다고 짐작된다.

그런데 고구려에서 육장을 담갔다는 직접적 기록은 없다. 다만, 수렵이나 목축에 능했던 고구려에서 동물의 고기나 내장 등을 이용한 육장이 발달했을 가능성은 매우 크다고 추측된다. 이렇게 육장을 만들 때 소금의 활용도 많았을 것이다. 고구려는 동옥저 등의 동해안을 비롯하여 압록강 하구 및 서해안, 요동반도의 해안가 등을 점령하여 소금을 얻을 수 있었기 때문에 다양한 장을 만드는 것에 큰 무리가 없었다고 보인다.

사실, 육장에 대해 그 동안 추정만 했을 뿐 직접적인 내용이 연구되지 않았다. 중국의 육장과 비교하여 고구려에서도 비슷한 종류가 있었을 것이라고 생각할 뿐이었다. 그러나 최근 신라시대 안압지에서 출토된 목간을 통해 우리나라 고대 육장에 대해 추론할 수 있는 근거가 생겼다. 안압지에서 발굴된 8세기경의 목간은[499] 안압지 근방에서 가오리[加火魚]와 같은 물고기, 猪, 獐, 미

---

498 육류의 발효는 단백질이 젖산균에 의해 발효되는 것인데 인간의 소화효소로 분해되지 않는 고분자 물질을 분해하여 영양가를 개선하고 향미를 증진시키는 것이다. 일반적으로 발효음식은 어느 정도 소화가 진행된 음식과도 같아 쉽게 소화, 흡수 될 수 있는 먹거리여서 이를 먹으면 체하지 않는 이유가 된다(성락춘, 앞의 책, 2007, 670~671쪽).

499 목간 번호 110·183·188·189·194·195·196·209·220·221·222번 가운데 먹거리와 관련 있는 내용이 쓰여 있는 것은 요리를 담당했던 주방기구인 庖典에서 쓰이던 缶나 瓮같은 항아리에 매여 있던 것으로 보인다(이용현, 「안압지와 동궁 포전」, 『신라문물연구』

상동물‡의 五藏과 같은 수조육류 및 그 내장을 당시 缶나 瓮, 혹은 瓮로 불리던 항아리나 동이와 같은 질그릇에 담가 먹었음을 유물로 증명할 수 있게 된 것이다.[500]

안압지 포전의 목간에는 '제조일자 + 제조 + 음식물 + 가공법 + 용기 혹은 용량'이라는 기본 형식에 맞춰 내용이 적혀있었다. 확인되는 글자는 '담그는 것'에 관련있는 글자인 '醢'와 '醓'이다. 이 글자들은 모두 육장과 관련 있는 글자다. 각각 짠맛, 수분이 많고 맛이 시다는 등의 차이는 있어도 동일하게 육류를 '담가 먹는' 것이다. 각각의 맛을 달리 만드는 것은 재료의 차이만이 아니라 육장에 첨가되는 여러 양념들, 담그는 방법의 다양함에서 기인할 것이다. 기본적인 양념인 소금, 식초류, 술류 등을 어떻게 조합하여 담는지에 따라 다양한 맛이 나타나는 것을 각기 다른 용어로 표현하고 있다. 따라서 신라시대 목간에 나타나는 용어의 다양함은 곧 장류의 다양함을 의미한다고 할 수 있다.

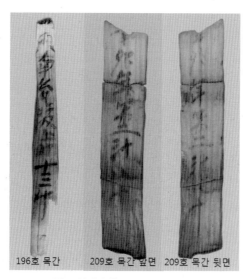

196호 목간　209호 목간 앞면　209호 목간 뒷면

그림43 안압지 출토 196·209호 목간

목간에 나타나는 수조육류의 명칭은 加火魚, 魚, 犭, 鳥, 獐, 猪인데,[501] 각각각 가오리,

창간호, 국립경주박물관, 2007, 65쪽).
500 이용현, 위의 글, 65~67쪽.
501 矯本繁(하시모토 시게루), 「안압지 목간 판독문의 재검토」, 『신라문물연구』 창간호, 국립경주박물관, 2007, 108~109쪽

물고기, 동물, 새, 노루, 돼지다. 이 명칭은 고구려에서도 볼 수 있는 동물 명칭이다. 이러한 동물 외에도 사냥에서 잡히는 야생동물이나 잡은 가축의 종류에 따라 해의 종류도 증가할 것이다. 또한 이때의 장은 어장과 육장이 섞여 있는 것으로 수산물로 만든 젓갈까지 醢나 醯로 기록했다.[502]

한편, 육장의 용례는 목간 196호와 209호에는 汁, 마자를 통해서도 알 수 있는데 그것은 항아리에 매여 있었을 것이다(그림43).[503] 내용은 다음과 같다.

Ⅳ-5.

① 209호 목간(뜻 - 신묘년에 만든 제2등급/두번째의 즙/술, 7말)

　앞면 × □卯年第二汁□斗×

　뒷면 × □卯年第二汁□斗□ ×

② 196호 목간(뜻 - 남쪽 독에서 퍼온 상등급의 즙/술, 13말)

　「∨ 南瓮汲上十三斗」

사료 Ⅳ-5-①의 汁은 젓국 또는 醬일 수 있는데 汁이 젓국이라면[504] 육장이 만들어질 때 육젓을 먹고 남은 즙장을 이용하는 차원이 아닌 처음부터 양념

---

502 『高麗史』에서도 유사한 내용을 확인할 수 있다(卷7,「世家」第7, 文宗 元年(1047) 四月, "癸亥 王以自春不雨, …斷屠宰, 止用脯醢, 令中外慮囚"; 卷59,「志」第13 禮一, "魚醢·兎醢, …鹿醢·鴈醢…"; 卷60,「志」第14 禮二, "…醯醢…鹿醢…兎醢…魚醢"). 육장인 醢가 왕의 수라에 찬으로 쓰였으며 가뭄이 들었을 때, 동물의 도살을 금해 감선(減膳)하기도 했다. 또한 제사에 쓰이며 그 재료가 수산물, 토끼, 기러기, 사슴 등으로 다양했다.

503 함순섭,「국립경주박물관 소장 안압지 목간의 새로운 판독」,『신라문물연구』창간호, 2007, 127쪽 no.196·134쪽 no.209 목간 이미지.

504 이용현, 앞의 글, 67쪽.

을 만들 목적으로 담그는 경우도 있었음을 알 수 있다. 육류로 만들어지는 즙장은 고대 음식에서 현재의 간장과 유사한 역할을 담당하는 것으로 콩과 같은 곡물의 장양에서 나오는 豉汁이나 醬油와 더불어 이른 시기부터 양념으로 활용되었다고 생각된다. 즙장은 채소 등의 다른 식량자원을 절이거나 간을 맞추는데 사용되었을 것으로 보인다.

또한 육장은 식량자원이 되는 고기 종류나 부위에 따라, 첨가되는 양념 및 숙성의 상태에 따라 각기 다른 육장이 된다. 신라시대 이러한 육장을 먹었다면, 고구려나 백제도 신라의 경우와 음식문화가 크게 다르지 않으므로 비슷한 수준의 육장을 먹었을 것이다. 『舊唐書』에는 신라가 "風俗·刑法·衣服이 高句麗·百濟와 대략 같다."[505]라고 기록되어 있다. 비록 음식에 관한 내용은 없지만 삼국이 오랜 시간에 걸쳐 전쟁이나 교류 등을 통해 문화적 융합이 이뤄지기 때문에 지역적 특색이 있는 음식은 다를 지라도 큰 틀에서의 장양은 다르지 않으리라 생각된다. 그 일례로 고구려가 광개토왕과 장수왕 대에 한반도 남부로 진출한 상황을 들 수 있다. 이때 한반도 남부에 고구려의 음식문화가 전달되었을 가능성이 크다.

고구려의 신라지역 진출 이후 경주 호우총이나 황남대총, 서봉총 등에는 고구려에서 만들거나 고구려의 영향을 받은 물품들이 발굴되었다. 특히, 황남대총에 묻힌 물품 중에는 좀 과장하여 질그릇을 제외한 모두가 고구려와의 관계 속에서 들어오거나 만들어진 것으로 평가되기도 한다.[506] 게다가 호우총에서 발굴된 청동합은 고구려의 영향 아래 있었던 신라의 정치적 상황을 드러내주는 유물이기도 하다. '乙卯年國岡上廣開土地好太王壺杅十'이란 글

---

505 『舊唐書』卷199,「東夷列傳」第149 新羅傳, "其風俗·刑法·衣服, 與高麗·百濟略同."
506 국립중앙박물관, 『황남대총』, 국립중앙박물관, 2010, 80쪽.

그림44 황남대총 '호우'명 청동합

씨가 있는 청동합은 고구려가 신라에 끼친 영향을 단적으로 보여주는 자료라고 할 수 있다(그림44).[507]

한편, 화식하지 않는 자가 있던 백제[508]와 신라[509]의 음식생활은 生食이나 藏釀으로 정리될 수 있다. 백제와 비슷한 음식풍속을 가지고 있으며[510] '善藏釀'으로 명성 높았던 고구려도 이들과 크게 다르지 않다고 볼 수 있을 것이다.

酪은 동물과 관련된 발효음료다. 이 酪은 젖을 담그는 것[511]으로 "윤택해지는 것인데 젖으로 즙을 만들어 사람으로 하여금 살찌게 한다."[512]고도 설명된다. 이 설명에 의하면 酪은 즙이 있는 것으로 치즈 등의 고체형이 아닌 발효유제품이나 乳酒라고 볼 수 있다.

『冊府元龜』[513]에는 고구려의 '락'과 관련된 기록이 있다. 당태종과 고구려

---

507 국립중앙박물관, 앞의 책, 2010, 80쪽 도판 59번 참조.
508 『隋書』卷81, 「東夷列傳」 第46 百濟傳, "有五穀·牛·猪·雞, 多不火食."
509 『新唐書』卷220, 「東夷列傳」 第145 新羅傳, "不火食, 噬禽獸."
510 『魏書』卷100, 「列傳」 第88 百濟傳, "其衣服飮食與高句麗同."
511 『說文解字』卷15, 「酉部」 酪, "酪, 乳漿也."
512 『釋名』卷4, 「釋飮食」 第13, "酪, 澤也. 乳作汁所使人肥澤也."
513 『冊府元龜』卷126, 「帝王部」 第126 納降, "城中父老僧尼, 貢夷酪昆布米餅蕪荑豉等, 帝悉爲少受, 而賜之以帛. 高麗喜甚, 皆仰天下拜日, 聖天子之恩非所望也."

백암성 성민들에 관한 사료에 "夷酪"의 내용이 포함되어 있는 것이다. 본래 이락의 夷는 한족이 아닌 이종족을 지칭하는 말로, 『冊府元龜』에 나타난 夷는 내용상 고구려인이라고 볼 수 있다. 그러므로 이락은 고구려인이 만든 유제품이나 乳酒였다고 생각된다.

젖을 발효시켜 만드는 乳酒로는 일반적으로 馬乳酒 및 羊乳酒 등이 있다. 고구려에서 가축사육이 많았다는 점에서 말이나 양 젖을 활용한 발효주를 만들었을 가능성은 높은 편이다. 그러나 羊乳酒의 경우, 고구려에서의 사육이 많다고 보기 어렵기 때문에 술을 만들어 먹을 정도로 활용이 크지 않았을 것이다. 말의 경우는 앞서 살펴본 고구려 '馬多山'의 기록이나 부여 및 고구려, 예 등에서 말이 많이 난다는 기록, 고구려에 말을 요구하던 중국왕조, 고당전쟁 후 전리품으로 당이 획득한 말이 3만 필이었다는 등의 기록[514]에서 말젖을 확보할 기회가 고구려에는 많았으며, 이를 활용할 기회도 확보할 수 있었음을 알 수 있다.

아울러 고구려가 복속시켜 부용화한 종족 가운데 거란이나 선비 등이 있었다. 이들 또한 말이나 양 등의 사육이 많은 종족이었고 젖류의 활용이 많은 종족이었다. 고구려인들은 이들과의 오랜 교류나 물품 매매 등을 통해 유류 발효 음료 및 술을 구매하거나 독자적으로 제조했을 가능성을 추측해볼 수 있다.

---

514 Ⅲ장의 말 관련 사료 참조.

(2) 魚醬魚醢·魚鮓[515]의 제조

고구려는 현재의 압록강 중상류 일대인 졸본지역에서 건국되었다. 이 지역에서는 담수 어업이 성행했다. 이는 집안지역과 압록강 중류의 자강도 시중군 로남리 집자리, 중강군 토성리 유적 등에서 많은 낚시, 낚시추, 그물추 등의 어렵유물 발굴을 통해 확인된다.[516]

초기 고구려부터 성행했을 어렵은 담수어업과 해수어업 모두 고구려의 발달과 선박제조기술, 항해술 등과 함께 확장되었을 것이다. 특히 민중왕과

---

515 현재 우리민족의 魚醬이라 알려진 鮧鮧에 관해서는 논의에서 제한다. 鮧鮧는 『齊民要術』(卷8,「作醬等法」第17, "作鮧鮧法昔, 漢武帝逐夷至於海濱, 聞有香氣而不見物. 令人推求, 乃是漁夫造語腸於坑中, 以至土覆之, 香氣上達. 取而食之, 以爲滋味. 逐夷得此物, 因名之, 蓋魚腸醬也": 구자옥 외 옮김, 앞의 책 2006, 574~575쪽)에 그 연원이 알려져 있다. 鮧鮧가 우리 민족의 어장으로 알려진 이유는 "漢武帝가 夷를 쫓아 해변에 이르렀을 때" 라는 내용 때문이다. 이 내용에서의 夷는 東夷로서, 한무제가 위만조선을 공격했을 당시에 鮧鮧를 알게 되었을 것이라고 하여 그간 鮧鮧를 우리 민족의 魚醬으로 이해했다. 그러나 한무제는 재위기간 동안 흉노를 비롯하여 남월, 동월, 민월 등의 西南夷 및 위만조선을 공격했다. 영토가 바닷가에 위치한 나라는 위만조선뿐만 아니라 남월*과 동월**지역도 있었다. 이 지역도 魚醬문화권에 속하므로 鮧鮧에 대한 정확한 연원을 우리 민족의 것으로 비정하거나 추론하기엔 어려운 점이 있다. 더욱이 당시의 夷는 蠻夷, 夷狄 등 다양하게 쓰였으므로 夷가 東夷인지 확실하지 않다.
* 『博物志』卷1, "남월은 초나라와 이웃해있다. 다섯고개에서 앞쪽으로 남해에까지 뻗쳐 있으며, 영토는 바다를 등지고 있고 교지라는 지역에까지 걸쳐있다. 사람들은 이곳을 남예, 즉 남쪽변방이라고 부른다(南越之國, 與楚爲鄰. 五嶺已前至於南海, 負海之邦, 交趾之土, 謂之南裔)." 이 남월은 현재 광서장족자치구 및 남중국해, 베트남 북부에 이르는 지역이라고 비정된다(장화 저·김영식 역, 『博物志』, 지식을 만드는 사람들, 2013, 18쪽 각주74~76 참조).
** 『博物志』卷1, "동월은 바다로 통해있는데, 남해와 북해사이에 위치해있다. 이 나라의 많은 강물들은 남해로 흘러들어가며 이 지역은 동야일대까지 뻗쳐있다. 산은 높고 바다는 깊어 접근하기에 아주 험난한 나라이다(東越通海, 處南北尾閭之間. 三江流入南海, 通東治, 山高海深, 險絕之國也)." 이 동월의 동야는 현재 복건성 복주시인데 한나라 때 이곳은 동월의 도읍이었다(위의 책, 19~20쪽 각주82 참조).
516 사회과학원 고고학연구소, 앞의 책, 37~38쪽.

서천왕대의 기록으로 짐작할 수 있는 포경활동은 연근해 어업에서 벗어난 遠海漁業을 의미하는 것이므로 고구려 어업의 발달을 짐작케 해준다. 이와 같은 어업과 그 제반기술의 발전을 바탕으로 한 수산물은 일시에 다량 획득이 가능하므로 상당수의 수산물을 건조하거나 절여 장기간 보관할 수 있도록 만들어야 한다. 단순히 절이는 것이 아닌 장양을 하는 수산물을 보통 魚醬 또는 魚醢, 魚鮓라고 한다.

육장과 마찬가지로 안압지에서 발굴된 8세기 庖典 목간에 어장 또는 젓갈과 관련된 '醢'와 '鮓'가 보인다. 목간 210번[517]에 기록된 鮓의 경우 『釋名』에서 "절이는 것이다. 소금과 곡물 및 곡물밥으로써 담가 菹[518]와 같이 숙성시켜 먹는다."[519]고 설명했다. 이러한 점에서 자는 수산물이나 수산물의 내장 및 알 등을 소금, 곡물밥 등에 담가 발효시키는[520] 것이나 젓갈이라고 볼 수 있다.

이러한 고구려의 어장 발달 원인 가운데 하나는 고구려 영토확장의 결과였다. 초기 고구려부터 압록강 수계에서 잡히는 담수 수산물을 비롯하여 압록강 하류의 서해안 유역에서 잡히는 수산자원을 魚物 및 魚醬으로 만들어 소비한 고구려는 태조왕 이후 동해안의 수산물을 획득할 수 있었다. 이를 통해 이전보다 다양한 어장을 만들 수 있었을 것이다. 특히, 고구려가 동옥저와 동예를 복속시켜 東韓灣 지역을 얻은 후 그곳에서 공납 받은 수산물은 상당 부분 魚醬으로도 만들어졌다고 생각된다. 동해안 수산물의 경우, 교통이

---

517 矯本繁, 앞의 글, 103쪽.
518 『釋名』卷4, 「釋飲食」第13 菹, "저는 막는 것이다. 차갑고 따뜻한 것 사이에서 막아놓아 생으로 담그는데 너무 익으면 얻을 수 없다(菹, 阻也. 生釀之遂使阻於寒溫之間不得爛也)."
519 『釋名』卷4, 「釋飲食」第13 鮓, "鮓, 菹也. 以鹽米釀之如菹熟而食之也."
520 이희승, 앞의 책, 2529쪽.

원활하지 않았던 당시 수산물을 상하지 않게 운반하기 위해서는 그것을 절이거나 건조시켜 오는 방법 외에는 없다. 그렇기 때문에 물고기를 해체해서 처음부터 장으로 만들어오는 경우도 있을 수 있고, 해체하지 않고 염장하여 운반하는 것도 가능하다. 이때 어장은 식량자원의 종류와 해체의 여부에 따라 다양한 종류의 어장으로 만들어져 현지에서 고구려 각 지역으로 납부되었을 것이다.

한편, 염장되어 오는 과정에서 자연스레 발효되어 장이 되는 경우도 생각해 볼 수 있다. 하지만 당시 고구려의 음식문화 수준을 살펴봤을 때 처음부터 어장을 만들어오는 것이 훨씬 자연스러울 것으로 보인다.

(3) 채소와 과일의 藏釀^{菹·漬}

고구려에서는 재배되거나 채집이 가능한 모든 종류의 것으로 장양할 수 있었다. 특히, 채소나 과일류는 한반도와 만주의 겨울에 재배나 채집이 어렵기 때문에 얻을 수 있는 시기에 건조하여 보관하거나 다른 방법을 사용하여 장기로 저장해두어야 한다. 고구려인들도 그렇게 했을 것으로 생각되나 이를 짐작할 수 있는 문헌이나 내용은 보기 드물다. 비록 고구려의 자료는 아니지만, 동시대에 존재한 북위의 『齊民要術』[521]이나, 고구려를 비롯한 삼국의 음식문

---

521 '소금', '소금 + 초', '소금 + 술지게미', '초 + 술지게미', '소금 + 초 + 술지게미'를 기본 조리법으로 하여 장 및 매실즙이나 곡물로 만든 죽, 귤피나 겨자가루 및 누룩가루 등을 첨가하여 만든다(『齊民要術』卷9, 「作菹·藏生菜法」第88).
　　김상보는 이러한 고대의 菹 연구에 있어 삼국시대 백제의 요서진출과 관련된 내용에 주목하여 『제민요술』의 「作菹·藏生菜法」의 상당수가 백제에서 유래될 수 있다는 내용의 가설적 접근 연구를 발표한 바 있다(김상보, 「《제민요술》의 菹가 백제의 김치인가에 관한 가설의 접근적 연구(Ⅰ)(Ⅱ)」, 『한국식문화학회지』 13, 한국식문화학회, 1998).

화를 수렴한 고려[522]의 『高麗史』 및 동시대 문인들의 글[523] 등에서 菹와 漬에 관한 편린에 관해 유추해 보고자 한다.

고려시대에는 여러 제례[524]나 연향[525]에 차리는 음식, 관리의 봉급[526] 가운데 채소나 과일 등이 꼭 포함되었다. 그렇기 때문에 그 이전시기인 고구려나 신라시대에도 이러한 채소나 과일 등을 재료로 한 음식이 많이 소비되었고 그의 장양 또한 많이 이루어졌을 것이다. 활용되는 채소나 과일류는 빨리 물러지거나 상하기 쉽기 때문에 신속히 소비할 수 없다면 결국 저장시켜야 하기 때문이다.

채소나 과일을 장기간 저장시키기 위해서는 주로 두 가지 방법이 사용되는데, 장에 절이는 것과 소금에 절이는 것이다. 소금에 절이는 것은 겨울에

---

522 고려는 황도인 개경이 옛 고구려의 영토(『世宗實錄地理志』 卷148, 「舊都開城留後司」)였으며 고구려를 비롯한 백제, 신라의 문화를 수렴하였고, 거란에게 멸망한 발해에서 발해인들이 다수 고려로 입국한 사례도 있었기 때문에 비교적 고구려의 문화적 유습이 많이 남아있었을 것이다.

523 고려에서 채소를 중시했다는 사실과 짠 채소 절임에 관련된 내용이 조선시대 徐居正의 『東文選』에 나온다. *전자는 李穡의 글이며, **후자의 '山村雜詠'이라는 시는 고려 후기 문신 李達衷의 작품이다.
* 徐居正, 『東文選』 卷87, 「序」 農桑輯要後序, "자기 입에 들어가는 것은 아주 절약하여 귀천과 노소를 막론하고, 소채(蔬菜)·건어(乾魚)·육포(肉脯) 따위에 지나지 않는다(自奉甚約, 無問貴賤老幼, 不過蔬菜, 鱐脯而已)."
** 徐居正, 『東文選』 卷11, 「五言排律」 山村雜詠, "여뀌풀 절임 속에 마름도 끼고(鹽漬蓼和萍)."

524 『高麗圖經』 卷17, 「祠宇」, "향과 꽃, 과일과 나물 등 제물을 마련한다(爲香花果蔌之供)" ; 『高麗史』 卷59, 「志」 第13 禮一, "미나리·죽순·순무·부추절임(芹菹…筍菹, 笋菹…菁菹…韭菹)."

525 『高麗圖經』 卷22, 「雜俗」 第1, "지금 고려인은 평상 위에 또 작은 소반을 놓고 구리 그릇에 어포, 육포, 생선, 채소를 섞어서 내놓지만 풍성하지 않다(復加小俎. 器皿用銅. 鱐腊魚菜. 雖雜然前進. 而不豐腆)."

526 『高麗圖經』 卷21, 「皂隷」, "고려의 봉록은 매우 박해서 쌀과 채소만을 줄 뿐이다(高麗俸祿. 至薄. 唯給生米, 蔬茹而已)."

하는 것이며 장에 절이는 것은 겨울 이외에 한다. 특히 소금에 절이는 것을 고려시대에는 漬라고 했다.[527]

이와 같이 채소로 만드는 저나 지의 藏釀은 고구려에서는 긴 겨울을 나기 위해 필요한 음식을 만드는 것이기 때문에 소량이 아닌 대량으로, 가능한 다양한 재료를 이용하여 담글 것이다. 대량으로 만들 때에 개인별로도 만들 수 있지만, 대체로 공동체 내에서의 공동작업 또는 품앗이와 같은 형태로 협업하여 만들었을 것으로 짐작된다. 이러한 집단 구성원들의 협업이나 노동력 교환은 집단 내의 상호부조 의식을 고취시키기 때문에, 구성원간의 관계형성에 영향을 줄 수 있었을 것이며, 현재 김장문화의 시초로 기능할 수 있을 것이다.

이상으로 고구려인의 식량자원 가공법을 살펴보았다. 식량자원의 가공법은 크게 불 이용의 可否로 나눌 수 있는데 고구려에서 특화된 가공법은 藏釀이었다. 장양은 식량자원을 발효시키는 가공법으로 곡물을 비롯한 대부분의 재료로 만들 수 있다. 고구려의 곡물 장양 가운데 가장 대표적인 것은 豉와 醬이다. 고구려의 시는 고조선의 농업 전통과 음식문화를 계승하여 발전되었다고 생각된다.

육류로 만드는 장양은 肉醬 또는 醢라고 한다. 서늘하게 먹는 음식으로 火食과는 거리가 있는 음식이기 때문에 문헌에 기록된 "不火食"과도 관련있다고 여겨진다. 고구려에서는 여러 가축을 기르고 수렵을 통해 다양한 야생동물을 잡았으므로 여러 종류의 醢를 만들 수 있었을 것이다. 어류를 장양하는 것을 魚醬 또는 魚醢, 魚酢이라고 하는데, 태조왕 이후 옥저와 예에서 공납받

---

527 윤성재, 앞의 글, 82~83쪽.

은 동해안의 어염 및 해중식물 등은 고구려의 魚醬 발전에 일조하였으리라 예상된다.

채소와 과일의 장양은 빨리 상하는 채소나 과일류를 오래 저장하기 위한 방법 가운데 하나였다. 곡물이나 육류 및 어류와는 다르게 채소나 과일류는 얻을 수 있는 기간이 짧고 날이 추울수록 빨리 시들어버리거나 얼어버리므로 얻을 수 있을 때 많이 저장해야한다. 그렇기 때문에 채소류 및 과일류 장양은 소량이 아닌 대량으로 만들어져야 했고, 개인별로 만들 수 있지만 대체로 공동체 내에서의 공동작업 또는 품앗이와 같은 형태로 협업하여 만들었을 것으로 짐작된다. 이러한 집단 구성원들의 협업이나 노동력 교환은 구성원 간의 소속감 고양이나 정체성 형성의 기반을 제공한다고 생각된다.

한편, 장양의 종류에는 음료도 포함된다. 술을 비롯한 醴, 酪 등은 곡물이나 젓류를 발효시켜 만든다. 특히 술은 음료로도 사용되지만 음식을 만들 때 필요한 양념인 식초로도 變用 가능하고, 육류나 어류 등을 장양할 때 사용되는 등 다양하게 쓰일 수 있었다.

이러한 장양을 만들 때 가장 중요한 재료 가운데 하나가 소금이다. 소금은 장양을 만들 때 필수적인 재료로 고구려가 善藏釀이란 평가를 얻을 수 있는 것에는 소금의 생산과 유통, 소비의 활동이 유기적으로 이뤄졌기 때문으로 생각된다.

V.
고구려인의
食器具와 음식의 종류

고구려인들이 사용했던 食器具는 부뚜막에서 분쇄도구, 취사기구, 여러 항아리류와 식기류를 비롯하여 국자나 소반, 술잔 등 다양하다. 이때 주목해서 살펴볼 내용은 취사기구 및 분쇄도구의 발달과 항아리류의 다양함이다. 시루, 솥 등과 같은 취사기구와 맷돌, 방아와 같은 분쇄도구는 주로 곡물을 가공할 때 사용되는 것으로 고구려의 농업발달과 곡물 이용 수준을 짐작할 수 있는 유물이다. 또한 항아리류는 저장용기로, IV장에서 고찰한 藏釀을 비롯한 음식물이나 기타의 식량자원 등을 항아리에 담아 보관한다는 점에서 고구려의 생산력을 짐작할 수 있는 유물이기도 하다. 이러한 유물들은 곡물 중심의 음식생활 및 장양이나 저장법이 고구려 음식문화의 특색임을 나타내는 요소라고 할 수 있다.

1. 식량자원의 가공 도구

식량자원을 가공하여 음식을 만드는데 필수적인 것이 가공 도구다. 취사기구인 아궁이를 비롯한 여러 食器具는 음식을 효율적으로 만들 수 있는데 도움을 준다. 또한 식기구의 품질이나 수준은 곧 생산물의 품질로 나타나기 때문에 국력과도 관계가 깊다. 식기구와 같은 도구는 사회의 기술형태적 구조를 벗어날 수 없을뿐더러 사회에 내재된 문화적, 정치적 결과와 상반될 수 없기 때문이다.[528] 유물로서 확인되는 여러 식기구 및 그 모형을 통해 식량자원의 가공도구의 유형과 그 쓰임에 대해 알아보도록 한다.[529]

1) 고구려의 부뚜막

아궁이 또는 부뚜막은 고구려의 음식을 만드는 데에 있어 필수적인 요소다. 고구려는 초기부터 화덕에서 음식을 만들어 먹었고, 이러한 것은 압록강 하류의 로남리나 토성리 등의 유적에서 확인 할 수 있다.[530] 부뚜막이 갖춰진 후 고구려인은 그곳에 불을 지피고 솥을 놓은 다음, 시루를 올려놓거나 아니면 솥을 단독으로 사용하여 음식물을 익혔다. 백제나 신라의 煮沸용기가 장란형 토기나 심발형 토기로 대표된다면 고구려는 열효율이 좋은 가마나 쇠가마(그림45)[531]를 사용하였다.[532]

고구려 부뚜막에 대한 실체는 고구려 벽화 및 무덤 부장품인 竈에서 찾아

---

528 하르트무트 뵈메·페터 마투섹·로타뮐러 공저, 『문화학이란 무엇인가』, 성균관대학교 출판부, 2004, 238쪽.

529 출토된 토기 및 유물의 기형구분은 고려하지 않는다. 큰 틀에서 음식의 쓰임과 관련된 부분을 중점으로 다루기로 한다. 시유토기도 부뚜막 명기를 제외하고 따로 다루지 않는다. 그릇을 개개별로 다루지 않기 때문에 시유토기와 질그릇 양자의 구분보다는 쓰이는 유형을 중점으로 살펴보고자 한다.

530 강현숙, 앞의 글, 122쪽.

531 左 - 辽宁城文物考古研究所 編着, 앞의 책, 채판20 도판1 釜, 오녀산성 4기문화층 출토.
右 - 국립문화재연구소, 앞의 책, 2006, 256쪽.

532 박경신, 「고구려의 취난시설 및 자비용기에 대한 일연구」, 『숭실사학』 19, 숭실대학교 사학회, 2006, 194쪽.

그림45 오녀산성(좌)과 구의동보루(우) 출토 쇠솥

볼 수 있다. 먼저, 고구려 벽
화무덤의 경우 안악 3호분
과 각저총, 무용총, 약수리
고분벽화에서 확인할 수 있
다. 안악3호분(그림46)[533] 동
측실 동벽에 그려진 부엌의
부뚜막에는 불이 지펴져 있
으며 화구 위에 솥과 시루
가 놓여 있는 것을 확인할

그림46 안악3호분 부엌도의 부뚜막

수 있다. 한 여인이 주걱으로 추정되는 식기구를 들고 시루 내부를 젓고 있
으며 부뚜막 옆 'ㄱ' 형의 긴 굴뚝이 바깥으로 연결되었다. 이 그림으로 고구
려 상류층의 부엌은 단독으로 독립되어 있으며 주방에서 음식을 요리하고
식기구를 준비하고 있는 것을 알 수 있다. 부엌의 옆에는 肉庫가 있어 음식
을 할 때 일의 효율성을 위해 활동 동선이 짧도록 고려한 것도 알 수 있다.

---

533 耿铁华, 『高句丽古墓壁画研究』, 吉林大学出版社, 2008, 315쪽 圖5.

그림47 각저총
부뚜막과 모사도

그림48 무용총 벽화 부뚜막

  각저총의 경우 널방 왼벽에 그려진 부엌은 야외 간이 시설에 설치된 이동식 부뚜막 시설을 표현한 것으로 추정된다. 부뚜막은 하단부가 심하게 훼손되어 정확히 알 수 없지만 우측에 시설된 굴뚝으로 연기가 배출된다. 시루와 솥이 결합된 모양으로 건물 내부를 투시한 것을 상징적으로 그렸을 가능성도 있다(그림47[534]).[535]

  무용총 벽화에도 음식시중과 관련된 그림이 그려져 있다. 널방 왼벽 왼쪽에 그려진 음식시중 장면은 3명의 여인이 상을 들고 주인에게 가는 모습 아래로 기와지붕의 건물이 있으며 그 안에 굴뚝이 있어 연기가 나오는 장면이 그려져 있다(그림48).[536] 사방이 뚫려 있어 안악 3호분에 보이는 부엌과 차이를 보인다. 부뚜막은 이동식을 사용하였을 가능성이 있다.[537]

---

534 한민족유적유물박물관(舊『조선유적유물도감』고구려편), 인물풍속도무덤 중 각저총, 동방미디어 웹서비스.
535 박경신, 앞의 글, 196~197쪽.
536 朝鮮畵報社出版部, 앞의 책, 도판 216번.
537 박경신, 위의 글, 197쪽.

약수리 고분의 아궁이 그림은
앞방 동벽에 그려져 있는데 3명
의 여인이 음식을 만드는데 열중
하고 있다. 부뚜막의 화덕에는 솥
과 시루가 올려져 있고 부뚜막에
서 긴 굴뚝을 통해 연기가 나가고
있다(그림49).[538]

그림49 약수리고분 부뚜막

이러한 부뚜막 그림과 함께 고
구려 무덤에서 발굴된 부뚜막 모
형으로도 고구려 부뚜막에 대해
짐작할 수 있다.[539] 환인 고구려벽
화대묘에서 출토된 부뚜막은 4세
기 중기에서 5세기 초의 것이

그림50 마선구1호분 부뚜막모형

고,[540] 마선구 1호분의 부뚜막 모형은 장방형으로 하부 바닥이 올라오지 않았
으며 솥을 두는 화구는 원형이다(그림50).[541] 장천 2호에서 출토된 부뚜막 모
형도 장방형으로 생겼고 상부에 솥을 두는 곳이 원형, 하부 바닥이 올라와 있
다. 환인 장군총과 삼실총 및 장천 4호묘에서도 하부 바닥이 올라와 있고 솥
을 두는 곳은 원형으로 뚫려 있었다.[542]

---

538 국립문화재연구소 북한문화재자료관, 고구려고분벽화 약수리 고분 모사도 참조.
(http://portal.nrich.go.kr/kor/resource/flash/t02/main.html)
539 耿鉄华, 앞의 책, 2008, 125쪽 圖4.19 고구려의 부뚜막 유형분류 참조.
540 孫泓, 앞의 글, 2001, 384쪽.
541 한민족문화대백과사전, 통구마선구고분군, 동방미디어 웹서비스.
(http://encykorea.aks.ac.kr/Contents/Index)
542 耿鉄华, 위의 책, 2008, 124~125쪽.

토제품 이외에 금속제 부뚜막 명기도 출토되었다. 용호동에서 출토된 부뚜막(그림51)[543]은 철로 만들어진 것이다.[544] 아궁과 굴뚝이 'ㄱ'자 모양으로 꺾여 연결되어 있다.[545] 태왕릉에서 출토된 부뚜막은 청동제이며 양쪽에 손잡이를 할 수 있도록 의도한 구멍이 뚫려 있어 이동시킬 수 있다(그림52).[546] 이와 같은 명기의 출토는 고구려인들이 생활과 생존을 위해 반드시 필요한 난방과 취사의 기능을 담당하는 부뚜막을 중요하게 여겼기 때문일 것으로 추정된다.

　부뚜막의 효율을 높이는 요소 가운데 하나는 화력이기 때문에 땔감이 필수적이다. 부뚜막의 화력을 유지하기 위해 고구려에서 땔감에 대한 수요는 많았을 것이다. 이를 『三國史記』 미천왕과 관련된 기록에서 찾아볼 수 있다. 후에 미천왕이 되는 乙弗이 "水室村 사람 陰

그림51 운산 용호동 1호분 부뚜막

그림52 태왕릉 출토 청동 부뚜막

---

543 백종오·신영문a, 앞의 책, 201쪽 부뚜막.
544 강현숙, 앞의 글, 107~108쪽.
545 사회과학원 고고학연구소, 앞의 책, 126쪽.
546 吉林省文物考古硏究所·集安市博物館a, 앞의 책, 도판 79 禹山墓區太王陵銅灶.

牟의 집에 가서 머슴살이를 하게 되었고 매우 고된 일을 했는데 낮에 나무를 해오도록 했다."[547]는 점에서 땔감 사용의 여부를 확인할 수 있다. 또한 신라의 기록이긴 하지만 전문적으로 땔감을 공급하는 나무꾼의 존재도 확인된다.

V-1.
여름 5월, 이찬 칠숙이 아찬 석품과 함께 반역을 모의했다. 왕이 이것을 알아내서 칠숙을 잡아 東市에서 참수하고 9족을 함께 죽였다. 아찬 석품은 백제와의 국경까지 도망갔다가 처자식이 그리워져서, 낮에는 숨고 밤에는 이동하며 총산으로 되돌아왔다. 나무꾼 하나를 만나 나무꾼의 헌옷과 바꿔 입은 뒤 땔감을 지고 자기 집에 숨어들었다가 붙잡혀 사형을 당했다.   -『三國史記』[548]

고구려인들은 부뚜막에서 사용할 땔감을 구할 때 평민의 경우 스스로 구하기도 했을 것이다. 그러나 귀족층이나 부유한 계층의 경우 을불의 예처럼 부리는 사람들을 통해 얻기도 했다. 다만, 모든 사람이 땔감을 구하러 다닐 수는 없으므로 위의 사료 V-1에서와 같이 나무꾼과 같은 공급자가 있었을 가능성이 있다. 그러나 이들은 漢代의 예[549]처럼 함부로 산야의 나무를 베는 것이 아닐 수 있으므로 이들을 통제할 관리나 행정관련 부서가 있었을 것이다. 이러한 예도 신라에서 찾아볼 수 있다.

---

547 『三國史記』卷17,「高句麗本紀」第5 美川王條, "始就水室村人陰牟家傭作. 陰牟不知其何許人, 使之甚苦. 其家側草澤蛙鳴, 使乙弗夜投瓦石禁其聲, 晝日督之樵採, 不許暫息."
548 『三國史記』卷4,「新羅本紀」第4 眞平王條, "五十三年(631) 夏五月, 伊(阿)飡柒宿與阿飡石品謀叛. 王覺之, 捕捉柒宿, 斬之東市, 并夷九族. 阿飡石品亡至百濟國境, 思見妻子, 晝伏夜行, 還至叢山, 見一樵夫, 脫依換樵夫敝衣衣之, 負薪 潛至於家, 被捉伏刑."
549 최덕경,「居延漢簡을 통해 본 서북지역의 생태환경」,『중국사연구』54, 중국사학회, 2006, 39~41쪽.

V-2.

星浮山(또는 星損乎山) 아래의 지역을 무진주 상수리의 燒木田으로 삼아 벌
채를 금지하고, 사람들이 감히 가까이 하지 못하게 하니, 경향의 사람들이
모두 부러워하였다.   -『三國遺事』[550]

　　사료 V-2의 燒木田이란 궁중과 여러 관청에 공출하는 연료밭을 의미한
다.[551] 이를 통해 고대 국가에서 일반 사람들의 목재 조달이 가능한 곳과 그
렇지 않은 곳을 행정상으로 관리하고 있었다는 것을 알 수 있다. 고구려에서
도 이러한 수목관리가 있었을 것을 추정할 수 있다. 왜냐하면 효율적인 목재
의 통제와 조달은 거주와 음식문화에서 가장 기본이면서도 중요한 일이기
때문이다.

2) 제분기구의 발달

곡물의 제분기구는 신석기시대 갈판과 갈돌에서부터 시작된다(그림53).[552] 가
벼운 수준의 탈피에서 곡물을 익히기 편하도록 잘게 부수는 역할을 한다. 이
러한 분쇄기구는 이후 절구 및 맷돌, 디딜방아와 연자방아로 발전된다. 일반
적으로 제분기구의 발달은 갈판과 갈돌에서 절구로, 이후 맷돌과 방아의 순
서로 진행된다고 한다.[553] 고구려의 제분기구로서 절구는 절구형 석기臼狀石器가

550　『三國遺事』卷2,「紀異」第2 文武王法敏條, "上以星浮山 一作星損乎山 下爲武珍州 上守燒
　　木田 禁人樵採."
551　일연 저, 이재호 역,『삼국유사』1, 솔, 2007, 216쪽 각주 34 참조.
552　조선유적유물도감 편찬위원회a, 앞의 책, 84쪽 도판 134번.
553　岡田哲(오카다 데쓰) 저,『국수와 빵의 문화사』, 뿌리와 이파리, 2006, 54~57쪽.

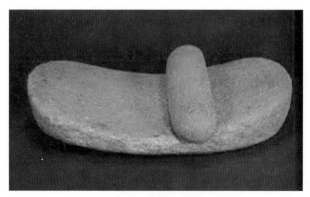

그림53 궁산유적 갈돌

瀋陽 石臺子 산성과 岫巖 老城溝 산성에서 발견되었고, 돌절구공이는 무순 고이산성에서 1점 출토된 바 있다.[554] 절구는 탈곡과 제분을 모두 할 수 있는 기구이지만 본격적인 제분을 할 수 있는 용구는 회전식 맷돌이 출현하면서부터다. 중국에서는 갑자기 전국시대에 회전식 맷돌의 완성형[555]이 출현하는데, 이때부터 본격적인 화북지역의 粉食이 시작된다고 한다.[556] 고구려에서 발굴된 대표적 맷돌은 평양 정릉사 터에서 발굴된 망돌^{맷돌}[557]과 대성산 주작봉 서남쪽 기슭에서 나온 맷돌이다.[558]

맷돌 이후 고구려는 안악3호분이나 평양역전벽화무덤, 요동성총과 약수리 고분에서의 방앗간 그림에서 통해서 증명되는 것처럼 방아를 사용하여 제분을 하였다. 안악 3호분의 방앗간 그림은 동쪽 곁방 서벽 오른쪽에 그려졌

554 孫泓, 앞의 글, 323쪽.
555 卫斯, 「圆形石磨的起源」, 『百科知识』 2007-21, 中国大百科全书出版社, 2007, 51쪽.
556 岡田哲, 앞의 책, 57쪽.
557 사회과학원 고고학연구소, 앞의 책, 29~32쪽.
558 연합뉴스, 「평양 대성산서 고구려 샘터. 맷돌 발굴」, 2005년 7월 21일자.

그림54 안악3호분 방앗간

다.[559] 발로 디녀 탈곡 및 제분을 하는 것이다(그림54).[560] 방아 옆의 여성을 키질을 하고 있는 것에서 방앗간의 여인이 탈곡을 하고 있음 알 수 있다. 약수리 고분에도 앞방 동벽 방앗간에 디딜방아와 여인이 키질하는 모습이 그려져 있다(그림55).[561] 또한 평양 역전 앞칸 동벽에 디딜방아가, 평안남도 순천시 용봉리에 위치한 요동성총에도 동쪽 곁칸에 방앗간이 묘사되었다(표13).

이러한 그림들은 모두 고구려에서 방아가 보급되었음을 알려주는데 구리시 아차산 제3보루에서 화강암으로 만든 방아확[562]이 발견되어 고구려 디딜방아의 실체를 접할 수 있었다(그림56).[563] 사람이 직접 발을 디녀 찧는 방아 외에도 물을 사용하여 방아를 찧

---

559 국립문화재연구소 북한문화재자료관, 고구려고분벽화 안악 3호분 해설 웹서비스. http://north.nricp.go.kr/nrth/kor/theme/t02/main.html

560 위의 웹서비스.

561 국립문화재연구소 북한문화재자료관, 고구려고분벽화 약수리고분 해설 웹서비스.

562 최종택 외, 앞의 글, 2006, 32~33쪽·vii 원색사진 13,14.
아차산에서 발굴한 방아확은 원지름 16.5cm, 깊이13cm로 조사되어 한차례에 약 반되(0.9ℓ)가 약간 넘는 곡물을 도정했을 것으로 추산하였다. 한 사람의 식량을 쌀 1홉으로 잡았을 때 하루 두차례 벼를 찧으면 10인분 식량을 마련할 수 있었다는 계산을 내놓았다(이재운·이상균, 『백제의 음식과 주거문화』, 주류성, 2005, 59쪽).

563 최종택 외, 위의 글, 사진 14번 ; 국립문화재연구소, 앞의 책, 2006, 231쪽 방아확 유구.

는 유물로 나왔는데, 이것은 근세까지도 일부 농촌에서 쓰던 물방아와 비슷하다고 한다. 축은 한쪽에 설치된 물차바퀴에 의하여 회전되게 되어 있고 축의 두 곳에 설치된 술은 회전하면서 방아의 꼬리부분을 눌러주어 방아 머리가 올라갔다가 떨어지면서 방아확 안에 넣은 낟알을 공이로 내리찧게 되어 있다.[564]

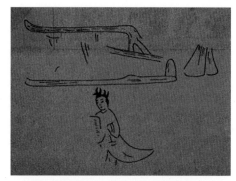

그림55 약수리고분 방앗간 모사도

한편, 고구려 승려 담징은 고구려의 碾磑(그림57),[565] 즉 연자방아를 일본에 전래해주기도 했다.[566] 이때 담징이 전해준 碾磑는 수나라 말기에 출현하는 것[567]

그림56 아차산3보루 방아확 유구

으로 물을 이용하여 맷돌을 돌리는 것이다. 평양 정릉사 터에서도 앞서의 맷돌과 함께 연자방아돌이 나왔다. 석회암으로 만들었으며 바깥쪽 직경 83㎝,

---

564 사회과학원 연구소, 앞의 책, 30~31쪽.

565 大宰府의 觀世音寺에는 1미터가 넘는 거대한 碾磑가 있는데, 고구려 승려 담징이 만들었다고 전한다(岡田哲, 앞의 책, 58쪽 그림16 참조).

566 『日本書紀』卷22,「豐御食炊屋姬天皇 推古天皇」, "18년(610)봄3월 高麗王이 승려 曇徵과 法定을 보냈다. 曇徵은 5經을 알고 또한 채색 및 종이와 먹을 만들 수 있었으며, 아울러 연자방아를 만들었다. 대개 연자방아를 만드는 일은 이 때에 시작된 듯하다(十八年 春三月 高麗王貢上僧曇徵·法定 曇徵知五經 且能作彩色及紙墨 幷造碾磑 蓋造碾磑 始于是時歟)."

567 岡田哲, 위의 책, 57쪽.

그림57 담징의 觀世音寺 碾磑

안쪽 직경 63cm, 두께 44cm, 중심에 있는 홈의 한 변 길이는 9cm이고 깊이는 5cm 정도 되었다.[568] 이러한 연애를 담징이 일본에 전해준 시기로 보자면 고구려는 중국과 고구려에 연애가 출현한지 얼마 지나지 않은 때에 일본에 연애를 전수해 준 것이다. '고려왕'이 전해줬다고 전하는 이 연애는 당시로 보자면 최첨단 물품이었다. 한창 고수전쟁(598~614) 중에 전해진 이 연자방아는 고구려가 최신의 제분기술을 입수하고 신속히 체득한 후에 국가전략기술로 삼아 적극적으로 외교에 활용했음을 알려주는 일례라고 할 수 있다. 사람의 힘이 아닌 물의 힘으로 제분을 이루는 연자방아는 제분한 곡식을 좀 더 많이, 다양하게 쓸 수 있는 기술적, 물질적 토대가 되었을 것이다.

3) 고구려의 食器具

(1) 저장기구의 종류와 쓰임

음식관련 식기구는 크게 貯藏器具와 調理器具, 飲食器具 및 飲用器具로 나눌 수 있다. 저장기구는 저장과 관련된 식기구로서 단지 및 항아리, 옹기류가 포

---

568 사회과학원 고고학연구소, 앞의 책, 31~32쪽.

함된다. 조리기구는 음식을 익히거나 절이는 등 조리 행위를 할 때 쓰는 것으로 솥이나 시루, 동이류瓮 등이 포함된다. 음식기구는 음식을 담아서 먹을 때 사용되는 식기구로서 碗類그릇 및 豆, 盤類접시 등이다. 음용기구는 액체류를 담아 먹는데 사용되는 식기다. 담는 기구인 壺類 및 瓶類, 마시는데 사용되는 盅작은술잔, 杯類잔 등이 있다.

이들의 각각의 분포지는 표12와 같다.

표12 고구려 묘장지 및 유적지 출토 토기[569]

		貯藏器具				調理器具			飲食器具				飲用器具				분쇄	화력	기타	
		壺	罐	瓮	倉	釜	甑	盆	碗	盖碗	豆	盤	瓶	盅	耳杯	單耳杯	臼	灶	器盖	三足器
집안	묘장	●	●	●	●	●	●	●	●	●		●	●	●	●	●			●	
	유적	●	●	●			●	●	●	●		●					●		●	●
환인	묘장	●	●					●	●		●			●					●	●
	유적	●	●	●				●				●		●		●				
요하	묘장	●	●						●											
	유적	●	●			●		●			片	●		●						
한반도 북부	묘장	●	●			●		●	●			●							●	●
	유적	●	●			●		●	●			●								
한강유역		●	●	●			●	●	●				●	●	●				●	●

貯藏器具는 표12에서 확인할 수 있듯이 고구려 전 지역을 통해 가장 고르게 나왔다. 저장용기는 곡물의 낟알부터 물, 장류 등을 담아두는 것이다. 고

569 孙颢,「高句丽陶器研究」, 吉林大学 博士学位论文, 2012, 222쪽 표7.1 재편집.

구려의 식량자원 및 음식 소비와 관련되어 이러한 저장용기가 고르게 쓰였고 많이 선호되었음을 알 수 있다. 항아리류인 壺와 罐[570]은 묘장지와 유적지에서 모두 발굴됐다(그림58).[571] 이것들은 곡물 보관이나 醬, 菹, 술, 식초, 단술, 酪 등을 발효시켜 담아두는데 쓰였을 것이다. 천장이나 선반 위에 올려놓을 정도의 소형 단지류는 꿀이나 간장, 소금과 같은 양념류를 담아 보관하였을 것으로 생각된다.

보통 이러한 항아리류는 토기로 만드는 것이 일반적인데 특이하게 鐵罐이 오녀산성에서 출토되었다(그림58의 10). 단동 호산 泊灼城에서도 귀가 둥근 쇠 항아리環耳鐵罐 유물을 확인할 수 있다.[572] 鐵壺는 구의동보루에서 1점(그림59),[573] 시루봉 보루에서 1점, 아차산 4보루에서 8점 등이 출토되었다.[574] 이러

---

570 '호류(호와 관)'는 크기가 40cm이하의 항아리를 지칭하고 40cm 이상은 '옹'이라고 분류한다(국립문화재연구소, 앞의 책, 2009, 81쪽). 그에 비해 중국에서는 50cm 이상을 옹이라고 분류하고 있으며 호와 관의 차이를 목부분이 비교적 길거나 복부가 팽창하여 활처럼 휘는 것을 호라고 규정하고 반대로 그렇지 않은 것을 관이라고 구분하였다(孫顥, 앞의 글, 18쪽).

571 1~4번 - 吉林省文物考古研究所·集安市博物館b,『国内城 : 2000-2003年集安国内城与民主遺址试掘报告』, 文物出版社, 2004, 도판37 2·3·5·6번 青瓷四系罐.
5번 - 吉林省文物考古研究所·集安市博物館c,『丸都山城 : 2001-2003年集安丸都山城调查试掘报告』, 文物出版社, 2004, 도판98 3번 陶罐.
6~10번 - 辽宁城文物考古研究所 編着, 앞의 책, 채판 14 1~2번 2기문화층 壺·채판16 1~2번 3기문화층 罐·채판20 2번 4기문화층 鐵罐.
11~15번 - 백종오·신영문a, 앞의 책, 51쪽 은대리성 출토 호·61쪽 육계토성 출토 호·123쪽 구의동보루 양이부장동호·196쪽 사이호·58쪽 육계토성 양이호.
16번 - 국립문화재연구소, 앞의 책, 2006, 260쪽 몽촌토성 출토 광구장경사이호.

572 孫泓, 앞의 글, 360쪽.

573 좌측 - 국립문화재연구소, 위의 책, 255쪽 ; 신광철, 「고구려 남부전선 주둔부대의 생활상 : 한강유역의 고구려보루를 통해서」,『고구려발해연구』38, 고구려발해학회, 2010, 27쪽 사진1 참조.
우측 - 국립문화재연구소, 위의 책, 256쪽 철항아리.

574 심광주, 「남한지역 고구려 성곽연구」, 상명대학교 박사학위논문, 2006, 187쪽.

그림58 고구려의 다양한 항아리

한 철제 항아리의 경우 여간해서는 깨어지지 않기 때문에 오래 쓸 수 있으며 만일 훼손되더라도 야금기술이 발달한 고구려에서는 땜질을 하거나 그것을 녹여 다른 용구로 만들어 쓸 수 있어서 만들어진 것이 아닐까 추측할 수 있다. 그러나 구의동 보루에서 철호가 발굴된 예를 살펴본다면 단순히 오래 쓰기 위해서만 철로 만든 것이 아니었다. 그림59와 같이 온돌 아궁이에 철솥과

그림59 구의동 보루의 온돌 아궁이 전경과 발굴된 철호

그림60 안악3호분 우물도

함께 철호가 같이 놓여 있어 철호가 토제솥을 대체하는 煮沸用器로 활용되었음을 보여주고 있다. 철솥은 대부분 시루와 짝지어져 활용되었으나, 시루만 빼면 단독으로 지금의 주전자와 같이 물을 끓이거나 적은 용량의 국이나 찌개 등과 같은 국물이 있는 음식을 끓이는 용도로도 활용되었을 가능성이 있다.

표12의 대형 저장기인 瓮은 집안 지역의 묘장지를 제외하곤 전부 생활유적지에서만 발굴된다. 안악3호분의 동쪽 곁방 북벽에 그려진 용두레 우물그림에 그려진 저장기구는 옹류로 보이며 식수를 보관할 때도 이러한 대형저장기구인 옹기류에 보관하였음을 알 수 있다(그림60[575], 그림61).[576] 한편, 저장

---

575 국립문화재연구소 북한문화재자료관, 고구려고분벽화 안악3호분 웹서비스.
   http://north.nricp.go.kr/nrth/kor/theme/t02/main.html
576 上左·中- 辽宁城文物考古研究所 編着, 앞의 책, 채판 17 1~2번 甕.
   上右 - 吉林省文物考古研究所·集安市博物馆b, 앞의 책, 도판37 1번 甕.

그림61 고구려의 다양한 甕器

용기 가운데 창고를 연상케하는 토기류가 발굴되었다. 우산묘구 2325호 무덤에서 나온 것으로 밑폭이 좀 넓고 위의 너비가 좁은 원통형의 倉은 이름 그대로 창고를 형상화한 명기다.[577] 고구려시대 쓰였던 창고를 모방하여 만든 것으로 짐작된다.[578]

下左 - 국립문화재연구소, 앞의 책, 2006, 199쪽 시루봉보루 출토 직구옹.
下右 - 백종오·신영문a, 앞의 책, 197쪽 시루봉보루 출토 직구옹 입구에 맞는 뚜껑을 씌운 것.
577 사회과학원 고고학연구소, 앞의 책, 126~127쪽.
578 그러나 이러한 창에 관한 이견도 존재하는데 부여지방의 백제토기 중에 이와 유사한 형태의 토기가 연통으로 분류되고 있으며 고구려 토기 倉에서 영향을 받은 것으로 분

그림62 고구려의 세발달린 항아리

　또한 고구려의 유적에서는 세발 달린 항아리 즉, 三足壺가 발굴되기도 하였다(그림62).[579] 평양지역에서부터 한강 이남까지 발굴되는 삼족호는 實用器가 아닌 일종의 儀器로 추정된다.[580]

(2) 조리기구의 종류

조리기구로는 솥류釜·鼎가 대표적이다. 철제솥은 시루보다 늦은 시기에 출현하였다. 철제솥의 등장 이후 쪄서 익히는 밥에서 끓여 익히는 밥으로 점차 바뀌게 되었으며, 밥의 호화는 한층 편리해지고 맛이 좋게 되었을 것이다. 곡물의 도정 직후 갈거나 찌는 일 없이 바로 곡물을 익힐 수 있는 철제솥의 보급은 밥이 고구려의 주식이 되는데 결정적인 역할을 했다고 생각된다. 그 외에도 솥

　석되고 있어 원래 연통으로 기능하던 토기가 부장된 것으로 생각되고 있다. 그 밖에 아차산 4보루에서는 좁고 긴 원통형 굴뚝이 출토된 바가 있어 실제 고구려에서 토기로 연통을 만들어 사용하였음을 알 수 있다(최종택, 「고구려토기 연구현황과 과제」, 『고구려발해연구』 12, 고구려발해학회, 2001, 977쪽 각주44 재인용).

579　吉林省文物考古硏究所·集安市博物馆b, 앞의 책, 도판37 4번 원통형 삼족기
　　　백종오·신영문a, 앞의 책, 132~133쪽 원통형 삼족기(左中 - 평양출토, 右中/右 - 몽촌토성 출토)
580　한민족문화대백과사전, 三足壺, 동방미디어 웹서비스.
　　　(https://encykorea.aks.ac.kr/Contents/Index)

그림63 지경동 출토 토제솥　　　　　　**그림64** 석대자 출토 토제솥귀

과 짝을 이루는 시루^甑와 뚝배기[581]·버치[582]·자배기[583] 등을 포괄하는 동이류
盆[584]가 調理器具로 분류될 수 있다.

솥은 토제솥과 금속제 솥으로 나눌 수 있다. 고구려 초기에는 일반적으로
토제솥을 주로 사용하였으나 점차 4세기에서 5세기 무렵부터 금속제, 특히
철솥을 사용하는 것으로 바뀌었다. 발굴되는 토제솥은 한반도 북부의 경우,
중앙식물원 구역 15호 무덤과 평성시 지경동 무덤(그림63)[585]과 같이 묘장터
에서만 발굴되고 있다. 요녕성 지역의 토제솥은 심양 석대자 산성(그림64)[586]
에서 출토되었는데 솥의 귀부분만 발견되었다.[587]

---

581 아가리가 넓고 속이 좀 깊은 그릇으로 끓이거나 뜨거운 것을 담을 때 쓰는 그릇이다
　　(이희승, 앞의 책, 836쪽).
582 자배기보다는 좀 더 깊고 아가리가 벌어진 큰 그릇을 일컫는 말(위의 책, 1189쪽)이다.
583 둥글넓적하고 아가리가 벌어진 오지 그릇이나 질그릇을 일컫는 말(위의 책, 2400쪽)이다.
584 아가리가 넓으며 배가 둥글고 옆에 손잡이가 있어 잡고 들 수 있게 만든 그릇, 盆에는
　　소금가마(鹽盆)란 뜻도 있어 끓이는 것에도 사용되었다.
585 한국유적유물박물관(舊『조선유적유물도감』), 고구려편, 지경동 1, 2호 무덤, 동방미디
　　어 웹서비스.
586 고구려연구회 편,『고구려유적 발굴과 유물』, 학연문화사, 2001, 47쪽 도판 3-26 석대
　　자산성 출토 질그릇 솥(손홍 논문)참조.
587 孫泓, 앞의 글, 384쪽.

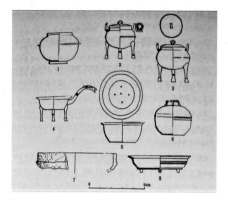

그림65 세발솥과 초두 도면

일반적인 철제솥과 세발솥鼎을 비롯한 鐎斗[588] 등도 유물을 통해 확인할 수 있다(그림65).[589] 철제솥의 경우, 길림성 집안시(그림66)[590]를 비롯해서 철령 고성자 산성과 무순 고이산성에서 출토되었다.[591] 평양부근 지역에서 세발솥(그림67)[592]이, 녕변군 서위리에서 쇠로 만든 솥[593]이 나왔으며 한강유역의 아차산 및 구

그림66 길림성 집안시출토 철제솥

그림67 평양부근 출토 세발솥

---

588 초두(鐎斗)는 작고 키 낮은 단지에 3개의 발이 달리고 한쪽에 긴 손잡이가 붙어 있는 그릇을 말하는데 쇠로 만든 것과 청동으로 만든 것이 있다. 평양부근에서 나온 쇠로 만든 초두는 경구 직경이 25.7㎝정도이고 칠성산 96호 무덤에서 나온 동으로 만든 초두는 입구 지름이 13.6㎝ 높이 10㎝정도의 소형 초두다(사회과학원 고고학연구소, 앞의 책, 121쪽).
589 위의 책, 120~121쪽. 그림67 금속용기류 참조.
590 위의 책, 120쪽 사진 18 쇠그릇(길림성 집안시) 참조.
591 孫泓, 앞의 글, 360쪽.
592 사회과학원 고고학연구소, 위의 책, 120쪽 사진 18 세발솥(평양부근)참조.
593 위의 책, 120쪽.

그림68 구의동 보루 출토 철제솥과 시루

그림69 함경도 초도유적 출토 시루

의동 보루(그림68)[594]에서도 철제솥이 출토되었다.[595] 이러한 철제솥의 사용은 빠른 열전달로 인한 조리의 효율성과 안정적인 도구의 확보라는 이점을 줄 수 있다. 그리하여 철제솥의 등장 이전보다 다양한 음식물의 조리가 가능해졌다. 한편, 이채로운 금속제 자비용기로 銅鍑이 출토되었다. 동복은 집안지역 太王鄕 下解放村 묘에서 출토[596]되었는데 주로 흉노와 관계있는 북방종족의 대표

---

594 백종오·신영문a, 앞의 책, 192쪽 구의동보루 출토 철솥과 시루.

595 심광주, 앞의 글, 191쪽 표20 참조.

596 魏存成, 『高句麗遺迹』, 文物出版社, 2002, 220쪽.

그림70 오녀산성 4기문화층 출토 시루

그림71 시루봉 보루 출토 시루

유물이다. 이러한 동복의 출토는 빈도가 낮으므로 고구려 식기구에서 큰 영향을 끼쳤다고 보기 어렵다.

시루는 솥과 함께 대표적인 조리용 기구다. 솥과 짝지어져 활용되는 시루는 곡물을 비롯한 다양한 식량자원을 익힐 수 있다. 초기 고구려시대에는 시루 밑바닥에 작은 구멍이 여러 개가 뚫려있었지만(그림69),[597] 점차 큰 구멍으로 커졌는데 이러한 구멍이 증기와 열전달에 있어 효과적이라고 한다(그림70).[598] 고구려가 한강을 점령한 이후 발굴된 시루의 투공(그림71)[599]은 대부분 큰 것 6~7개 정도로 성형된 시루였다.[600]

597 조선유적유물도감 편찬위원회a, 앞의 책, 209쪽 도판 467·468번.

598 辽宁城文物考古研究所 编着, 앞의 책, 도판28 1~2번 陶甑.

599 백종오·신영문a, 앞의 책, 112쪽.

600 최종택 외, 앞의 글, 83~84쪽 표9 시루류 속성 일람표의 투공개수 참고.

시루에서 익히는 곡물은 낟알 그대로 익혔을 경우 호화가 이뤄지긴 하지만 현재의 밥과 같이 충분히 익혀지기가 어렵다.[601] 그렇기 때문에 여러 차례 익히거나 딱딱한 낟알을 물리적인 힘을 가해 잘게 부순 후 익히는 방법을 취해야 한다. 초벌로 익힌 후 다시 쪄 먹는 밥의 경우에 다시 찌는 과정에서 찰기를 얻어 곡물 낟알이 서로 엉기는 현상을 관찰할 수 있는데, 밥의 형태가 자연스레 떡의 형상과도 겹치는 것이다. 잘게 부순 상태의 가루 곡물을 시루에 익힐 때에도 찰기로 인해 서로 엉키게 되므로 초기상태의 떡과 같은 모양새를 취하게 될 것이다.

또한 떡의 형태를 취한 것이 보관이나 저장하기 용이한 점도 고려되었을 것이다. 떡의 전분은 시간이 지나면 老化가 되고, 노화된 떡을 시루에 다시 쪄 수분을 공급해주면 섭취하기가 용이하다. 게다가 최근 떡에 포함될 수 있는 여러 식량자원[602]은 떡의 영양과 맛을 제고시키는 한편, 노화를 억제하거나 미생물을 억제시켜 변질이 덜 되게 하는 기능 등이 밝혀졌다.[603] 이러한 현상을 고구려인들이 과학적으로 분석하거나 알지는 못했지만 오랜 경험으로 인하여 자연스레 터득했을 가능성도 생각해볼 수 있을 것이다. 곡물을 효율적으로 익히는 방법은 앞서 살펴본 제분기구의 발달과 함께 쇠솥의 출현으로 더욱 향상되었다고 여겨진다.

---

601 음식고고연구회에서 실험한 시루의 취사는 시루에서 찌는 곡물은 한번에 익히기 어렵고 때때로 안악 3호분의 부엌도와 같이 시루 안의 내용물을 저어 주거나 위와 아래를 섞거나 물을 뿌려 주는 등의 행위가 반드시 필요하다. 그런 행위로도 일정 수준 이상의 분량은 제대로 익히기 어렵기 때문에 이미 한번 익혀 놓을 것을 보관하였다가 다시 찌는 형태를 취했을 것이라는 결론에 도달하였다(음식고고연구회, 『취사실험의 고고학』, 서경문화사, 2011, 107~109쪽).

602 콩, 팥, 쑥, 송피(松皮) 등과 같은 부차적 식재료다.

603 차경희, 「부재료를 첨가한 떡의 품질 특성」, 『동아시아식생활학회2008년도 추계 학술대회』, 동아시아식생활학회, 2008, 41~43쪽.

그림72 고구려의 다양한 동이

　동이류^盆는 열을 가하여 끓일 수 있는 뚝배기와 열을 가하지 않고 식량자원을 절이거나 물에 불리는 행위 및 무치는 등의 조리를 할 수 있는 자배기, 버치류로 나눌 수 있다. 가열을 할 때 사용하는 것은 열에 견뎌야 하기 때문에 단단하게 만들었을 것이지만 버치나 자배기류로 사용하는 경우의 동이류는 단단하게 굽지 않아도 되는 토기였을 것이다. 그 예로 안학궁터, 정릉사터, 봉암리3호 및 5호가마에서 나온 버치조각은 모두 보드라운 흙으로 만든 회색그릇이었고 굳지 않았다.[604]

　이러한 동이류도 쓰임이 많아서 요하지역의 묘장지를 제외하곤 전 지역에서 고루 나타난 조리기구였다(그림72).[605] 오녀산성에서는 초기 고구려에 해당하는 3기 문화층에서 동이류가 3점 발굴되었는데 모두 粗質이라고 볼 수 있

604　사회과학원 고고학연구소, 앞의 책, 92쪽.
605　上- 辽宁城文物考古研究所 編着, 앞의 책, 도판 29 1~3번 4기문화층 盆.
　　下- 백종오·신영문a, 앞의 책, 113쪽 시루봉보루 출토 동이·125쪽 구의동 보루 출토 동이.

다. 고구려 중기에 해당하는 4기 문화층에서도 동이류가 32점 발굴되었는데 그 가운데 조질이 23점이고 泥質이 9점이었다.[606] 조질이 여전히 많은 수를 차지하고 있는 이러한 동이류의 구성을 단순히 조리적인 방법으로만 고찰할 수 없지만 용기 제작의 효율성을 위해 쓰임적인 분류로 소성온도 등을 조절했을 가능성도 있을 것이다.

(3) 음식기구의 종류

飮食器具는 碗類와 豆, 盤類가 있다. 완류는 개인용 식기구로 뚜껑이 없는 사발류와 뚜껑이 있는 주발류로 나눈다. 표12에서 盖碗 표시된 것이 주발의 뚜껑이다. 이러한 주발은 盒이라고도 하는데 토기합 외에도 신라 경주 호우총에서 발굴된 고구려 청동합(그림44)[607]과 같은 금속제 합이 만들어지기도 했다. 뚜껑이 없는 사발류에 비해 좀 더 격식 있는 것으로 여겨져 고려시대를 거쳐 조선시대에는 반가에서 사용되는 주된 생활용기가 되었다.

뚜껑이 없는 사발의 경우 다양한 크기로 만들어지고 있으며[608] 주발과 마찬가지로 금속제로 만들어지기도 했는데 철령 서풍 성자산 산성에서는 구리 사발銅碗이 출토되기도 했다.[609] 다양한 재질과 다양한 크기로 만들어진 이러한 완류는 요리된 음식을 담아 내가는 주요한 그릇으로 사용되었음을 알 수 있다. 실제로 출토된 그릇에는 사용흔적과 더불어 개인용기를 구분할 수 있

---

606 양시은, 「중국내 고구려 유적에서 출토된 고구려 토기 연구」, 한국연구재단 연구보고서, 2006, 표1 참조.

607 국립중앙박물관, 앞의 책, 2010, 80쪽.

608 아차산 제3보루에서 발굴된 완류 속성 일람표를 보면 입지름이 9.4cm부터 23.0cm에 이르는 것까지 다양하다(최종택 외, 앞의 책, 106쪽 표11 참조).

609 孫泓, 앞의 글, 334쪽.

그림73 고구려의 다양한 사발과 사용흔적 및 밑바닥 문자

그림74 오녀산성 출토 묘

는 흔적이나 문자 등이 표시되어 있었다
(그림73).[610]

묘는 부여에서 일찍부터 셈豆[611]를 사용
했다고하는 기록과 부합되는 식기구다. 부
여의 별종인 고구려 환인지역 묘장지 및
오녀산성 2기 문화층에서도 두가 발굴되
었다(그림74).[612]

盤類는 접시류 또는 쟁반이라고 할 수

---

610 上 - 백종오·신영문a, 앞의 책, 100쪽 아차산 4보루 출토 완과 바닥 문자·199쪽 碗 사용흔적.
   下左 - 下中 - 위의 책, 108쪽 시루봉보루 출토 대부완과 바닥 표시.
   下右 - 辽宁城文物考古研究所 編着, 앞의 책, 도판 17 3번 2기문화층 출토 鉢.
611 『後漢書』 卷85, 「東夷列傳」 第75 夫餘傳, "음식을 먹고 마시는 데는 셈豆를 사용하며, 會
   合시에는 拜爵·洗爵의 禮가 있고 出入시에는 揖讓의 禮가 있다(食飲用셈豆, 會同拜爵
   洗爵, 揖讓升降)."
612 辽宁城文物考古研究所 編着, 앞의 책, 도판17 4번 오녀산성 2기문화층 출토 묘.

246 고구려 음식문화사

그림75 아차산 4보루 '고구려 오절판'(좌)과 구의동 보루 접시류(우)

있다(그림75).[613] 음식을 담아 내가는 그릇으로 약간 오목하게 만들었다. 묘장지가 아닌 생활유적을 중심으로 발굴된 음식용기로 국물 음식이 아닌 거의 모든 종류를 담을 수 있으며 다른 음식기구를 옮기는 쟁반으로도 활용될 수 있다. 반류 가운데 특이한 것도 있다. 아차산 4보루에서 발굴된 '고구려 오절판'이 그것이다. 25.4cm 길이의 '오절판'[614]의 경우 1인용은 아니며, 한 번에 다양한 여러 음식을 담아 먹었던 것이라 생각된다.[615]

(4) 음용기구 및 기타

飲用器具는 瓶과 盅, 耳杯類[耳杯, 單耳杯] 등이다(그림76).[616] 병은 액체류를 담는 식

---

613 오절판 - 백종오·신영문a, 앞의 책, 198쪽 ; 접시류 - 같은 책, 126쪽 접시.
614 위의 책, 198쪽 오절판.
615 신광철, 앞의 글, 29쪽.
616 上左 - 백종오·신영문a, 위의 책, 128쪽 구의동보루 출토 병.
　　上中 - 위의 책, 128쪽 구의동보루 또아리병.
　　上右 - 辽宁城文物考古研究所 編着, 앞의 책, 채판16 6번 3기문화층 출토 杯.
　　下左 - 사회과학원 고고학연구소, 앞의 책, 125쪽 사진 19 길림 동대자 유적 출토 백옥이배.
　　下中上 - 백종오·신영문a, 위의 책, 101쪽 아차산 4보루 출토 耳杯.
　　下中下 - 위의 책, 198쪽 아차산4보루 출토 귀가 떨어져 나간 부분을 다듬은 이배.
　　下右 - 辽宁城文物考古研究所 編着, 위의 책, 도판24 3번 3기문화층 陶盅 ; 郑品品,「高句丽陶器研究」, 吉林大学 碩士学位论文, 2004, 77쪽 附圖 21·95쪽 附表27 盅 설명 참조.

그림76 다양한 고구려의 甁·杯·盅

기구로 물, 음료수 및 술 등을 담는다. 충과 이배류는 모두 盅이다. 충은 오녀
산성과 환도산성에서 발굴되었다. 환도산성의 충은 높이가 대략 1.5cm, 입지
름이 3.8cm, 밑바닥이 1.5cm, 두께가 0.2cm 정도 되는 작은 잔이다.[617] 물이
나 醴, 酪 등을 마시기엔 너무 용량이 작으므로 몇 모금 정도 마셔도 맛을 느
낄 수 있는 술과 관련된 잔으로 생각된다. 盅은 서단산 문화 유적의 묘장지에
서 부장품으로 발굴되기도 하는데 중국학자들도 이를 서단산문화 말기의 음
주습관을 보여주는 유물이라고 보고 있다.[618]

이배류도 술을 마실 때 사용되는 잔이다. 양쪽에 귀가 있는 모양 때문에 耳

---

617 孫颢, 앞의 글, 93쪽.
　　　오녀산성에서 출토된 충은 입지름이 3.7cm, 높이가 4.6cm인 것(그림76 하단 오른쪽)
　　　과 높이가 3cm, 입지름이 4.2cm로 배가 불룩한 형태로 배 지름은 5.5cm이다(위의 글,
　　　123~124쪽).
618 黃学增·翟立伟, 앞의 글, 2262쪽.

杯라고 하는데 單耳杯의 경우 한 쪽만 귀가 있는 형태이다. 집안지역에서 출토된 단이배는 홍갈색을 띠고 있는데, 높이는 12.5cm, 입지름 9.4cm, 밑바닥 지름이 5.7cm으로[619] 모양은 지금의 Mug盞과 같은 형태다.[620]

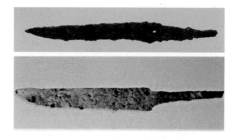

그림77 고구려 유적 출토 鐵削

　술과 관련한 기타의 유물로 돌잔石杯이 있는데 심양 석대자 산성에서 1점 출토되었다. 한면은 편평하고 다른 한면은 호의 형태 직경 3.7cm 두께는 1.6cm, 벽의 두께는 0.8cm이다.[621] 이러한 점에서 볼 때 술을 마실 때 필요한 도구가 다양하게 발전하고 있음을 알 수 있다.

　기타 식기로 절구, 식칼, 주걱 및 국자, 수저, 소반 등이 있는데 절구는 토제로 만든 절구로 높이가 12cm, 입지름 6cm, 배지름이 11cm, 바닥이 9cm되는 소형절구다.[622] 기형이 작기 때문에 의례용이나 명기일 것으로 추정된다.

　쇠손칼鐵削은 환인 오녀산성, 本溪 謝家崴子 水洞유적지에서 출토되었다(그림77).[623] 무순 고이산성에서도 쇠칼이 출토되었는데 출토량이 비교적 많다. 심양 석대자에서 출토된 쇠칼 1점은 등이 곧고, 둥근 날을 양면으로 갈았다.

619　孫颢, 앞의 글, 57쪽.
620　신석기시대 요녕성 쌍타자 유적에서 발굴된 단이배(높이 11cm)와도 매우 유사하다(조선유적유물도감 편찬위원회a, 앞의 책, 127쪽 도판 229번).
621　孫泓, 앞의 글, 323쪽.
622　孫颢, 위의 글, 95쪽.
623　上 - 백종오·신영문a, 앞의 책, 186쪽 시루봉보루 출토 도자.
　　　下 - 辽宁城文物考古研究所 编着, 앞의 책, 도판36 10번 4기문화층 鐵削.

그림78 오녀산성 출토 수저

남은 길이 4.1cm, 너비 1.2cm, 등두 께 0.3cm이다.[624] 보림리 대동3호 무덤에서 나온 쇠손칼은 날과 손잡이 부분으로 되어 있는데 전체 길이가 11cm, 날의 길이가 7.5cm로 지금의 식칼과 모양이 비슷하다.[625] 이러한 칼을 사용하여 식량자원을 잘라 요리했을 것이다. 아울러 무용총 접객도에서 큰 덩이 고기를 자를 때 시중인이 사용했던 손칼도 이러한 종류였으리라 짐작할 수 있다.

고구려의 수저는 오녀산성 4기문화층(그림78)[626]과 룡천군 신암리 유적에서 금속제 수저와 젓가락이 각각 출토되었다.[627] 삼국시대 수저의 사용은 이미 백제의 무령왕릉, 신라의 황남대총이나 금관총 등에서 확인된다.[628] 고구려도 오녀산성 등에서 발굴된 유물을 통해 금속제 수저를 사용했음을 알 수 있다. 주로 고위층들이 금속제 수저를 사용했을 것이고, 서민들은 목재를 이용하여 만들었을 것이다. 간혹 국과 같은 국물용 음식은 그릇을 들고 마셨을 가능성도 있다.

---

624 孫泓, 앞의 글, 354쪽.
625 사회과학원 고고학연구소, 앞의 책, 154쪽.
626 辽宁城文物考古研究所 編着, 앞의 책, 도판 58 4기문화층 출토 숟가락 1~3번, 젓가락 5번.
627 사회과학원 고고학연구소, 위의 책, 334쪽 표 46 참조.
628 정의도, 「청동(青銅)숟가락의 등장(登場)과 확산(擴散) : 삼국시대(三國時代)~통일신라시대(統一新羅時代)」, 『석당논총』 42, 동아대학교 석당학술원, 2008, 376쪽 표1 참조.

그림79 무용총 접객도에 나타난 소반

그림80 무용총 주방도에 나타난 소반

국자는 안악3호분의 부엌도에서 확인할 수 있다(그림46). 구리로 만든 銅 勺[629]도 岫巖 永泉 古城山성에서 출토[630]된 것으로 보아 다양한 국자류가 고구려에서 쓰였을 것이다.

고구려의 소반은 안악 3호분 주방도(그림46)에서 부뚜막 옆에서 그릇을 준비하는 여인의 모습 및 무용총 접객도(그림79)[631]와 주방도(그림80), 각저총의 가정생활도(그림81)[632] 등에서 볼 수 있다. 북한에서는 안악 3호분에서 볼 수 낮은 소

629 술 같은 것을 뜰 때 쓰는 기구
630 孫泓, 앞의 글, 336쪽.
631 국립문화재 연구소 북한문화재자료관, 고구려고분벽화 무용총 웹서비스.
632 朝鮮畵報社出版部, 앞의 책, 도판 204번 각저총 가정생활도.

그림81 각저총 가정생활도에 나타난 소반

그림82 오녀산성 출토 그릇 뚜껑과 손잡이 및 도락산 2보루 출토 뚜껑

반을 해주소반, 즉 해주를 중심으로 우리나라 중부 지방 가정에서 널리 쓰이는 소반의 일종이라고 설명하고 있다. 다리가 안으로 구부러진 모습을 갖고 있는 이 소반은 여러 종류의 소반 가운데서 이채를 띤 책상반이라고 할 수 있다.[633]

이와 같은 소반류는 그림46과 그림79·80에서 볼 수 있듯이 식사 때에 1개가 아닌 여러 개가 나간다. 1인용으로 누군가와 겸상할 수 있는 크기가 아니다. 그림81에서는 밥과 국, 반찬 그릇으로 보이는 사발과 접시 등이 있는데 상은 그것을 3~4개 남짓 놓을 크기이다. 소반에 음식 1개를 단독으로도 내는데 그림79의 벽화에서는 음식이 높게 쌓여 있었다. 음식을 높게 쌓는다는 것은 강영경의 주장대로 신과 함께 하고자 하는 마음을 표현한 것일 수도 있지

---

633 민속과학연구실, 「해주소반」, 『문화유산』 1, 1958, 81쪽.

만 일반적으로는 집안의 부유함과 넉넉함을 나타내는 것일 수도 있다. 손님대접을 후하게 하는 것은 귀족집안의 과시 및 성의 있는 손님맞이의 표현이기도 할 것이다. 일반적으로 그림79와 그림81처럼 4개의 발을 갖고 있는 소반일 것이나 간혹 삼족의 소반도 볼 수 있다.

한편, 고구려 식기와 관련하여 많은 뚜껑류가 발굴되고 있는 것이 특징이다(그림82).[634] 사용하지 않을 때는 그릇을 덮어 놓는 것으로 보관이나 저장할 때 보온이나 위생적인 면을 고려한 것으로 생각된다.

2. 고구려 음식의 종류와 음식문화의 실제

끼니때마다 주로 먹는 음식을 主食이라고 한다. 고구려의 주식은 곡물로 만든 음식인 밥과 죽, 그리고 떡이라고 할 수 있다. 밥은 飯,[635] 밥 짓기는 炊[636]이며 이러한 밥을 지을 때 주로 쓰이는 것이 솥鼎·釜이다. 『三國史記』 대무신왕조에는 아래와 같이 밥 짓기와 솥에 대해 기록하고 있다.

---

634 辽宁城文物考古研究所 編着, 앞의 책, 도판31 3,4번 4기문화층 출토 뚜껑과 손잡이 ; 백종오·신영문a, 앞의 책, 83쪽 도락산 2보루 출토 뚜껑.

635 『三國史記』 卷21, 「高句麗本紀」 第9 寶臧王條, "朕今東征, 欲爲中國報子弟之讐, 高句麗雪君父之恥耳, 且方隅大定, 唯此未平, 故, 及朕之未老, 用士大夫餘力以取之"의 내용과 이어지는 『資治通鑑』 卷197, 「唐紀」 十三 貞觀 19년, "朕自發洛陽 唯噉肉飯 雖春蔬亦不之進 懼其煩擾故也"에서 飯에 대한 내용을 확인 할 수 있다. ; 『說文解字』 卷6, 「食部」 飯, "먹[이]는 것이다(飯, 食也)" ; 『急就章』 券2, "떡과 경단, 보리 밥, 콩 국이면 만족한다(餅餌麥飯甘豆羹)."

636 『說文解字』 卷11, 「火部」 炊, "[부뚜막에] 부글부글 끓이다(炊, 爨也)" ; 『急就章』 券2, "섶이나 숯, 풀이나 갈대로 불을 지펴 날 것을 익히다(薪炭雚葦炊孰生)."

V-3.

4년(21) 겨울 12월에 왕은 군대를 내어 부여를 정벌하려고, 비류수 위에 도달하였다. 물가를 바라보니 마치 여인이 솥을 들고 유희를 하는 것 같았다. 가서 보니 솥만 있었다. 그것으로 밥을 짓게 하자 불이 없이도 스스로 열이 나서, 밥을 지어 한 군대를 배불리 먹일 수 있었다. 홀연히 한 장부가 나타나 말하기를 "이 솥은 우리 집의 물건입니다. 나의 누이가 잃어버린 것입니다. 왕이 지금 이를 얻었으니 지고 따르게 해 주십시오."하였다. 마침내 그에게 負鼎씨의 성을 내려 주었다.[637]

고구려가 한반도 서북부 및 한강유역, 요동지방 일부지대를 얻기 전까지는 쌀의 생산이 그다지 많지 않았으므로 이때 밥은 주로 잡곡으로 만들었을 것이다. 불을 피운 후 鼎·釜에다 곡물을 넣고 익혀서 먹는 것을 '밥 짓는다'고 하였다.

밥은 솥에 끓여 익혀 먹는 법과 시루로 쪄서 먹는 방법이 있는데 초기에는 시루가 많이 이용되었다. 고구려 유적에서 많은 토제솥이 발굴되었지만 밥을 짓는데 큰 역할을 한 것은 철솥이라고 볼 수 있다. 그 이유는 토제솥은 곡물을 넣고 끓일 때, 때때로 솥의 품질에 따라 음식에서 흙냄새 등이 날 수 있기 때문이다.[638] 실제로도 토제솥에 끓인 곡물음식은 일찍부터 '薄膳'이라고 평

---

637 『三國史記』 卷14, 「高句麗本紀」 第2 大武神王條, "四年(21), 冬十二月, 王出師伐扶餘, 次沸流水上, 望見水涯, 若有女人舁鼎游戲, 就見之只有鼎, 使之炊, 不待火自熱, 因得作食飽一軍, 忽有一批夫曰, 是鼎吾家物也, 我妹失之, 王今得之, 請負以從, 遂賜姓負鼎氏."

638 중국의 경우, 철솥이 활용되기 이전에는 특정 계층에서는 청동과 같은 금속제 식기구(食器具)을 사용하여 밥을 지었는데 금속제 食器具의 사용은 곧 계급적 우월감의 발현으로 이어졌다. 시루로 찌는 것은 다소 단단한 감이 있는데 그래도 토제솥을 사용하는 것보다 났기 때문에 철솥 이전 시루의 사용이 많았던 것이다(篠田統, 앞의 책, 31쪽). 고구려에서도 이와 유사한 정황으로 시루의 사용이 많았다고 생각된다. 그러나 철솥이 보편화되면서 밥을 지을 때는 시루가 아닌 솥을 이용하게 되었다.

가받았다.[639] 이러한 까닭으로 토제 시루의 이용은 활발하였고 생활유적은 물론 묘에서도 부장품으로도 출토되고 있다.[640]

낟알 그대로 익혀 밥을 하는 것과는 달리 죽은 알곡 그대로를 끓여 익히거나 분쇄도구로 갈아 가루를 내어 끓인다. 이러한 죽도 일본에 영향을 준 것[641]으로 평가된다. 토제솥이나 철솥鼎釜에 곡물을 넣고 끓여 먹었을 것이다.

떡과 관련된 餠[642]과 餌[643]는 찌거나, 쪄서 다시 치거나 지져내어 만든다. 떡을 만드는 방법 가운데는 술로 반죽해서 쪄 만들기도 한다.[644] 떡은 분쇄기

---

639 『孔子家語』卷2,「致思」第8, "자로가 말하길 토제 그릇은 천한 그릇입니다. (이것에) 끓인 음식은 싸구려 음식인데, 선생님께서는 어찌하여 기뻐하십니까(子路曰, 瓦甌, 陋器也, 煮食, 薄膳也. 夫子何喜之如此乎)?"

640 孫顥, 앞의 글, 222쪽 표7.1 참조.

641 依田千百子, 앞의 책, 159쪽.

642 떡에 관한 기록은 신라의 유리 이사금(『三國史記』卷1,「新羅本紀」第1 儒理 尼師今條, "試以餠噬之";『三國遺事』卷1,「紀異」第1 南解王條 : 『三國遺事』卷1,「紀異」第1 弩禮王條)에 나타난 기록이다. 이것은 고구려의 것은 아니지만 일찍부터 고대에 떡이 만들어졌음을 증명하는 내용이다. 이후 문헌에 나타난 떡의 기록은 신라와 가야에 관한 내용이지만 이러한 내용은 고구려의 떡을 간접적으로 증빙해줄 수 있는 자료로 여길 수 있다(『三國遺事』卷2,「紀異」第2 孝昭王代竹旨郎條, "乃以舌餠一合酒一缸…以所將酒餠饗之";『三國遺事』卷2,「紀異」第2 駕洛國記條, "設以餠飯茶菓庶羞等奠").
   한편, 평양 낙랑구역 정오동(貞梧洞) 6호분에서 발굴된 칠기에는 "建武五年(29) 蜀郡西工造 乘輿汨畵木俠紵黃釦餠□ 容一升…"라는 글이 있는데 이때 餠이 보인다(국사편찬위원회 한국고대금석문자료집 웹서비스 http://db.history.go.kr/url.jsp?ID=gs_kh).
   『說文解字』卷6,「食部」, "밀가루와 기장이다(餠, 麪餈也)";『釋名』卷4,「釋飮食」第13, "떡은 합치는 것이다. 밀가루를 반죽하여 합치다. 호병은 만들기를 크게 퍼지게 하여 막는다. 또한 호마를 그 위에 둔다. 증병, 탕병, 갈병, 수병, 금병, 색병이 이에 속한다. 모두 그 모양에 따라 이름이 붙여졌다(餠, 并也, 溲麪使合并也. 胡餠, 作之大漫沍也, 亦言以胡麻著上也. 蒸餠, 湯餠, 蝎餠, 髓餠, 金餠, 索餠之屬, 皆隨形而名之也)."

643 삼국사기에는 경단을 의미하는 餌도 기록되었는데 주로 일식, 약과 관련되어 쓰임으로 떡과는 거리가 멀었다. 하지만 송대 『太平廣記』(卷481,「蠻夷」第2 新羅傳, "餠餌羹炙, 羅于石上")에는 "떡과 경단, 국과 구이를 돌 위에 펼쳐놓다"라는 기록이 있어 餌 또한 떡과 관련한 의미로 사용되었음을 알 수 있다.

644 윤서석, 「한국의 떡문화」, 『동아시아식생활학회 2008년도 추계학술대회』, 동아시아

구 및 시루甑의 발달과 관련 깊은데, 분쇄기구의 발달은 떡의 발달 및 활용에 있어 중요한 역할을 차지한다고 볼 수 있다. 대체로 돌절구나 방아로 곡물을 갈아서 가루를 만들고, 이 가루를 찌거나 볶는 등의 여러 가지로 가공하여 만드는 경우에서 떡이 비롯되었을 것으로 여겨진다. 이러한 내용을 엿볼 수 있는 것이 일본 고대 제사 음식인 시도기粢다. 시도기는 떡의 古語[645]인 시더기또는 시덕가 일본으로 건너간 것으로 볼 수 있다. 쌀을 물에 담가 불린 다음 절구에 찧어 가루로 내어 여러 가지 모양으로 빚어 굳힌 것으로 생으로 먹었을 것이라고 한다.[646] 중국에서도 가루를 낸 곡물을 여러 방법으로 만들어서 먹는 것이 떡의 발달에 있어 중요한 요소라고 평가받고 있다. 즉, 밀과 같은 곡물을 분쇄기구로 갈아서 찌거나 구워서, 또는 발효시켜서 다양한 방법으로 만든 것이 중국 떡 문화 발전을 이끌었다고 보는 것이다.[647]

고구려도 이러한 방식으로 떡을 만들었을 것으로 추정된다. 고분벽화 속에 나타난 디딜방아(표13) 및 아차산 3보루의 방앗간 유적[648] 등으로 고구려 곡물의 제분 여부를 알 수 있다(그림54). 특히 고구려는 연자방아를 일본에 전해준 일도 있었다. 『日本書紀』에 의하면 스이코推古18년(610) 고구려에서 파견

식생활학회, 2008, 4쪽.

645 『訓蒙字會』에서 餠은 '떡 병'이라고 기록되었다. 'ㅆ'이 'ㄸ'으로 변화되어 지금의 떡으로 발음되고 있다.

646 이춘영, 「쌀과 문화 : 한국 전통 쌀이용」, 『식품과학과 산업』 23-1, 한국식품과학회, 1990, 3쪽.

647 조영광, 「중국 "떡" 문화의 역사적 발전에 관한 보고」, 『동아시아식생활학회 2008년도 추계학술대회』, 동아시아식생활학회, 2008, 17~27쪽.

648 확인된 방아시설은 방아확과 볼씨가 있는 디딜방아로 추정되는데 안악3호분 동쪽 곁방 서면 북측의 방앗간 건물 그림에서 확인된 방아시설과 흡사하다. 연대상으로 150여 년 정도 차이가 나지만 실물 자료로 확인된 가장 오래된 것이다(최종택 외, 앞의 글, 2006, 32~33쪽).

된 승려 담징이 연자방아를 만들어주었다고 한다(그림57).[649] 당시 담징은 일본의 공식적인 입국의 요청을 고구려 영양왕이 허락하여 일본으로 간 것이기 때문에 연자방아의 전래는 하나의 외교적 차원에서 기술 이전한 것임을 알 수 있다.[650] 이는 분쇄기술이 국가 차원으로 관리되고 외교적 거래로 전수하는 대상임을 시사한 것이어서 의미가 있다.

표13 고구려 고분벽화에 나타난 음식관련 벽화주제[651]

지역	고분벽화명	편년	위치	식생활
평양	평양역전	4세기말	앞방 왼벽	방앗간, 부엌
	태성리1호분	4세기말	감, 곁방 벽	부엌, 육고
	요동성총	5세기초	감, 곁방 벽	방앗간
	약수리	5세기초	앞방 왼벽	방앗간, 부엌
			앞방 앞벽	방앗간
	동암리	5세기초	앞방 왼벽,앞벽,오른벽,안벽	부엌
	덕흥리	408	널방 오른벽	누각창고
	팔청리	5세기 전반	앞방 왼벽	육고
안악	안악3호분	357	감, 곁방 벽	육고, 부엌, 방앗간

---

649 『日本書紀』卷22,「豊御食炊屋姬天皇 推古天皇」, "18년(610) 봄 3월 高麗王이 승려 曇徵과 法定을 바쳤다. 曇徵은 5經을 알고 또한 채색 및 종이와 먹을 만들 수 있었으며, 아울러 연자방아를 만들었다. 대개 연자방아를 만드는 일은 이 때에 시작된 듯하다(十八年春三月 高麗王貢上僧曇徵·法定 曇徵知五經 且能作彩色及紙墨 幷造碾磑 蓋造碾磑 始于是時歟)"; 依田千百子, 앞의 책, 177쪽.

650 김일권,「고구려 벽화 속의 과기문화 단상」,『정신문화연구』 35-1(126호), 한국학중앙연구원, 2012, 314~315쪽.

651 전호태, 앞의 책, 2000, 21~26쪽, 표1-1, 1-2 재편집.

지역	고분벽화명	편년	위치	식생활
집안	각저총	5세기 초	널방 왼벽	부엌
	통구12호분	5세기 중	남분-감,곁방 왼벽	부엌
			북분-감,곁방 오른벽	취사도구?
	무용총	5세기 중	널방 왼벽	부엌
	마선구1호분	5세기 중	앞방 왼벽	창고
			앞방 앞벽	육고
	장천1호분	5세기 중	앞방 왼벽	부엌

　　고구려의 떡은 재배되는 곡물을 낱알 그대로 찐 후 떡메로 쳐서 만드는 경우 및 분쇄기구를 이용하여 곡물 가루로 만든 후 찌는 등의 다양한 방법으로 요리된다. 특히 콩과 관련하여 콩을 이용한 다양한 떡이 만들어졌을 것으로 여겨진다. 일본 정창원 문서에는 한국에서 전래된 떡의 영향을 받았다고 평가되는 大豆餠이나 小豆餠이 기록되었다.[652] 고려두 등이 잘 알려질 정도로 두류재배에 특화된 고구려에서 이와 같은 두류를 이용한 떡이 발달된 것은 추정가능 하다. 또한 앞서 밝힌 하북 고려포촌에서 우리나라의 팥병과 비슷한 黃粱餠을 만들었으며[653] 대추를 섞어 놓은 좁쌀떡도 볼 수 있다고 하였다.[654] 팥이나 좁쌀 등도 모두 고구려에서 재배된 곡물 가운데 하나였으므로 이와 유사한 떡이 고구려에서 만들어졌을 가능성도 있다. 이러한 고구려 떡에 대해 일본은 狛餠[655]이라는 명칭을 붙여 기록을 하였다.

　　한편, 쌀떡의 존재도 짐작해 볼 수 있을 것이다. 고구려에서는 6세기 이후

652　依田千百子, 앞의 책, 159~161쪽.
653　박현규, 앞의 글, 203쪽.
654　위의 글, 200쪽.
655　狛은 貊과 같은 자로서 일본에서는 コマ를 의미한다(依田千百子, 위의 책, 162쪽).

쌀 재배가 압록강 이북에서 가능해지고, 한반도 서북부의 농업 전통을 계승·발전시킨 후부터 쌀로 떡을 만들뿐만 아니라 그 빈도수도 높아졌다고 생각된다. 이에 대한 단서가 『册府元龜』에 기록되어 있다.[656] 645년 白巖城이 함락되자 성중 父老과 僧尼들이 당태종에게 유제품의 일종인 夷酪과 곤포, 무이로 만들어진 시 등을 바쳤다는 내용에서 '米餅'의 존재를 확인할 수 있다.[657]

국수도 밀가루 또는 메밀 등과 같은 곡물의 재배와 관련 있다고 생각된다. 그러나 중국에서 국수 가락이 발굴된 것[658]과 같이 고구려에서 국수가 만들어졌다고 볼 수 있는 직접적인 내용이 나타나지 않는다. 다만 국수가 있었을 것이라는 추정만을 할 수 있을 따름이다. 메밀은 한반도 북부지역 및 만주지역이 원산지라고 알려져 있으므로 이른 시기부터 메밀을 가루로 빻아 음식으로 만들었을 가능성도 제기할 수 있을 것이다.

다른 음식으로 羹, 醬油과 醢, 豉汁, 蜜, 炙과 葅, 脯 등을 문헌에서 확인할 수 있다. 국羹의 경우 『三國史記』 동천왕의 기록에서 확인된다. "왕후가 또 시중드는 이를 시켜 음식을 올릴 때 짐짓 국을 왕의 옷에 엎지르게 했으나 역시 왕은 화내지 않았다"[659]고 전한 기록에서 국이 확인되는 것이다. 고래로부터 국은

---

656 『册府元龜』 卷126, 「帝王部」 第126 納降, "城中父老僧尼, 貢夷酪昆布米餅蕪荑豉等, 帝悉爲少受, 而賜之以帛. 高麗喜甚, 皆仰天下拜曰, 聖天子之恩非所望也."

657 2세기 무렵 작성된 『說文解字』에 기록된 곡물의 낟알이라는 뜻("米, 粟實也.")은 漢代 및 위진시기에 통용된 뜻이라고 여겨진다. 이에 반해 백암성의 米餅은 7세기의 상황이며, 이미 사료 Ⅲ-3과 같이 유주는 물론 집안지역에서도 쌀을 재배할 수 있었기 때문에 米는 곡물 낟알이 아닌 쌀로 봐야 할 것이다. 또한 점령당한 백암성의 부로와 승려들이 당태종에게 바친 물품은 백암성에서 귀하거나 좋은 음식을 바쳤을 것이므로 일반의 곡물 낟알로 만든 떡이 아니라 '쌀'로 만든 떡이었으리라 짐작된다.

658 중국 청해성 신석기시대 제가문화층(齊家文化層) 喇家유적에서 4,000년 전 국수 가락이 발굴되었다고 한다(조영광, 앞의 글, 20쪽).

659 『三國史記』 卷17, 「高句麗本紀」 第5 東川王條, "又令侍者進食時, 陽覆羹於王衣, 亦不怒."

식사를 이루는 기본적인 요소 가운데 하나로 여겨졌다.[660] 『禮記』의 "국과 밥은 제후부터 이하 서인에 이르기까지 차등이 없다"[661]고 한 내용에서 곡물로 밥을 지어 먹는 사회에서 국과 밥이 식사의 '최소 기준'임을 알 수 있다.

炙으로 대표적인 것은 맥적이다. 고구려의 맥적은 漢代[662] 및 위진시대에 중국에서 크게 유행[663]하였다. 이것은 잘게 자른 중국식 적과는 달리 통째로 구운 것이 특징이다. 이성우 등은 맥적이 처음에는 통구이 형태를 취했으나 이후 잘게 자른 지금의 불고기와 같은 모습으로 변했을 것으로 추정했지만 晉代의 『東宮舊事』에 의하면 여전히 맥적을 담은 그릇은 크기가 컸다.[664] 따

---

660 고대 일본에서도 부식으로 습윤한 음식이 올라왔다. 밥에 뜨거운 물을 부어 먹는 탕지 (湯漬), 찬물에 밥을 적셔 먹는 수반(水飯)과 같은 음식이 있었으며 특히, 羹은 봄나물, 버섯, 작은 생선, 은어, 복어, 꿩, 학, 오리 등을 재료로 하여 만들었는데 すいもの(맑은 국)에 해당한다. 도미로 끓인 국, 복으로 끓인 국, 조류로 만든 국, 미역국, 참마국이라 고 했는데 뜨거운 국을 일반적인 국이라고 했다(渡邊實, 앞의 책, 89~90쪽).

661 『禮記』 卷8, 「內則」 第12, "羹食, 自諸侯以下至於庶人無等."

662 『釋名』 卷4, 「釋飲食」 第13, "貊炙, 全體炙之, 各自以刀割出於胡貊之爲也."
     『석명』이란 말의 어원을 설명하는, 일종의 漢代 일상용어 어휘집이라 할 수 있는데, 위와 같은 『석명』의 기록에 따르면 이미 漢代에 맥적이 존재했으며 식량자원을 통째로 구워 각자의 칼로 잘라먹는 '통구이 음식'이라는 것을 알 수 있다(박유미, 앞의 글 2013, 38쪽).

663 『搜神記』 卷7, "胡床貊盤, 翟之器也. 羌煮貊炙, 翟之食也. 自太始以來, 中國尚之. 貴人富 室, 必留其器, 吉享嘉賓, 皆以爲先. 戎翟侵中國之前兆也."

664 『太平御覽』 卷758, 「器物部」 第3 盤, "東宮舊事曰, 長槃五, 漆尺槃三十, 漆柏炙拌二[拌, 音與 槃同]《東宮舊事》에서 이르길 칠을 한 맥적용반 2개)" ; 『太平御覽』 卷758, 「器物部」 第5 炙 函, "東宮舊事曰, 漆貊炙大函一具《東宮舊事》에서 이르길 칠을 한 맥적용 큰 함 한 개)."
     「기물부」 盤에 나타나는 '柏炙'은 貊炙이라 볼 수 있다. 貊은 문헌에서 貉, 狛으로 쓰이는 데 唐代의 문헌인 『群書治要』(卷14, 「漢書二」, "彭吳穿穢柏(柏作狛), 朝鮮置滄海郡, …")에 는 貊을 柏이라 기록하였다. 栢은 柏의 이체자이므로 柏은 貊이라고 할 수 있으며 중국의 음식기구를 연구한 張景明과 王雁卿 또한 "漆柏炙拌"을 "漆貊炙盤"이라 이해하고 있다 (張景明·王雁卿, 『中國飲食器具發展史』, 上海古籍出版社, 2011, 173쪽).
     炙函에 나타나는 맥적용 식기구에 '大'자가 붙은 것은 그것이 일반적인 용기보다 컸음 을 의미한다.

그림83 무용총 접객도

라서 맥적은 한입 크기로 잘려진 것은 아니며 『釋名』에 설명된 것[665]처럼 각
자의 칼로 잘라먹어야 했을 것이다. 다만, 고구려는 계급사회였으므로 일반
적으로는 시중인이 잘라 주었을 것이다. 고구려 중기의 대표적 벽화무덤인
무용총의 널방 앞벽에는 손님을 맞이하는 남자주인의 모습이 확인된다. 두
사람 앞에는 각각 소반에 음식이 차려져 있으며 남자주인 곁에는 시중인이
무릎을 꿇고 작은 小刀를 손에 들고 있다(그림83).[666] 이러한 소도의 용도는 큰
덩이의 음식을 먹기 좋게 자르기 위함이므로 맥적과 같이 큰 덩이의 육류음
식을 먹을 때에도 이처럼 시중인이 잘라 주었으리라 생각된다.

　또한 문헌에서도 큰 덩이의 육류음식을 자르는 고구려의 음식습속을 살펴
볼 수 있다. 『三國史記』 산상왕조에는 고국천왕의 뒤를 이어 왕위를 계승할

---

665 『釋名』 卷4, 「釋飮食」 第13, "맥적은 전체를 구운 것이며 각자의 칼로써 베어 먹는다.
　　[그 음식은] 胡貊에서 비롯된 것이다(貊炙, 全體炙之, 各自以刀割出於胡貊之爲也)."
666 耿铁华, 앞의 책, 2008, 319쪽 圖9.

사람을 탐색하기 위한 왕후 우씨의 시동생 집 방문 기록이 나온다. 시동생인 연우가 왕후 우씨를 맞이하여 잔치를 열 때, 예의를 다하여 왕후를 위해 친히 칼을 잡고 고기를 베다가 잘못해 손가락을 다쳤다는 내용이 그것이다.[667] 이를 통해 고구려의 연회에서 小刀로 잘라야 될 정도의 큰 덩이 육류음식이 나왔음을 짐작할 수 있다. 결국 그림83과 산상왕에 대한 기록에서 나타나는 음식시중에는 맥적과 같이 큰 덩이 육류음식을 잘게 자르기 위한 것도 있으며, 큰 덩이의 육류음식은 귀한 이를 대접하기 위해 내놓은 잔치 음식인 것이다.

한편, 그림83과 산상왕의 기록을 통해 고구려의 손님맞이에 대한 예절과 습속이 존재함을 추측할 수 있다. 그림83의 경우 집주인을 방문한 손님을 접대할 때 곁에 시중인이 등장한다. 그에 반해 왕후 우씨의 예에서는 시중인이 등장하지 않는다. 고구려의 왕비이자 형수인 우씨의 방문에 왕족이자 시동생인 연우가 직접 음식 시중을 들고 있다. 왕족인 연우의 집에 시중인이 존재하지 않을 가능성이 없으므로 집주인보다 신분이 높거나 특별히 대접할 필요가 있는 손님이 방문한 경우 예를 다한다는 의미로 집주인이 직접 음식 시중듦을 알 수 있다.

脯도 고구려에서 만들어진 부식 가운데 하나였을 것이다. 포에 관한 기록은 표11에서와 같이 신라 신문왕의 폐백 기록에 나타난다. 포는 건조법을 사용한 건식으로, 장양과 함께 고기 및 다양한 식량자원을 어떤 방법으로 무엇을 첨가하는가에 따라 여러 맛을 내는 저장법이다. 포의 사용은 고구려에서도 많았을 것으로 추정된다. 앞서 언급했듯이 신라와 고구려도 풍속이 비슷했으므로 포 또한 고구려에서 만들어진 음식의 종류로 이해할 수 있다.

---

667 『三國史記』卷16, 「高句麗本紀」 第4 山上王條, "延優加禮, 親自操刀割肉, 誤傷其指."

꿀은 단 맛을 내는 양념 또는 약용 음식의 일종으로 귀하게 쓰였을 것이다. 고구려인들은 야생벌의 꿀을 채집하거나 양봉을 통해 얻은 꿀을 음식의 재료로 활용했다고 생각된다. 왜냐하면 야생벌꿀 채집은 그간의 인류 사회에서 보편적으로 꿀을 얻는 방법이었기 때문에 고구려인들도 이와 같이 꿀을 확보했을 것으로 짐작된다. 아울러 양봉을 통해서도 꿀을 수급할 수 있었을 것인데, 이것은 백제의 예를 통해서 알아볼 수 있다. "백제 태자 餘豊이 벌통 4개를 가져와 삼륜산에 놓아길렀으나 끝내 번식시키지 못하였다."[668]는 기록은 백제가 양봉을 통해서 꿀을 확보할 수 있었음을 짐작케 한다. 백제와 고구려는 음식풍속이 비슷하기 때문에[669] 고구려에서도 이와 같은 양봉 활동을 하여 꿀을 얻을 가능성이 높다.

肉醬과 魚醬, 豉와 穀醬 같은 장양의 다양함은 얻을 수 있는 여러 가축과 잡을 수 있는 獸鳥魚肉類 및 곡물의 종류에서 비롯된다. 초기 고구려시기부터 부족한 곡물을 보충하기 위해 수렵과 어렵을 통해 얻은 육류재료를 다양한 방법으로 육장 및 어장으로 만들었을 것이다. 즉, 잡을 수 있고, 얻을 수 있는 식량자원만큼 장의 종류가 만들어진다고 할 수 있다. 곡장의 경우 단독으로도 쓰이지만 다른 음식을 만들 때 사용되는 양념과 같은 역할도 수행하기 때문에 다양한 음식에서 사용될 수 있다.

채소나 과일의 절임蒟, 漬도 육장과 어장의 예와 같다. 생으로 먹을 수 있을 때에 장이 양념으로 곁들어져 생채와 같은 반찬이 되며, 장양하는 경우 현재의 김치와 유사한 채소절임 및 발효음식이 된다. 담글 수 있는 채소와 과일의

---

668 『日本書紀』卷24, 「天豊財重日足姬天皇 皇極天皇」, "二年(643) 是歳 百濟太子餘豊 以蜜蜂房四枚 放養於三輪山 而終不蕃息."
669 『魏書』卷100, 「列傳」第88 百濟傳, "其衣服飲食與高句麗同."

종류만큼 각종 채소 및 과일 절임으로 만들어질 수 있다.

3. 고구려 음료의 종류와 음료문화의 양상

고구려에서는 음료로 하천의 물을 그대로 식수로 사용할 수 있었다. 『三國志』에는 "큰 山과 깊은 골짜기가 많고 넓은 들은 없어 산골짜기에 의지하여 살면서 산골의 물을 식수로 한다" 라는 기록이 있다. 이 내용이 쓰여졌던 당시 중국의 중심지였던 황하 중류 유역은 진한시대부터 대폭 증가된 인구압 및 그로 인한 생태림의 훼손으로 점차 황토고원으로 변하였고,[670] 이 지역 가장 큰 수계인 황하가 濁河의 보통명사가 되기도 하였다.[671]

이처럼 황하를 비롯한 여러 하천은 지속적인 지역의 황폐화로 인해 진흙과 모래가 많이 섞이게 됨에 따라 음용수로서의 기능이 점차 떨어졌을 것이다. 그렇기 때문에 고구려인들이 계곡을 따라 흐르는 물을 그대로 음용하는 것을 『三國志』 저자인 陳壽는 이채롭게 여겼으리라 생각된다. 게다가 고구려에는 큰 산과 깊은 골짜기가 많다고 하였으므로 여러 형태의 자연 정수활동이 일어날 수 있었다. 그래서 고구려인들이 산골의 물을 식수로 사용하는 데에는 무리가 없었다.

고구려의 음료와 관련하여 술[672]이나 醴는 주로 곡물을 발효시켜 만들었

---

670 李璧圭, 「중국의 환경문제와 생태적 상황」, 『中國學論叢』 7, 한국중국문화학회, 1998, 607~608쪽.

671 류제헌, 『중국역사지리』, 문학과지성사, 1999, 66~68쪽.

672 가야에는 난초로 만든 음료와 혜초로 만든 술이 있다고 하는데 이러한 점에서 향초를

다. 가축의 젖을 활용한 酪도 고구려의 음료로서 활용되었다. 이러한 음료 가운데 술과 관련되어 '음주문화'가 형성되는데, 고대의 음주는 정치적인 요소 및 제례, 공동체적 행사 등에 활용되었다. 본래 부여인을 비롯한 고구려인이 음주가무를 즐긴다는 평가도 받고 있으므로[673] 술과 관련된 양상을 구체적 사례로 논할 필요가 있다고 생각된다. 고구려에서 술이 음용되는 경우는 제례 속에서의 음주, 군신간의 연회와 위무, 집안에서의 酒宴 및 가례에서의 음주로 나눠볼 수 있다.

첫째, 제례 속에서의 음주이다. 고구려인들은 여러 제사를 지냈다. 사서에는 영성과 사직에 제사를 지내며, 10월 국중대회를 연다고 한다. 그것을 동맹이라고 하며 동쪽 대혈에 수신을 모셔 역시 10월에 제사를 지낸다고 하였다.[674] 특히, 10월에 개최되는 국중대회인 동맹과 수신제는 시조인 동명성왕과 그 어머니인 유화부인을 대상으로 하여 지낸다. 이것은 건국과 관련된 신화의 재현이 목적이었다. 즉, 始祖를 대상으로 하여 현재의 국왕이 과거의 신성한 시간으로 되돌아가 제사를 지내는 것이다. 제사는 시조왕과 현 국왕의 시간적 거리를 압축시키면서 고구려를 갱신시키는 역할을 수행한다고 볼 수

이용해서 만든 술도 가능성이 있다고 생각된다(『三國遺事』 卷2, 「紀異」 第2, "난초로 만든 음료와 蕙草로 만든 술을 주었다[給之以蘭液蕙醑])."

673 『三國志』 卷30, 「魏書 東夷傳」 第30 夫餘傳, "殷曆 正月에 지내는 祭天行事는 國中大會로 날마다 마시고 먹고 노래하고 춤추는데, 그 이름을 '迎鼓'라 하였다(以殷正月祭天, 國中大會, 連日飲食歌舞, 名曰迎鼓)" ; 『三國志』(卷30, 「魏書 東夷傳」 第30) 高句麗傳에는 "歌舞"의 내용은 있어도 음주에 대한 직접적 언급은 찾아볼 수 없다. 그러나 『後漢書』(卷85, 「東夷列傳」 第75) 서문에는 "동이족이 음주가무를 좋아한다(東夷奉皆土著, 憙飲酒歌舞)"라고 했고 고구려인들이 "선장양"한다는 평가를 받고 있으므로 부여인뿐만 아니라 고구려인도 음주를 좋아한다고 볼 수 있을 것이다.

674 『三國志』 卷30, 「魏書 東夷傳」 第30 高句麗傳, "以十月祭天, 國中大會, 名曰東盟. …其國東有大穴, 名隧穴, 十月國中大會, 迎隧神還于國東上祭之, 置木隧于神坐."

있다.[675] 여기서 술은 神酒로 기능한다. 신주를 마심으로써 시조왕에게서 비롯된 신성성을 획득한 현 국왕은 자신이 마신 신주나 그에 상응하는 술을 신하에게 내리는 의식을 치렀을 것이다. 왜냐하면 이를 통해 왕과 신하 사이에 권력은 신비화하고 합리화되기 때문이다. 아울러 제사에 참여한 고구려인에게도 술이 내려졌을 것이다.[676] 이때 공유되는 술은 신과 인간, 인간과 인간을 하나가 되게 하며, '고구려'의 일원으로서 소속감 및 상호연대감을 고취시키는 수단으로 기능할 것이다. 실제로도 길림성 고구려 유적터 제사건축물 유적, 사직신에게 제사를 지낸 것으로 추정되는 곳에서 토기로 만든 항아리, 豆, 대야 등의 기물이 나왔는데 이것들 중에는 제사용 술을 만드는데도 쓰이는 것이라고 이해할 수 있는 기물도 있다.[677] 아울러 부여[678]를 비롯한 濊[679] 등의 지역에서도 국가제사 이후 음주하는 경향을 보인 것은 고구려의 제사 후 참가원의 신주 음용을 더욱 뒷받침하고 있다고 생각된다.

둘째, 군신간 연회와 위무에서 쓰이는 음주다. 고구려 대무신왕 5년(22)에 부여의 왕을 치고 돌아오는 과정에서 함께 고생한 신하들에게 飲至의 의례를 거행하였다.[680] 음지의 의례란 전쟁에서 이기고 돌아와 종묘에 고하고 그 자

675 서영대b,「고구려의 국가제사」,『한국사연구』120, 한국사연구회, 2003, 23~26쪽.
676 심승구,「한국 술 문화의 원형과 콘텐츠화 -술 문화의 글로벌콘텐츠를 위한 담론체계 탐색-」,『인문콘텐츠 학회 2005년 학술 심포지움 발표자료집』, 인문콘텐츠학회, 2005, 60쪽.
677 李淑英·孫金花, 앞의 글, 12~14쪽.
678 『三國志』卷30,「魏書 東夷傳」第30 夫餘傳, "殷曆 정월에 지내는 제천행사는 國中大會로 날마다 마시고 먹고 노래하고 춤추는데, 그 이름을 迎鼓라 하였다(以殷正月祭天, 國中大會, 連日飮食歌舞, 名曰迎鼓)"
679 『三國志』卷30,「魏書 東夷傳」第30 高句麗傳, "해마다 10월이면 하늘에 제사를 지내는데, 주야로 술마시며 노래부르고 춤추니 이를 舞天이라 한다(常用十月節祭天, 晝夜飮酒歌舞, 名之爲舞天, 又祭虎以爲神)"
680 『三國史記』卷14,「高句麗本紀」第2 大武神王條, "王旣至國, 乃會羣臣飮至曰, 孤以不德, 輕伐扶餘, 雖殺其王, 未滅其國, 而又多失我軍寶, 此孤之過也, 遂親吊死問疾, 以存慰百姓,

표14『三國史記』에 기록된 군신간 주연

출처	인물	내용
『三國史記』卷14,「高句麗本紀」第2	大武神王條	王飢至國, 乃會羣臣飮至…遂親弔死問疾, 以存慰百姓. 5년(22) 왕이 본국에 돌아오게 되자 여러 신하들을 모아 음지의 의례 거행하였다. …곧이어 죽은 이를 조상하고 병든 이를 위문하여 백성의 마음을 살펴 어루만졌다.
『三國史記』卷14,「高句麗本紀」第2	閔中王條	二年春三月, 宴羣臣. 2년(45) 봄3월 여러 신하들에게 잔치를 베풀었다.
『三國史記』卷15,「高句麗本紀」第3	太祖大王條	四十六年及至柵城, 與羣臣宴飮. 46년(98) 책성에 도착해 여러 신하들과 잔치를 베풀어 술을 마셨다.
		六十九年冬十月肅愼使來獻紫狐裘及白鷹·白馬, 王宴勞以遣之. 69년(121) 겨울 10월 숙신 사신이 와서 자주색 여우가죽옷과 흰매, 흰말을 바쳤다. 왕이 잔치를 열어 그를 위로해서 보냈다.
		八十年秋七月, 遂成獵於倭山, 與左右宴. 80년 가을7월에 수성이 왜산에서 사냥을 하고 측근들과 잔치를 벌였다.
『三國史記』卷16,「高句麗本紀」第4	山上王條	王悲喜, 引罽須內中宴, 見以家人之禮. 왕은 슬프면서도 한편으로는 기뻐서 계수를 내전으로 이끌어 잔치를 베풀고 집안 사람의 예법으로 대하였다.
『三國史記』卷18,「高句麗本紀」第6	長壽王條	十二年秋九月, 大有年, 王宴群臣於宮. 12년(424) 가을 9월 크게 풍년이 들자 왕이 궁중에서 여러 신하들에게 잔치를 베풀었다.
『三國史記』卷19,「高句麗本紀」第7	陽原王條	十三年夏四月, 立王子陽成爲太子, 遂宴羣臣於內殿. 13년(557) 여름 4월에 왕자 陽成을 책립하여 태자를 삼고, 내전에서 군신들에게 잔치를 베풀었다.

리에서 주연을 베풀어 공이 있는 신하를 포상하는 행사다. 천자가 친정하여

是以, 國人感王德義, 皆許殺身於國事矣."
전쟁에서 이기고 돌아와 종묘에 고하고 그 자리에서 주연을 베풀며 공로가 있는 이에
게 상을 주었는데 그러한 행사를 음지라고 한다(이강래 옮김,『삼국사기』1, 한길사,
2009, 321쪽 각주1).

그림84 각저총 가정생활도

신하를 위무[681]하는 자리에서 술을 함께 나눴다. 대무신왕은 4년(21)에서 5년 (22)에 걸친 부여정벌에서 부여의 왕을 죽였음에도 불구하고, 부여인들의 격렬한 저항으로 제대로 된 戰勳을 보여주지 못했다. 정벌 전에 얻은 '솥鼎'[682]을 분실한데다 함께한 군사의 전사와 부상도 많았고, 전리품을 얻어오기보다 갖고 간 물자의 손실까지 많아 사실상 부여와의 전쟁은 실패에 가까웠다. 대무

---

681 孔鮒,『孔叢子』卷2,「問軍禮」第20, "有功, 於祖廟舍爵策勳, 謂之飮至. 天子親征之禮也."

682 대무신왕 4년(21) 12월에 부여를 치러가다 우연히 얻은 '솥(鼎)'은 저절로 밥이 되는 신이한 물건이었다. 솥을 얻은 후 금으로 만든 옥새와 무기 따위를 얻었으며 부정과 괴유, 마로라는 인재를 얻었다. 그런데 부여군의 저항으로 상황이 어려워질 때 '鼎'을 잃어버렸다는 것은 '鼎'이 갖는 상징성으로 볼 때 대무신왕은 군사적, 정치적으로 위태로운 상황에 처했음을 짐작할 수 있다(『三國史記』卷14,「高句麗本紀」第2 大武神王條, "四年冬十二月, 王出師伐扶餘, 次沸流水上, 望見水涯, 若有女人舁鼎游戲. 就見之, 只有鼎. 使之炊, 不待火自熱, 因得作食, 飽一軍. 忽有一壯夫曰, 是鼎吾家物也. 我妹失之, 王今得之, 請負以從. 遂賜姓負鼎氏. …臣是北溟人怪由. …又有人曰, 臣赤谷人麻盧, … 失骨句川神馬, 沸流源大鼎. …王旣至國, 乃會羣臣飮至. 曰孤以不德, 輕伐扶餘. 雖殺其王, 未滅其國. 而又多失我軍資, 此孤之過也. 遂親弔死問疾, 以存慰百姓.")

신왕은 親征을 했음에도 불구하고 성과를 얻지 못해 臣民에게 君主로서의 체면이 손상되었을 것이다. 그렇기 때문에 대무신왕은 민심의 이반을 막고 신하들의 충성심을 재확인하거나 재확립하여 정치적 갈등이 유발될 기회를 소거해야 했다. 대무신왕이 굳이 음지의 의례를 선택한 이유는 酒宴, 즉 술이 갖는 소통성을 매개로 하여 실패에 가까웠던 친정의 결과를 수습하고 군주와 신하, 나라 사람들이 함께 일치하고 화합하여 국가의 국론분열이나 어려움을 조기에 차단하기 위함이라고 보인다. 이러한 대무신왕의 '음지의례'는 성공적으로 수행되어 민심은 수습되고 정치적 갈등은 해소되어 이후 고구려는 개마국이나 구다국 등을 정벌하는 등 활발한 정복전쟁을 펼쳤다.

이와 같은 음지의례 외에도 표14와 같이 군신간의 주연이 자주 베풀어 정치적인 화합과 위무를 이루었을 것이다.

셋째, 집안에서의 酒宴으로는 고구려 산상왕과 우씨 왕후의 예를 들 수 있다.[683] 사실, 귀족 집안에서의 주연은 빈번했을 것인데 외부에서 손님이 오는 경우에도 酒宴을 열지만 집안 내에서 부부나 가족끼리 음주하는 사례도 있을 것이다.

이러한 예를 고구려 고분 벽화에서 찾을 수 있다. 5세기 각저총 북면에 위치한 벽화는 귀족 가정의 생활이 잘 나타나 있다(그림84). 중간에 있는 남자 주인이 있으며 우측에 한명의 처와 첩으로 추정되는 부인이 앉아 있다. 그 벽화에

---

[683] 『三國史記』 卷16, 「高句麗本紀」 第4 山上王條, "(197)연우는 일어나 의관을 갖추고 문에 나와 맞이해 자리에 들이고 잔치를 베풀었다(延優起衣冠, 迎門入座宴飮)."
우씨가 비록 왕후지만 고국천왕의 사망 이후 후계를 세우려는 때, 급하게 시동생인 연우의 집을 찾았으므로 연우는 화려하고 크게 주연을 열지는 못했을 것이다. 즉, 가정 내에서의 일반적인 연회 규모로 주연을 열어 왕후를 맞이했을 것이기 때문에 연우와 우씨 왕후와의 주연이 귀족들이 여는 가정내 일반적인 주연의 예가 될 수 있을 것이다.

그려진 식기 중 壺와 耳杯類의 음식기구가 있다. 귀족과 처첩이 거하는 집안의 장면에서 술과 관련된 식기구가 보이는 것으로 가정 내의 음주 정황을 알 수 있다.[684] 이러한 내용은 안악3호분이나 통구 12호분, 약수리 고분 등에서 볼 수 있는 장면으로서 고구려 귀족 가정 내 음주정황이 짐작된다. 규모가 크지 않더라도 부부 간에 분위기상 음주하는 것이 일상적이었다고 이해할 수 있다.

마지막으로 혼인 때 쓰는 술이다. 『北史』에 이르길 고구려인들은 혼인할 때 따로 예물을 주고받지 않고 다만 돼지고기와 술을 보낼 뿐이라고 하였다.[685] 특별한 聘材를 주고받지 않지만 돼지와 술을 보내 두 사람의 혼인을 축하하는 것이었다. 이처럼 술이 쓰이는 정황이 특정계층뿐만 아니라 일반 고구려인이 거치는 통과의례에도 나타난다. 음주 상황이 고구려인의 삶과 밀착되어 있었으며, 그만큼 釀酒도 가정 내에서 잦았음을 짐작할 수 있다.

고구려인들이 음용했던 음료 가운데는 차도 포함된다. 사료 Ⅲ-10에서 볼 수 있듯이 唐代 육우의 『茶經』에는 고구려 차에 관한 내용이 기록되어 있다. 고구려 지역에서 재배된 차에 관한 기록인데 그다지 차의 품질이 좋지 않아서 얼마나 고구려 내에서 유통되었는지는 의문이다. 다만, 고구려의 귀족들이 차를 중국 남조에서 수입해서 마셨을 가능성은 존재한다. 차를 남조에서 수입했을 것이라고 보는 이유는 북조에서 차보다 젖을 발효시키는 것, 즉 乳酪을 중요하게 생각했기 때문이다.[686] 불교를 공인하고 남조와 관계가 밀접

---

684 李淑英·孙金花, 앞의 글, 11~12쪽.

685 『北史』卷94,「列傳」第82 高句麗傳, "有婚嫁, 取男女相悅卽爲之. 男家送猪酒而已, 無財聘之禮, 或有受財者, 人共恥之, 以爲賣婢."

686 북조는 "봄에 이르러 풀이 나면 젖은 발효시켜두고 야채와 과일을 아울러 가지면, 다가오는 가을에 충분히 대응할 수 있다(『魏書』卷35,「列傳」第23 崔浩條, "神瑞二年 (415)…至春草生, 乳酪將出, 兼有菜果, 足接來秋)."라고 기록된 바와 같이 생산의 우선순위는 乳酪과 菜果였다. 따라서 남북조 시대의 차문화는 북조에서 큰 영향력을 끼쳤

했던 고구려는 백제와 같이 차를 접했을 가능성이 크며, 질 좋은 차를 중국에서 수입했을 수도 있다고 생각된다.

고구려에서 차를 음용했다고 생각하는 다른 이유는 당시 차가 상당한 문화적 층위와 약리적 효능을 갖고 있었기 때문이다. 차는 불교뿐만 아니라 도교[687]와도 관련이 있으며, 약으로도 사용되었다.[688] 특히 차에는 갈증 해소 및

다고 볼 수 없다. 다만, 남조의 차문화가 북조로 전파되어 점차 북방 초원지역 종족의 음다풍속의 기초를 다졌다고 평가된다(張景明·王雁卿, 앞의 책, 181, 189~190쪽).

687 고구려는 불교 공인 이후 영류왕 때에 당에서 도교가 전래 되었으며* 보장왕 때는 공식적으로 도교를 구하고 절에 道士들을 머물게 했다.** 이렇게 고구려에 도입된 도교는 사실 공식적인 도입 이전에 고구려 문화에 영향을 끼쳤다고 보여진다. 고구려의 무덤 벽화에서는 도교적 요소가 다분히 보이고 있으며(김일권, 「고구려 초기 벽화시대의 신화와 승선적 도교사상」, 『역사민속학』18, 역사민속학회, 2003), 고구려가 남조와의 교류가 잦았다는 점에서도 당시 남조의 도교관련 사상이 공식적으로 도교가 도입된 영류왕 이전부터 고구려에 전파되었을 가능성이 크다.
   *『三國史記』卷20, 「高句麗本紀」第8 榮留王條, "7년(624) 봄 2월에 왕이 사신을 당에 보내어 역서(曆書)를 나누어 줄 것을 청하였다. 형부상서 심숙안(沈叔安)을 보내 왕을 책립하여 상주국 요동군공 고구려국왕으로 삼고, 도사(道士)에게 명하여 천존상(天尊像)과 도법(道法)을 가지고 와서 노자(老子)를 강의하게 하였다. 왕과 나라 사람들이 이를 들었다. 8년(625) 당에 가서 불교와 도교의 교법을 배우기 시작하다(七年春二月, 王遣使如唐, 請班曆. 遣刑部尚書沈叔安, 策王爲上柱國遼東郡公高句麗國王. 命道士以天尊像及道法, 往írá之講老子, 王及國人聽之, 八年, 王遣使入唐, 求學佛·老敎法, 帝許之)."
   **『三國史記』卷21, 「高句麗本紀」第9 寶臧王條, "3월에 연개소문이 왕에게 아뢰어 말하기를 三敎는 비유하자면 솥의 발과 같아서 하나라도 없어서는 안됩니다. 지금 유교와 불교는 모두 흥하는데 도교는 아직 성하지 않으니, 소위 천하의 道術을 갖추었다고 할 수 없습니다. 엎드려 청하오니 당에 사신을 보내 도교를 구하여 와서 나라 사람들을 가르치게 하소서라고 하였다. 대왕이 그러하다고 여겨서 국서를 보내어 청하였다. 태종이 道士 숙달(叔達)등 여덟 명을 보내고 동시에 노자의 도덕경을 보내주었다. 왕이 기뻐하고 절을 빼앗아 이들을 머물게 하였다(二年春正月, 封父爲王. 遣使入唐朝貢. 三月, 蘇文告王曰, 三敎譬如鼎足, 闕一不可. 今儒釋並興, 而道敎未盛, 非所謂備天下之道術者也. 伏請遣使於唐, 求道敎以訓國人. 大王深然之, 奉表陳請. 太宗遣道士叔達等八人, 兼賜老子道德經. 王喜, 取僧寺館之)."

688 王学泰, 『中国饮食文化简史』, 中华书局, 2009, 91쪽.

食物 소화, 가래를 제거, 이뇨작용 등과 같은 약효가 있었다. 중국에서 차는 이미 전한시대 湖南 長沙 馬王堆에서는 출토된 부장품 중 하나였으며, 위진시대 장화의『博物志』에 차에 관하여 "끓인 차를 마시면, 잠을 적게 자게 된다."[689] 고도 기록되기도 했다. 또한 당 이전 시기에는 차를 마실 때 중국인들이 종종 차에 생강이나 계수를 배합하여 차에 자극성이나 향미를 증가시켜 먹기도 했다고 한다. 이것은 차의 해독과 抗病능력을 증강시키기 위함이었다.[690] 이러한 차의 약효는 중국과의 교류가 많았던 고구려가 차를 일찍 받아들이는 데[691]에 역할을 했을 것으로 생각된다.

게다가 차는 위진시대 이후 남조에서 크게 유행했고 고구려는 남조와 상당한 외교관계를 맺고 있었기 때문에[692] 남조의 고위층들이 즐기는 차문화를 입수할 기회가 있었을 것이다. 특히, 위진시대에 귀족 문인들 사이에서는 양생을 위한 문화가 유행하였는데 이것은 도교적 영향이 컸다.

---

689 『太平御覽』卷867,「飲食部」第25 茶, "博物志曰, 飮眞茶, 令少眠睡."
690 王学泰, 앞의 책, 92쪽.
691 靑木正兒(아오키 마사루),『中華茶書』, 柴田書店, 1976, 187쪽.
692 고구려는 남북조시기인 장수왕, 문자명왕, 안장왕, 안원왕시기에 남조와 많은 외교관계를 맺었다. 장수왕대에는 413년부터 시작하여 66년간 23번이나 남조에 조공과 방물을 보냈는데, 고구려의 남조 송에 대한 인정은 당시 송의 발전수준, 국가 실력과도 관계되었다. 문자명왕 때는 남조의 세력이 쇠약한 시기로 3번의 조공관계가 있었으며 안장왕과 안원왕시기에는 남조의 양무제가 중흥을 이루었으므로 15년간 8번의 조공관계를 갖게 되었다(정세웅,「고구려의 대중관계연구 -남북조시기를 중심으로-」,영남대학교 석사학위논문, 2010).
이를 통해 보면 고구려의 남조와의 관계는 밀접했다고 할 수 있다. 특히 고구려는 이 관계에서 북위 견제라는 정치, 군사적인 목적을 이뤄냈으며 방물을 보내고 답례를 받는 관계 속에서 양국 간의 경제 및 문화적인 교류 또한 상당했음을 추측할 수 있다. 이 때 남조의 귀족층에게서 유행한 물품이거나 진귀하다고 생각된 경제, 문화적 요소 등을 고구려에서 입수했을 가능성이 크다고 짐작할 수 있다.

V-4.

① 도홍경의 『新錄』에서 이르길, 차는 몸을 가볍게 하여 뼈를 바꾼다. 단구
　자와 황산군이 이것을 복용했다.　　　　　　　　　　　　　-『太平御覽』[693]

② 호거사 『食志』에서 이르길, 차를 오래 마시면 우화(등선)한다. 더불어 부
　추를 먹으면 사람의 몸이 무거워진다.　　　　　　　　　　-『太平御覽』[694]

　위의 사료 Ⅴ-4는 모두 위진시대 도교와 관련된 차 음용 기록이다. 도교의
신선사상과 결합되어 차를 마시는 행위가 선약을 먹는 것과 같이 여겨지고
있다. '양생'이라는 특별한 목표를 가지고 飮茶하는 행위는 차의 보급이 일반
적인 양상보다 훨씬 빠르게 문인들 사이에 퍼지게 되었음을 짐작케한다.[695]
또한 차는 당시 폐해가 컸던 도교식 양생술 단약인 寒食散[696]의 부작용을 잠

---

693 『太平御覽』 卷867, 「飮食部」 第25 茗, "陶弘景新錄曰, 茗茶輕身換骨, 丹丘子, 黃山君服之."
694 『太平御覽』 卷867, 「飮食部」 第25 茗, "壺居士食志曰, 苦茶, 久食羽化. 與韭册食, 令人身重."
695 徐晓村·王伟, 「中国茶文化的萌芽 – 饮茶在汉, 魏晋南北朝的发展」, 『北京科技大学学报』
　　2003-12, 中国农业大学 人文与发展学院, 2003, 40쪽.
696 중국 차의 유행에 영향을 미친 것은 한식산으로 한식산은 위진시대 양생술의 일종인
　　단약이었다. 당대에 대유행한 이 한식산은 분석해보면 비소, 수은, 납, 동, 주석 등의 중
　　독성을 일으키는 위험한 금속화합물로서 섭취 후 얼마까지는 정신도 맑아지고 몸이
　　좋아지는 것 같지만 이후 심각한 발열과 부종, 갈증과 허기로 인해 심각한 부작용을
　　보이는 사람이 많았다. 그러나 이 한식산은 비쌌고 한식산을 먹는다는 것은 일부 부유
　　층 및 귀족들만 가능했으므로 신분이 낮은 서민들이 이를 동경하여 한식산을 먹은 것
　　처럼 발열현상이 나는 것처럼 굴기도 하였다(김인숙, 「위진사대부와 寒食散」, 『사학
　　지』, 단국대학교 사학회, 1996, 92~104쪽).
　　이러한 부작용 때문에 남조에서 한식산의 대체품으로 초목류 약이(藥餌)인 차를 음다
　　하였으며 이를 보편화, 기호화하였다(문동석, 「한성백제의 차문화와 차확」, 『백제연
　　구』 56호, 충남대학교 백제연구소, 2012, 2~6쪽). 남조와의 관계를 통해 차문화를 입수
　　했다고 추정할 수 있는 나라가 백제다. 한성백제시기 발견되는 소형 돌확은 병차를 찧
　　어 차를 마셨을 것이라고 생각되며, 특히 그러한 돌확이 와당, 중국제 자기 등이 발견
　　되는 주요 건축지에서 발견되고 있다. 이는 남조와 교류한 백제 고위층이 차를 마셨을

재우거나 한식산을 대체하는데도 사용되었기 때문에 더욱 빠르게 차문화가 정착되었고 이를 특별하게 인식하였을 것이다.

이와 같은 중국의 차문화는 앞서 밝힌대로 남조와 교류가 많았던 고구려로 유입되었을 것으로 생각된다. 북조는 북방종족 특유의 乳酪 문화가 강세를 보였으므로 차문화의 전래는 주로 남조를 통할 수밖에 없었다. 중국 차문화 연구에서도 남조시대를 중국 차문화의 맹아기라고 명명하였고, 唐代에 들어서야 전국적인 차문화의 확산과 정착이 이뤄진다고 보았다.[697] 그러므로 남조의 차문화도 한정된 계층만이 향유할 수 있었다. 그것을 입수한 고구려에서도 지배층만이 누리는 고급문화로 나타났을 것이다. 남조라는 대상을 통해 입수된 약용문화, 長生과 결합된 도교적 신선사상, 불교문화 등 여러 문화가 복합된 차문화는 고구려 귀족층만이 누릴 수 있는 특권적 면모를 보이며 일부 계층에게 향유되었다고 생각된다.

당시 고구려에서 수입한 차는 백제의 예에서 보듯 餠茶일 것이다. 병차는 익힌 찻잎을 찧어서 떡처럼 만든 차다. 이러한 병차가 고구려 고분에서 발굴되었고 그 표본을 확인하였다는 기록을 찾아볼 수 있다. 이에 대한 언급을 한 아오키 마사루青木正兒, 1887~1964는 중국문학과 차를 연구한 학자로 『茶經』에 대한 연구가 유명하다. 그는 그의 저서인 『中華茶書』에서 일제강점기 때에 얻은 고구려 병차 표본을 보관하고 있음을 기록하였다.[698] 어떠한 경위로 입수하게

것이라고 추정할 근거라 할 수 있다(위의 글, 14쪽).

697 胡长春, 「道教与中国茶文化」, 『农业考古』 2006-5, 江西省社会科学院, 2006 ; 徐晓村·王伟, 앞의 글.

698 青木正兒, 앞의 책, 103쪽 주 3번, "私は高句麗の古墳から出たと称する, 小形で薄片の餠茶を標本として藏してゐが, 直徑四センテ餘りの錢形で, 重量は五分ばかり有る. 此の半量にも足らぬ小片を造る必要は考へられぬ."
일제강점기 시절 많은 일본인 연구자들에 의해 한반도 및 만주지역에 있는 여러 고분

되었는지 그 내력에 대해서는 기록하지 않아 병차의 정확한 출처를 알 수는 없었다. 그러나 만일 그가 주장한대로 고구려 무덤에서 병차가 출토되었다면, 당시 고구려 귀족층에서 차를 음용하고 그러한 문화를 향유하고 있었음을 보여주는 직접적인 자료라고 할 수 있다.

이상에서 살펴본 고구려의 음식문화는 다양한 食器具의 발달이 있었기 때문에 가능했다. 특히 부뚜막을 비롯한 철솥과 시루는 고구려에서 재배된 곡물을 주식으로 자리 잡게 하는 데에 큰 역할을 했을 것으로 생각된다.

고구려의 유적에서는 다양한 크기의 항아리류가 다수 발굴되고 있다. 항아리류에 저장할 수 있는 것은 식수에서 곡물, 장 등으로 다양했다고 예상된다. 이와 같은 항아리류가 고구려 전역에서 고루 출토된다는 사실은 고구려의 생산력과 저장하는 식량자원의 규모를 시사한다고 볼 수 있을 것이다.

고구려 음식의 종류를 구체적으로 살펴보면 밥이나 떡, 국, 炙, 脯, 醬, 음료 등이다. 이 가운데 음료는 그간 음식의 종류에서 소홀히 다뤄졌던 내용이다. 대부분 술을 다루는 것에서 그치지만, 술 외에도 醴, 酪 등 다양한 음료가 있었다. 고구려의 술과 관련되어 그 종류를 정확히 알 수는 없었지만 여러 상황에서 소비되는 술은 많이 만들어지고 다양하게 소비되었음을 알 수 있다. 고구려지역에서 발굴되는 각각의 飮用器具는 이러한 내용을 짐작케 해준다.

들과 유적들의 발굴 및 조사가 행해졌다. 조선인은 배제된 채 일본인 연구자들에 의해 독점되었는데 학술적인 목적보다는 정치적인 목적에 부합되어 이루어졌다. 고구려의 경우 중요 유물 수습 및 벽화 고분 발견이 중시 되었으며 대체로 단기간에 이뤄진 조사였다(양시은, 「일제강점기 고구려발해 유적 조사와 그 의미」, 『고구려발해연구』 38, 고구려발해학회, 2010, 155~192쪽). 이러한 와중에 아오키 마사루도 일본인 연구자의 고분 발굴에 참여하거나 또는 참여한 이로부터 고구려 고분의 병차를 수집할 수 있었다고 생각된다.

일반적으로 차는 불교의 전래와 관련이 깊었다고 생각되지만 고구려에서의 차 전래에는 도교나 차의 약리적 기능도 상당한 역할을 수행했다고 보인다. 고구려는 남조와 교류가 깊었는데, 당시 남조에는 도교 신선사상이 지식인들에게 유행했다. 도교 신선사상은 단약 등을 통해 양생하고 장수하려는 경향을 남조 지식인들에게 전파시켰고 차도 양생법의 일종으로 음용되었다. 이러한 문화적 사조는 남조와 교류가 깊었던 고구려에도 일정부분 영향을 줘 차문화가 고구려의 귀족층에게 선호되거나 향유되었을 가능성이 높다고 하겠다.

VI.
결 론

고구려사에서 음식문화의 역할과 의미[699]

본래 고구려는 수렵과 목축으로 생업경제를 꾸려가는 부여계 민족으로[700] 고구려가 평양으로 천도한 이후에야 완전한 농경국가로 정착했다는 평가를 받고 있다. 고구려의 문화는 수렵과 목축 중심 문화에서 시작되어 평양성 시대에 비로소 농경문화로 전환된다는 것이다.[701]

그러나 이러한 평가와는 달리 고구려는 건국 이전부터 농업을 생업기반으

---

699 Ⅵ장에서는 결론을 대신하여 고구려사와 음식문화에 대해 논하기로 한다. 고구려의 생업 기반은 수렵 및 목축에서 농업사회로 바뀐 것이 아니라 국초부터 농업을 기반으로 성장하였으며 정복전쟁을 통해 영토를 넓힌 까닭에는 물산의 획득만이 아니라 좋은 田地의 확보라는 측면도 있었다. 이러한 고구려의 영토확장은 음식문화에도 영향을 주어서 다양한 곡물 재배를 가능하게 했고 여기서 나오는 곡물 부산물을 바탕으로 한 가축사육의 확대 등을 이뤄낼 수 있었다. 또한 食器具에서 시루와 솥의 발달, 가공법으로서 豉와 醬과 같은 곡물장양 발달이 두드러지는 양상을 이끌어낼 수 있었다. 이와 같은 물산의 확대와 물적 기반의 확충은 고구려인들의 생활을 담보할 뿐만 아니라 이를 정형화하는 과정에서 얻어지는 다양한 습속 및 감정적 동질감은 고구려인으로의 인식을 더욱 분명히 할 수 있도록 해주었다는 요지를 담고 있다.

700 최남선, 『古事通』, 삼중당서관, 1943, 27쪽 ; 이성우, 앞의 책, 1978, 188쪽.

701 김종대, 「朱蒙神話의 柳花行動을 통해본 문화변화양상에 대한 一考」, 『우리문학연구』 33, 우리문학회, 2011.

로 하여 형성된 국가였다. 고구려가 건국된 지역인 압록강 중상류지역 주민은 이미 청동기시대부터 농사를 짓고 있었다. 이 지역에서 발굴된 다양한 돌보습, 돌괭이, 돌낫, 반달칼 등의 농업관련 유물들[702]은 지역의 생업경제가 농업임을 다시금 확인시켜준다.

또한 고구려 건국신화에는 부여를 탈출하는 주몽에게 유화부인이 五穀의 종자를 주었으며 다시 비둘기를 시켜 麥子를 보내주었다는 내용이 나온다. 이때의 五穀의 종자와 麥子가 고구려를 건국할 주몽에게 건네졌다는 것은 주목할 내용이다.

주몽이 부여계임을 감안한다면 고구려와 농업은 더욱 친연성을 갖는다. 문헌에 따르면, 부여의 사람들은 土著생활을 하며 평탄한 지역에서 오곡을 생산하였다.[703] 게다가 부여의 옛 풍습에는 오곡이 영글지 않으면 왕을 바꾸거나 죽이는 일도 있어[704] 부여에서 오곡으로 대표되는 농업의 중요성을 짐작할 수 있다. 이렇게 본다면, 농업이 주요한 위치를 갖는 부여에서 나온 주몽집단은 마찬가지로 청동기시대 이래로 농업을 생업기반으로 하는 압록강 중상류 지역에서 고구려를 건국했던 것이다. 고구려가 國初부터 농업사회였다는 것은 건국 이후 수도 천도의 이유나 국가정책 등으로도 확인된다.

---

702 리병선, 앞의 글, 4쪽.
703 『三國志』卷30,「魏書 東夷傳」第30 夫餘傳, "그 나라 사람들은 土著생활을 하며 山陵과 넓은 들이 많아서 東夷지역에서는 가장 넓고 평탄한 곳이다. …토질은 五穀이 자라기에는 적당하다(其民土著, …多山陵·廣澤, 於東夷之域最平敞.土地宜五穀)"; 『後漢書』卷85,「東夷列傳」第75 夫餘傳, "東夷 지역 중에서 가장 평탄하고 넓은 곳으로 토질은 五穀이 자라기에 알맞다(於東夷之域, 最爲平敞, 土宜五穀)."
704 『三國志』卷30,「魏書 東夷傳」第30 夫餘傳, "옛 부여의 풍속에는 가뭄이나 장마가 계속되어 五穀이 영글지 않으면, 그 허물을 王에게 돌려 王을 마땅히 바꾸어야 한다거나 죽여야 한다고 하였다(舊夫餘俗, 水旱不調, 五穀不熟, 輒歸咎於王, 或言當易, 或言當殺)."

유리왕 때 단행된 수도 이전은 "땅이 오곡을 키우기에 알맞다"[705]는 이유 등으로 이뤄졌다. 그러나 천도 이후에도 '좋은 田地'가 적어 부지런히 농사를 지어도 식량이 충분하지 못했기 때문에[706] 전쟁을 통해 '좋은 田地'를 많이 확보해야 했다. 정복한 지역의 가경지에서 확보되는 곡물 수확량은 단순히 개인의 생존을 담보하는 것뿐만 아니라, 집단의 기반을 보전하고 강화하는 요소로 작용[707]했을 것이다. 그래서 생산량 증대의 토대가 되는 토지는 새로운 田地를 개척하거나 전쟁을 통해서 기존의 것을 얻어내야 했다.

법령을 통해서도 고구려가 농업 중심의 국가라는 것이 추측된다. 그 법령은 고국천왕 때에 굶주린 백성을 정책적으로 구제하는 빈민구제법인 진대법이다.[708] 진대법의 요체는 사회적 약자를 보호하고 구제할 뿐만 아니라 형편

---

705 『三國史記』卷13, 「高句麗本紀」第1 瑠璃明王條, "21년(2) 봄 3월 신이 돼지를 좇아 국내 위나암에 이르렀는데, 그 산수가 깊고 험준하며 땅이 오곡을 키우기에 알맞고, 또 순록, 사슴, 물고기, 자라가 많이 생산되는 것을 보았습니다. 왕께서 만약 도읍을 옮기시면 단지 백성의 이익이 무궁할 뿐만 아니라 전쟁의 걱정도 면할 만합니다(二十一年春三月, 郊豕逸. 王命掌牲薛支逐之. 至國內尉那巖得之, 抱於國內人家, 養之. 返見王曰, 臣逐豕至國內 尉那巖, 見其山水深險, 地宜五穀, 又多麋鹿魚鼈之産. 王若移都, 則不唯民利之無窮, 又可免兵革之患也)."
이때의 천도 이유가 오로지 오곡을 키우는 것에 적합하다는 것만 있는 것은 아니다. 사슴이나 물고기 등의 물산이 풍부하다는 것도 천도의 이유였지만 '백성의 이익'을 얻는 방법 가운데 오곡이 먼저 거론된다는 것은 오곡을 위시한 농업이 고구려에서 중요하게 여겨졌기 때문으로 생각된다.

706 『後漢書』卷85, 「東夷列傳」第75 高句麗傳, "少田業, 力作不足以自資."

707 일반적인 인류 문화 발전양상은 농업사회 구축을 통해 안정적인 식량수급을 마련하는 것이다. 그리고 그것을 바탕으로 인구 부양력을 키워 인구 밀도를 높이면서 정치적 중앙집권화, 사회적 계층화, 경제의 복잡화, 기술적 혁신 등을 이뤄내는 순서로 진행된다(재러드 다이아몬드, 『총, 균, 쇠』, 문학사상사, 1998, 117~127쪽). 따라서 국가 및 정치집단의 성장과 발달 과정에서 농업 생산력의 증대가 끼치는 영향이 반드시 정비례한다고는 볼 수 없어도 함수관계가 성립된다는 점은 부인할 수 없다고 생각된다.

708 『三國史記』卷16, 「高句麗本紀」第4 故國川王條, "16년(194)겨울10월 왕이 질양에서 사냥을 하다가 길에 주저앉아 울고 있는 이를 보았다. 그에게 어찌해 우는가 하고 물으

이 어려운 사람들이 '춘궁기'에 곡식을 빌려 '추수기'에 갚을 수 있게 하는 것이다. 즉, 국가적 차원의 곡식 대출과 상환을 통해 饑民의 발생을 억제하고 사회적 안정을 꾀하려는 법령이다. 이와 같은 진대법은 고구려의 생산기반이 농업이 아니라면 만들어지기도 힘들지만 실제로 실행하기 힘든 법령임을 짐작할 수 있다.

또한 고구려에서 가장 넓은 영토를 확보한 광개토왕의 비문에 기록된 "五穀豊熟"[709]에서 농업이 고구려의 주된 생업경제임을 다시금 이해할 수 있다. 광개토왕비문은 기본적으로 고구려 왕계의 신성성과 광개토왕의 업적에 관한 내용으로 구성되어 있다. 그 많은 업적 가운데 "오곡이 풍성히 익었다."는 내용이 있다. 오곡이 풍성히 익어 고구려인들이 음식을 잘 먹을 수 있는 것이야말로 광개토왕의 위대함을 부각시키는 치적이었음을 알 수 있다.

이와 같이 고구려는 국초부터 농업사회로서 성장한 국가였다. 고구려가 끊

니 대답하길, 빈궁하여 늘 품을 팔아 어머니를 봉양했는데 올해 흉년이 들어 품 팔 곳이 없으니 한 되, 한 말의 곡식도 얻을 수 없어 울고 있을 따름이라고 하였다. 왕이 말하길 내가 백성의 부모가 되어 백성들로 하여금 이 지경에 이르게 했으니 나의 죄라고 하며 옷가지와 음식을 지급해 주었다. 아울러 중앙과 지방의 관련 부서에 명해 널리 홀아비, 과부, 고아, 자식 없는 늙은이, 늙고 병들고 가난하여 스스로 생활할 수 없는 이들을 찾아 구휼하게 하였다. 또한 담당 관리에게 명해 매년 봄3월부터 가을7월까지 관가의 곡식을 내어 백성들의 식구 수에 따라서 차등있게 구휼하고 빌려주었다. 겨울 10월에 상환 하는 것을 법규로 삼으니 온 나라가 크게 기뻐하였다(十六年冬十月, 王畋于質陽, 路見坐而哭者, 問何以哭爲. 對曰, 臣貧窮, 常以傭力養母. 今歲不登, 無所傭作, 不能得升斗之食, 是以哭耳. 王曰, 嗟乎! 孤爲民父母, 使民至於此極, 孤之罪也. 給衣食以存撫之. 仍命內外所司, 博問鰥寡孤獨老病貧乏不能自存者, 救恤之. 命有司, 每年自春三月至秋七月, 出官穀, 以百姓家口多小, 賑貸有差, 至冬十月還納, 以爲恒式, 內外大悅)."

709 광개토왕비문 1면 5행, "恩澤이 황천까지 미쳤고 武威는 四海에 떨쳤다. □□을/를 쓸어버렸고 백성이 각기 그 생업에 힘쓰고 편안히 살게 되었다. 나라는 부강해 지고 백성은 부유하며 오곡은 풍성히 익었다(恩澤于皇天, 武威被四海. 掃除□□, 庶寧其業, 國富民殷, 五穀豊熟)."

임없이 진출하려고 노력한 요하 유역이나 대동강 유역 및 송화강 유역, 동해를 접하고 있는 일대[710]는 평야지대로서 고구려가 확보해야 할 지역이었다. 이 지역을 확보한 고구려는 농업을 발전시켜 고구려인들을 부양할 수 있었다. 또한 천하사방이 인정한 신성한 국가이며, 세계의 중심이자 주변 국가와 종족을 이끌어 가는 종주국가로 자처할[711]만큼 성장할 수 있었다. 그렇기 때문에 장수왕 때 단행된 평양성으로의 천도는 고구려를 수렵문화에서 농업문화로 전환시킨 것이 아니었다. 청동기시대부터 남경 유적을 통해 벼 재배가 확인된 평양지역의 오랜 농업 전통은 기존 잡곡 재배가 많았던 고구려에 벼의 생산과 활용을 증가시키는 계기로 작용하였을 것이다. 그리하여 고구려는 수도의 평양 천도 이후 본래 갖고 있었던 잡곡 중심의 농업문화에 벼농사 문화를 더해서 곡물중심의 경제와 소비를 더욱 다변화시키고, 발전시켰다고 생각된다.

음식문화도 이러한 고구려의 농업사회 성격에 기반하여 성장하고 정착되었다. 고구려에서 생산된 곡물은 조와 기장, 보리, 콩과 같은 잡곡류가 많은데 고구려인들의 허기를 채워주는 주요한 식료로 활용되었다. 6세기를 전후해서는 만주에서도 벼농사를 지을 수 있었던 것으로 판단되는데, 고구려의 "嘉禾"와 발해의 "盧城之稻"는 고구려인들이 만주에서의 벼농사를 성공시켰음을 확인시켜준다. 이것은 19세기 만주에서 조선인이 행한 벼재배의 활동이 있기 약 1,000년 전에 이미 고구려인들이 실현한 작물재배의 혁신이었다. 한편, 채소류 및 과실류는 재배하는 것도 있었지만 주로 채집을 통해 획득하였을 것이다.

---

710 이기백, 『韓國史新論』, 일조각, 1982, 37쪽.
711 서영대a, 앞의 글, 2003, 421~423쪽.

고구려에서 육류는 목축과 수렵으로 얻을 수 있었다. 고구려가 목축한 가축에서 특징되는 것은 소와 말, 돼지다. 소는 농사와도 관련되는 역축으로서 고구려에서 쓰임이 많았고, 말은 國馬로서 사육되었으며, 돼지는 주로 식육재로서 활용되어 일찍부터 길러졌다. 특히, 돼지의 경우 야생에서 집돼지로의 순화가 古DNA분석으로도 확인되었고, 농업의 발달과 함께 돼지사육도 증가되었다는 것을 알 수 있었다. 그리하여 고구려의 농업발달과 돼지사육은 별개의 산업이 아닌 유기적 구조를 갖고 있음을 살필 수 있었다.

수산물의 획득은 담수어업과 해수어업을 통해 이룰 수 있다. 고구려인들은 일찍부터 영토에 분포하는 여러 하천을 통해 담수어업을 발전시켰을 것이다. 해수어업은 고래잡이와 같은 원해어업까지 가능할 정도로 발달하였고, 곤포와 같은 해중식물을 획득하여 중국에 특산물로 보내기도 하였다. 소금의 생산도 상당하였는데 고구려가 정복한 지역의 염전에서도 많은 양의 소금을 얻을 수 있었다. 소금은 음식문화에서는 빠질 수 없는 중요한 요소로 생산도 중요하지만 그 쓰임과 유통도 중요하다. 해안가에서 煮鹽으로 생산된 소금이 내륙지역까지 거래될 수 있도록 하는 활동은 고구려에서 鹽商의 활동이 있음을 짐작케한다.

이와 같이 고구려에서 생산된 다양한 식량자원을 소비하는 방법은 크게 불에 익히지 않은 생식과 불에 익히는 화식으로 나눌 수 있다. 생식의 일종으로 여겨지는 藏釀은 발효음식으로서 곡물·채소·육류·어류 등 모든 식량자원으로 만들 수 있었다. 고구려에서의 대표적인 장양은 豉와 醬으로, '高麗豆'로 만들어졌을 豉는 발해인에게도 계승되었다. 이것은 발해인들이 귀하게 여긴 "책성의 豉"라는 문헌기록을 통해 알 수 있다. 醬에는 곡장 외에도 肉醬과 魚醬도 포함되며 채소의 장양도 이뤄졌다. 채소의 장양은 현재의 김장문화와도 맥을 같이하는 것으로 생각된다. 음료도 장양으로 만들 수 있는데 술과

醴, 酪이 그것이다.

음식을 만들거나 먹을 때 필요한 다양한 食器具는 고구려의 음식문화를 풍부히 하는데 역할을 하였다. 고구려의 식기구에는 식량자원을 빻을 수 있는 절구나 디딜방아와 같은 분쇄도구, 부뚜막을 비롯한 솥·시루와 같은 취사기구 및 식량자원을 보관하거나 저장하는 항아리류, 음식을 담아내는 碗類나 盤類 등을 비롯하여 마실 때 사용되는 병이나 술잔 등이 있다. 食器具의 발전에서 가장 주목되는 부분은 炊事기구 및 분쇄도구의 발달과 다양한 저장용기다. 이는 문헌뿐만 아니라 출토 유물로서도 곡물 중심의 음식생활 및 장양이 고구려 주요한 음식문화임을 다시금 보여주고 있다.

이상에서 살펴본 바와 같이 고구려의 음식문화는 고구려인들의 삶과 함께 생성되고 발전되었다. 고구려인들은 음식을 통해 일상적 허기를 채우는 것뿐만 아니라 맛, 영양, 전통이란 감각적 문화환경을 마련할 수 있었다. 또한 고구려의 음식문화는 국가적 성장 상황에 따른 시대성 및 여러 요소들과 동반하여 정형되고 발달하였다. 그 과정에서 음식문화는 고구려인들의 고유한 생활을 擔保할 수 있는 기반을 형성했다고 볼 수 있을 것이다.

참고문헌

1. 문헌사료

1-1. 국내문헌

『高麗史』『東國李相國集』『東文選』『湛軒外集』『三國史記』『三國遺事』『世宗實錄』

『世宗實錄地理志』『惺所覆瓿藁』『新增東國輿地勝覽』『星湖僿說』『五洲衍文長箋散稿』

『增補山林經濟』『芝峯類說』『訓蒙字會』『海東繹史』

1-2. 국외문헌

『康熙字典』『管子』『孔叢子』『孔子家語』『高麗圖經』『舊唐書』『國淸百錄』『急就章』

『南史』『茶經』『唐會要』『文獻通考』『博物志』『北史』『北堂書鈔』『本草綱目』

『本草經集注』『史記』『三國志』『釋名』『說文解字』『說文解字注』『搜神記』『新唐書』

『隋書』『宋書』『續博物志』『說文解字注』『逸周書』『禮記』『儀禮』『爾雅』『爾雅注疏』

『五代會要』『酉陽雜俎』『梁書』『魏書』『晉書』『齊民要術』『周書』『淸異錄』『楚辭』

『册府元龜』『遼志』『太平廣記』『太平御覽』『太平寰宇記』『通典』『韓非子』『漢書』『翰苑』

『黃帝內經』『後漢書』『淮南鴻烈解』

『古事記』『日本書紀』『和漢三才圖會』

1-3. 사료번역서

구자옥 외 옮김, 『역주 제민요술』, 농촌진흥청, 2006.

구자옥 외 옮김, 『범승지서』, 농촌진흥청, 2007.

김영식 역, 『博物志』, 지식을 만드는 사람들, 2013.

동국대 한의대 본초학회 역,『중국본초도감』전자책, 여강출판사, 2001.

동북아역사재단,『역주 중국 정사 외국-魏書 외국전 역주』7, 동북아역사재단, 2009.

이강래 옮김,『삼국사기』1, 한길사, 2009.

일연 저, 이재호 역,『삼국유사』1, 솔, 2007.

정구복 외,『역주 삼국사기』3 주석편(상), 한국정신문화연구원, 1998.

2. 단행본·저서

강신주,『동양의 고전을 읽는다』2, 휴머니스트, 2006.

岡田哲 저, 이윤정 역,『국수와 빵의 문화사』, 뿌리와 이파리, 2006.

耿鉄华,『중국인이 쓴 고구려사』下, 고구려연구재단, 2004.

국사편찬위원회,『한국사-삼국의 정치와 사회1』5 고구려편, 탐구당, 2013.

김상보,『한국의 음식생활문화사』, 광문각, 1999.

김연옥,『한국의 기후와 문화 - 한국 기후의 문화역사적 연구』, 이화여대 출판부,
          1985.

류제헌,『중국역사지리』, 문학과지성사, 1999.

마빈해리스 저, 서진영 역,『음식문화의 수수께끼』, 한길사, 1992.

박선희,『한국고대복식』, 지식산업사, 2002.

사회과학원 고고학연구소,『조선고고학전서 - 고구려유물』34, 진인진, 2009.

새뮤얼 애드셰드 저, 박영준 역,『소금과 문명』, 지호, 2001.

서길수,『고구려 역사유적답사 - 홀본·국내성편』, 사계절, 1998.

성락춘,『인간과 식량』, 고려대학교 출판부, 2007.

篠田統 저, 윤서석 역,『중국음식문화사』, 민음사, 1995.

시미즈 키요시,『아나타는 한국인』, 정신세계사, 2004.

신형식,『한국사입문』, 이화여대 출판부, 2005.

심우정 감수,『조선의 재래농구』, 한국무속박물관, 1995.

안승모·이준정,『선사 농경 연구의 새로운 동향』, 사회평론, 2009.

유승훈,『우리나라 제염업과 소금민속』, 민속원, 2008.

음식고고연구회,『취사실험의 고고학』, 서경문화사, 2011.

이기백,『한국사신론』, 일조각, 1982.

이성우,『고려 이전 한국식생활사연구』, 향문사, 1978.

_____,『동아시아 속의 고대 한국식생활연구』, 향문사, 1992.

_____,『한국식생활의 역사』, 수학사, 2006.

이재운·이상균,『백제의 음식과 주거문화』, 주류성, 2005.

이희승,『국어대사전』, 민중서관, 1975.

장국종,『조선농업사』 1, 백산자료원, 1998.

정대성,『우리 음식문화의 지혜』, 역사비평사, 1988.

전호태,『고구려 고분벽화연구』, 사계절, 2000.

J. C. 블록 저, 과학세대 역,『인간과 가축의 역사』, 새날, 1996.

재러드 다이아몬드 저, 김진준 역,『총, 균, 쇠』, 문학사상사, 1998.

존 앨런 저, 윤태경 역,『미각의 지배』, 미디어월, 2013.

최남선,『古事通』, 삼중당서관, 1943.

에드워드 홀 저, 최효선 역,『숨겨진 차원』, 한길사, 2002.

하르트무트 뵈메·페터 마투섹·로타뮐러 공저, 손동현 역,『문화학이란무엇인가』, 성균
    관대학교 출판부, 2004.

한영우,『다시 찾는 우리역사』 1, 경세원, 2004.

국립문화재연구소, 『남한의 고구려 유적 - 현황조사 및 보존정비 기본계획(안)』, 국립문화재연구소, 2006.

국립문화재연구소, 『아차산4보루 발굴조사 보고서』, 국립문화재연구소, 2009.

국립문화재연구소, 『동아시아고고식물 - 선사시대 중국편』, 국립문화재연구소, 2015.

국립중앙박물관, 『고구려벽화무덤』, 국립중앙박물관, 2006.

국립중앙박물관, 『황남대총』, 국립중앙박물관, 2010.

백종오·신영문, 『우리 곁의 고구려』, 경기도박물관, 2005.

백종오·신영문, 『고구려 유적의 보고 경기도』, 경기도박물관, 2005.

3. 연구논문

3-1. 학위논문

김경복, 「고분벽화에 나타난 고구려인의 식생활」, 고려대학교 석사학위논문, 2006.

사공정길, 「高句麗 食生活 硏究」, 고려대학교 석사학위논문, 2013.

정세웅, 「고구려의 대중관계연구 - 남북조시기를 중심으로 -」, 영남대학교 석사학위논문, 2010.

김용주, 「《本草經集注》에 대한 연구」, 경희대학교 박사학위논문, 2010.

김채식, 「이규경의 《오주연문장전산고》 연구」, 성균관대학교 박사학위논문, 2009.

심광주, 「남한지역 고구려 성곽연구」, 상명대학교 박사학위논문, 2006.

윤성재, 『고려시대 식품의 생산과 소비』, 숙명여대 박사학위논문, 2009.

3-2. 학술지

강영경, 「고구려 의식주 생활에 나타난 자존의식」, 『역사민속학』18호, 민속원, 2004.

강현숙, 「유적·유물로 본 고구려의 식생활」, 『고고자료에서 찾은 고구려인의 삶 과 문화』, 고구려연구재단, 2006.

矯本繁, 「안압지 목간 판독문의 재검토」, 『신라문물연구』 창간호, 국립경주박물관, 2007.

기중서·김정기, 「한국 조세제도의 변천과정」, 『한국행정사학지』 24, 한국행정사학회, 2009.

김경복, 「고분벽화에 나타난 고구려의 부엌과 식사 풍습」, 『한국사학보』 39, 고려사학회, 2010.

김상보, 「《제민요술》의 菹가 백제의 김치인가에 관한 가설의 접근적 연구(Ⅰ)(Ⅱ)」, 『한국식문화학회지』 13, 한국식문화학회, 1998.

김신웅, 「한국시장에 관한 연구 : 고대를 중심으로」, 『경제학논구』 5, 청주대학교 경제학회, 1980.

김원룡, 「加平 馬場里 冶鐵住居址」, 『역사학보』 50·51합본집, 역사학회, 1971.

김인숙, 「위진사대부와 寒食散」, 『사학지』, 단국대학교 사학회, 1996.

김일권, 「고구려 초기 벽화시대의 신화와 승선적 도교사상」, 『역사민속학』 18호, 역사민속학회, 2003.

_____, 「고구려 벽화 속의 과기문화 단상」, 『정신문화연구』 35-1(126호), 한국학중앙연구원, 2012.

김재홍, 「高句麗의 鐵製 農器具와 農業技術의 발전」, 『북방사논총』 8, 동북아역사연구재단, 2005.

김진혁, 「쌀밥의 문화적 의미 변화 : 대전 무수동(無愁洞) 사례를 중심으로」, 『농업사연구』 8-1, 한국농업사학회, 2009.

김창석, 「한국 고대 유통체계의 성립과 변천」, 『진단학보』 97, 진단학회, 2004.

김한상·정태진·丸山眞史, 「동물유존체 출토 유적 및 유구 조사방법론 : 패총유적
　　　 및 가축매납수혈유구 관련 척추동물유존체를 중심으로」, 『야외고고학』 9,
　　　 한국문화재조사연구기관협회, 2010.

농업진흥공사, 「신개간지의 밭벼 재배 기술」, 『흙농계』, 한국농어촌공사, 1975.

리신취안, 「고구려의 초기 도성과 천이」, 『초기고구려역사연구』, 동북아역사재단, 2008.

문동석, 「한성백제의 차문화와 차확」, 『백제연구』 56호, 충남대학교 백제연구소,
　　　 2012.

문창로, 「삼국시대 초기의 호민」, 『역사학보』 125집, 역사학회, 1990.

박경신, 「고구려의 취난시설 및 자비용기에 관한 일연구」, 『숭실사학』 19, 숭실대
　　　 학교사학회, 2006.

박경철, 「고구려 '민족'문제 인식의 현황과 과제」, 『한국고대사연구』 31, 한국고대
　　　 사학회, 2003.

＿＿＿, 「고구려 변방의 확대와 구조적 중층성」, 『한국사학보』 19, 고려사학회,
　　　 2005.

＿＿＿, 「부여의 국세변동상 인식에 관한 시론」, 『고구려발해연구』 39, 고구려 발
　　　 해학회, 2011.

박남수, 「고구려 조세제와 민호(民戶) 편제」, 『동북아역사논총』 14, 동북아역사재
　　　 단, 2006.

박유미, 「고구려음식의 추이와 식량자원 연구」, 『한국학논총』 38, 한국학연구소,
　　　 2012.

＿＿＿, 「맥적의 요리법과 연원」, 『선사와 고대』 38, 한국고대학회, 2013.

박현규, 「연행(燕行)의 문화사 ; 풍윤(豊潤) 고려포촌(高麗鋪村)의 유래 고찰」, 『한
　　　 국실학연구』 20, 한국실학연구회, 2010.

배영동, 「오곡의 개념과 그 중시 배경」, 『민속연구』 8, 안동대학교 민속학연구소, 1998.

서영대, 「한국 사료에 나타난 고구려사 인식」, 『백산학보』 67, 백산학회, 2003.

_____, 「고구려의 국가제사」, 『한국사연구』 120, 한국사연구회, 2003.

_____, 「고구려의 성립과 변천」, 『제1회 고구려문화제 학술회의 - 일본과 고구려』, 2011.

서한용, 「《急就篇》異文에 대한 고찰」, 『한자한문연구』, 고려대 부설 한자한문 연구소, 2012.

서현주, 「호남지역 원삼국시대 패총의 현황과 형성배경」, 『호남고고학보』 11, 호남고고학회, 2000.

孫泓, 「요녕성에서 발굴된 고구려 유물에 관한 종합고찰」, 『고구려 유적 발굴과 유물』 12, 고구려발해학회, 2001.

신광철, 「고구려 남부전선 주둔부대의 생활상 : 한강유역의 고구려보루를 통해서」, 『고구려발해연구』 38, 고구려발해학회, 2010.

신형식, 「고구려의 성장과 그 영역」, 『한국사론』 34, 국사편찬위원회, 2002.

_____, 「고구려의 민족사적 위상」, 『선사와 고대』 28, 한국고대학회, 2008.

안승모, 「콩과 팥의 고고학」, 『인제식품과학 포럼 논총』 15, 인제대 식품과학연구소, 2008.

양시은, 「일제강점기 고구려발해 유적 조사와 그 의미」, 『고구려발해연구』 38, 고구려발해학회, 2010.

여호규, 「고구려의 기원과 문화기반」, 『고구려의 정치와 사회』, 동북아역사재단, 2007.

오강원, 「고대의 오곡에 관한 연구」, 『사학연구』 55·56 합본호, 한국사학회, 1998.

윤병모, 「장수왕대 고구려의 서방진출과 그 경계」, 『동방학지』147권, 연세대학교 국학연구원, 2009.

윤서석, 「한국의 떡문화」, 『동아시아식생활학회 2008년도 추계학술대회』, 동아시아식생활학회, 2008.

이도학, 「백제국의 성장과 소금교역망의 확보」, 『백제연구』23, 충남대학교 백제연구소, 1992.

_____, 「광개토대왕의 영토확장과 광개토대왕릉비」, 『고구려 정치와 사회』, 동북아역사재단, 2007.

이벽규, 「중국의 환경문제와 생태적 상황」, 『中國學論叢』7, 한국중국문화학회, 1998.

이성우, 「고대 동아시아 속의 두장에 관한 발상과 교류에 관한 연구」, 『한국식문화학회지』5, 한국식문화학회, 1990.

이춘영, 「쌀과 문화 : 한국 전통 쌀이용」, 『식품과학과 산업』23-1, 한국식품과학회, 1990.

이용현, 「안압지와 동궁 포전」, 『신라문물연구』창간호, 국립경주박물관, 2007.

이인철, 「고구려의 부여와 말갈 통합」, 『고구려의 정치와 사회』, 동북아 역사재단, 2007.

이종욱, 「영토확장과 대외활동」, 『고구려의 정치와 사회』, 동북아역사재단, 2007.

이철원, 「중국의 음식문화와 정치」, 『중국문화연구』6, 중국문화연구학회, 2005.

이현숙, 「고구려의 의약교류」, 『한국고대사연구』69, 한국고대사학회, 2013.

이현혜, 「沃沮의 기원과 문화 성격에 대한 고찰」, 『한국상고사학보』70, 한국상고사학회, 2010.

전재근, 「식품의 건조기술」, 『식품과학과산업』12-2, 한국식품과학회, 1979.

전호태, 「고구려의 음식문화」, 『역사와현실』 89, 한국역사연구회, 2013.

조영광, 「중국 "떡"문화의 역사적 발전에 관한 보고」, 『동아시아식생활학회 2008 년도 추계학술대회』, 동아시아식생활학회, 2008.

주영하, 「벽화를 통해서 본 고구려의 음식풍속」, 『고구려발해연구』 17, 고구려발해 학회, 2004.

차경희, 「부재료를 첨가한 떡의 품질 특성」, 『동아시아식생활학회2008년도 추계 학술대회』, 동아시아식생활학회, 2008.

천관우, 「三國志 韓傳의 再檢討」, 『진단학보』, 진단학회, 1976.

최덕경, 「고대의 생태환경과 지역별 농업조건」, 『역사와 세계』 18, 효원사학회, 1994.

_____, 「고대한국의 旱田 경작법과 농작제에 대한 일고찰」, 『한국상고사학보』 37, 한국상고사학회, 2002.

_____, 「대두재배의 기원론과 한반도」, 『중국사연구』 31, 중국사학회, 2004.

_____, 「遼東犁를 통해본 고대 동북지역의 농업환경과 경작방식」, 『북방사논총』 8 호, 동북아역사재단, 2005.

_____, 「古代 遼東지역의 農具와 農業기술」, 『중국사연구』 49, 중국사학회, 2007.

_____, 「居延漢簡을 통해 본 서북지역의 생태환경」, 『중국사연구』 54, 중국사학 회, 2006.

_____, 「『제민요술』에 보이는 동식물의 배양과 호한 농업문화의 융합」, 『중국사연 구』 62집, 중국사학회, 2009.

최성락·김건수, 「철기시대 패총의 형성 배경」, 『호남고고학보』 15, 호남고고학회, 2002.

최종택, 「고구려토기 연구현황과 과제」, 『고구려발해연구』 12, 고구려발해학회,

2001.

최종택·오진석·조성윤·이정범, 「아차산 제3보루 -1차 발굴조사보고서-」, 『매장문화재연구소 연구총서』 27, 한국고고환경연구소, 2006.

표영관, 「高句麗 佛敎 初傳 再考」, 『고구려발해연구』 32, 고구려발해학회, 2005.

함순섭, 「국립경주박물관 소장 안압지 목간의 새로운 판독」, 『신라문물연구』 창간호, 2007.

4. 북한자료

조선유적유물도감 편찬위원회, 『조선유적유물도감』 1·2, 동광출판사, 1990.

朝鮮畵報社出版部, 『高句麗古墳壁畵』, 朝鮮畵報社, 1985.

김광철, 「송죽리벽화무덤의 수렵도」, 『조선고고연구』 158, 사회과학원 고고학연구소, 2011.

김신규, 「무산 범의구석 원시 유적에서 나온 짐승뼈에 대하여」, 『고고민속』 4, 과학원출판사, 1963.

김지원, 「민족발효음식-장의 발생에 대한 고찰」, 『조선고고연구』 116, 사회과학원 고고학연구소, 2000.

_____, 「장의 종류와 제조법에 대한 몇가지 고찰」, 『조선고고연구』 120, 사회과학 고고학연구소, 2001.

김호섭, 「중세 관북(함경도)과 해서(황해도) 지방에서 이름난 음식」, 『조선고고연구』 3호, 사회과학출판사, 1988.

민속과학연구실, 「해주소반」, 『문화유산』 1, 1958.

리병선, 「압록강 및 송화강 중상류 청동기시대 문화와 그 주민」, 『고고민속』 3, 과학원출판사, 1966.

정찬영, 「초기 고구려 문화의 몇 가지 측면」, 『고고민속』 4, 과학원출판사, 1965.

5. 국외저서

5-1. 중국

郭正忠 主編, 『中國鹽業史-古代編』, 北京 : 人民出版社, 1997.

耿铁华, 『高句丽古墓壁画研究』, 吉林大学出版社, 2008.

唐汉, 『唐汉解字』, 书海出版社, 2003.

孙彦, 『河西魏晋十六国壁畫墓研究』, 文物出版社, 2010.

王庭槐 外, 『中国地理』, 江苏教育出版社, 1986.

王学泰, 『中国饮食文化简史』, 中华书局, 2009.

魏存成, 『高句丽遗迹』, 文物出版社, 2002.

张景明·王雁卿, 『中國饮食器具发展史』, 上海古籍出版社, 2011.

吉林省文物考古研究所·集安市博物馆 編著, 『丸都山城 : 2001-2003年集安丸都山
　　　城调查试掘报告』, 文物出版社, 2004.

吉林省文物考古研究所·集安市博物馆 编着, 『国内城 : 2000-2003年集安国内城
　　　与民主遗址试掘报告』, 文物出版社, 2004.

吉林省文物考古研究所·集安市博物馆 编着, 『集安高句丽王陵 : 1990-2003年集安
　　　高句丽王陵调查报告』, 文物出版社, 2004.

集安县地方志编纂委员会编, 『集安县志』, 集安县地方志编纂委员会, 1987.

沈阳新乐遗址博物馆 編, 『沈阳新乐遗址博物馆 馆藏文物集粹』, 辽宁美术出版社,
　　　2008.

辽宁城文物考古研究所 编着, 『五女山城 : 1996-1999, 2003年桓仁五女山城调查

发掘报告』, 文物出版社, 2004.

辽阳县志编纂委员会办公室编, 『辽阳县志』, 辽阳县志编纂委员会, 1994.

5-2. 일본

今村鞆, 『人蔘史』 卷2, 朝鮮總督府專賣局 1935.

渡邊實, 『日本食生活史』, 吉川弘文館, 2007.

東亞經濟調查局, 『滿蒙政治經濟提要』 25, 改造社, 1932.

依田千百子, 『朝鮮の祭儀と食文化』, 勉誠出版, 2007.

仲摩照久, 『地理風俗』, 新光社, 1930.

靑木正兒, 『中華茶書』, 柴田書店, 1976.

6. 국외논문

6-1. 학위논문

孙颢, 「高句丽陶器研究」, 吉林大学 博士学位论文, 2012.

郑元品, 「高句丽陶器研究」, 吉林大学 碩士学位论文, 2004.

6-2. 학술연구

姜維恭, 「貊炙与韓國烤肉」, 『高句丽歷史研究初編』, 吉林大學出版社, 2005.

郭文韜, 「略论中国栽培大豆的起源」, 『南京农业大学学报』 4-1, 南京农业大学学报
　　　编辑部, 2004.

匡瑜, 「战国至两汉的北沃沮文化」, 『中國考古集成-東北卷8』 靑銅時代(三), 北京出
　　　版社, 1997.

董学增·翟立伟 「西团山文化遗存所反映的哕貊族习俗考略」, 『中國考古集成-東北

卷8』靑銅時代(三), 北京出版社, 1997.

邓惠·袁靖·宋国定·王昌燧·江田真毅, 「中国古代家鸡的再探讨」, 『考古』2013-6, 中国社会科学院, 2013.

D.M.Suratissa·汤卓炜·高秀华, 「吉林通化王八脖子聚落遗址区古生态概观」, 『边疆考古研究』5, 吉林大学边疆考古研究, 2006.

黎家芳, 「新乐文化的科学价值和历史地位」, 『中國考古集成-東北卷5』新石器時代(二), 北京出版社, 1997.

庞志国·王国范, 「吉林省汉代农业考古概述」, 『中國考古集成-東北卷10』秦漢至三國(二), 北京出版社, 1997.

傅仁义, 「大连郭家村遗址的动物遗骨」, 『中國考古集成-東北卷5』新石器時代(二), 北京出版社, 1997.

徐成文, 「汉唐时期胡, 汉民族饮食文化交流」, 『东方食疗与保健』2008-10, 湖南省药膳食疗研究会, 2008.

徐晓村·王伟, 「中国茶文化的萌芽-饮茶在汉, 魏晋南北朝的发展」, 『北京科技大学学报』2003-12, 中国农业大学 人文与发展学院, 2003.

石淑芹·陈佑启·姚艳敏·李志斌·何英彬, 「东北地区耕地自然质量和利用质量评价」, 『资源科学』30, 中国科学院地理科学与资源研究所, 2008.

孙永刚, 「栽培大豆起源与植物考古学研究」, 『农业考古』2013-6, 江西省社会科学院, 2013.

孙志茹·刘娣, 「东北地区养猪史与民猪的发展演化分析」, 『农业考古』2013-1, 江西省社会科学院, 2013.

牛金娥, 「高句丽民族对东北开发的贡献」, 『北方文物』2004-02, 北方文物杂志社, 2004.

敖桂华,「"炙"漫谈」,『井冈山师范学院学报』22, 井冈山师范学院, 2001 ; 张凤,
　　　「汉代的炙与炙炉」,『四川文物』2011-2, 四川省文物局, 2011.

梁启政,「高句丽粮食仓储考」,『通化师范学院学报』2007-6, 通化师范学院高句丽
　　　研究院, 2007.

汤卓炜·金旭东·杨立新,「吉林通化万发拨子遗址地学环境考古研究」,『边疆考古
　　　研究』2, 吉林大学边疆考古研究, 2003,

王丽,「高句丽壁画之尚肉食考」,『黑龙江科技信息』2007-7, 黑龙江省科学技术学
　　　会, 2007.

王玲,「《齐民要术》与北朝胡汉饮食文化的融合」,『中国农史』24, 中国农业历史学
　　　会, 2005.

王富德·潘世泉,「关于新乐出土炭化谷物形态鉴定初步结果」,『中國考古集成-東北
　　　卷5』新石器時代(二), 北京出版社, 1997.

王仁湘,「羌煮貊炙话"胡食"」,『中国典籍与文化』1995-1, 国典籍与文化杂志编辑
　　　部, 1995.

＿＿＿,「天子爱胡食」,『中华文化画报』2008-10, 中国艺术研究院, 2008.

王禹浪,「辽河流域与辽东半岛新石器遗迹及其稻作, 贝丘, 积石冢, 大石棚文化」,
　　　『哈尔滨学院学报』33, 哈尔滨学院, 2012.

卫斯,「圆形石磨的起源」,『百科知识』2007-21, 中国大百科全书出版社, 2007.

刘世民·舒世珍·李福山,「吉林永吉出土大豆炭化种子的初步鉴定」,『中國考古集成
　　　-東北卷8』靑銅時代(三), 北京出版社, 1997.

刘牧灵,「沈阳新乐遗址古植被初步探讨」,『中國考古集成-東北卷5』新石器時代
　　　(二), 北京出版社, 1997.

刘喜军,「高句丽人的饮食」,『高句丽与东北民族研究』2008, 吉林大學出版社,

2008.

李淑英·孙金花,「高句丽人饮酒酿酒考」,『通化师范学院学报』1999-6, 通化师范
　　学院高句丽研究院, 1999.

朱士光·王元林·呼林贵,「历史时期关中地区气候变化的初步研究」,『第四纪研究』
　　1998-2, 中国第四纪科学研究会, 1998.

陈全家,「农安左家山遗址动物骨骼鉴定及痕迹研究」,『中國考古集成-東北卷5』新
　　石器時代(二), 北京出版社, 1997.

蔡大伟·孙洋,「中國家养动物起源的古DNA研究进展」,『边疆考古研究』12, 吉林大
　　学边疆考古研究中心, 2013.

沈祖春,「"五谷"之"五"新探」,『重庆社会科学』2008-2, 重庆市社会科学界联合会,
　　2008.

黄岚,「从考古学看高句丽民族的饮食习俗」,『北方文物』2004-09, 北方文物杂志
　　社, 2004.

许明纲,「从出土文物看大连地区汉代以前养猪业」,『中國考古集成-東北卷10』秦
　　汉至三國(二), 北京出版社, 1997.

海峰,「"胡食" 胡话」,『科学大观园』2008-14, 科学普及出版社, 2008.

胡长春,「道教与中国茶文化」,『农业考古』2006-5, 江西省社会科学院, 2006.

三品彰英,「穀靈信仰の民族學的基礎研究」,『古代祭政と穀靈信仰』, 平凡社, 1973.

Massimo Montanari, 『Food is Culture』, New York : Columbia University
　　Press, 2006.

Marvin Harris, 『The Sacred Cow and the Abominable Pig : Riddles of Food and culture』, New York : Simon & Schuster Inc., 1985.

Pamela Goyan Kittler, Kathryn P. Sucher, Marcia Nahikian-Nelms, 『Food and Culture』, Cengage Learning, 2008.

Jin-Qi Fang, Guo Liu, 「Relationship between climatic change and the nomadic southward migrations in eastern Asia during historical times」, 『Climatic Change』 22, Springer Netherlands, 1992.

Anders Moberg, Dmitry M. Sonechkin, Karin Holmgren, Nina M. Datsenko & Wibjörn Karlén, 「Highly variable Northern Hemisphere temperatures reconstructed from low - and high - resolution proxy data」, 『Nature』 vol 433, 2005(FEB. 10).

Hucai Zhang, Johanna L.A. Paijmans, Fengqin Chang, Xiaohong Wu, Guangjie Chen, Chuzhao Lei, Xiujuan Yang, Zhenyi Wei, Daniel G. Bradley, Ludovic Orlando, Terry O'Connor&Michael Hofreiter, 「Morphological and genetic evidence for early Holocene cattle management in northeastern China」, 『Nature Communications』 Online, 2013(Nov. 8).

7. 기타

7-1. 웹서비스

국가생물종지식정보시스템

국립문화재연구소 북한문화재자료관 웹서비스

국립수산과학연구원

국사편찬위원회 중국정사조선전 웹서비스

국사편찬위원회 한국고대금석문자료집 웹서비스

농촌진흥청 농업과학도서관 디지털농업용어사전 3.1

『두산백과』 웹서비스

한민족유적유물박물관(舊『조선유적유물도감』)고구려편 동방미디어 웹서비스

한국지리정보연구회,『자연지리학사전』한울아카데미, 2004 웹서비스

한국학중앙연구원, 한국민족문화대백과 웹서비스

한국식품과학회,『식품과학기술대사전』, 광일문화사, 2008 웹서비스

Google map

7-2. 연구보고서

양시은, 「중국내 고구려 유적에서 출토된 고구려 토기 연구」, 한국연구재단 연구
　　　보고서, 2006.

『2009 북한개요』, 통일연구원, 2009.

7-3. 언론기사

시미즈 키요시, 「고구려는 동아시아 '지중해 제국'」,『위클리경향』, 경향신문사,
　　　2007년 10월 16일자.

연합뉴스, 「평양 대성산서 고구려 샘터.맷돌 발굴」, 2005년 7월 21일자.

7-4. 지리부도

『지리부도』, 동아출판사, 1995.